大河歷史小說

通天門

❶

배산전투와 수의 건국

大河歷史小說

通天門

①

배산전투와 수의 건국

솔과학
SOLGWAHAK

연 표

서 기	고구려 왕	고구려 년	백제 왕	백제 년	신라 왕	신라 년	중국 남	중국 북	국내 고구려, 백 제, 신 라	국외
559		1		6		20			3월 양원왕 승하 평원왕즉위 백제 5월초하루(병진)일식 신라 건원 9년	陳武帝 殂 8월 周王 帝를 칭함 10월 北齊 文宣帝 殂 廢帝 殷 즉위
560		2		7		21			2월 북제의 폐제 遣使 왕이 졸본에 행행 시조묘 제사를 지냄 3월 사면령	4월 周 孝明帝 폐위 武帝 등극(宇文護) 8월 廢帝 殷 弑害 孝昭帝 즉위常山王 演
561		3		8		22			4월 異鳥가 궁정에 날아듬 6월 대 홍수 11월 진에 견사	11월 孝昭帝 殂, 武成帝 즉위
562		4		9		23			4월 진 문제 견사 7월 백제 신라변경을 침략 9월 신라 이사부 가야 정벌	2월 後梁 宣帝 殂 子 巋 즉위
563	평 원 왕	5	위 덕 왕	10	진 흥 왕	24	陳	周, 齊, 梁	대 가뭄 왕이 常膳을 감하고 산천에 기도	2월 周 大律 頌布 9월 돌궐과 齊 공략
564		6		11		25			고구려 북제에 遣使 신라 북제에 견사 仕臣 五人을 둠	1월 周 齊師를 晉陽에서 破함 11월 齊 周師를 洛陽에서 破함
565		7		12		26			고구려 1월 원을 태자 책립 북제에 견사 북제 무성제 신라에 견사 신라 9월 완산주를 폐하고 대야주를 둠 陳 劉思와 중 明觀을 신라에 보내어 來聘함	齊 後主 등극
566		8		13		27			고구려 12월진에 견사 신라 銅輪을 태자로 삼음 진에 견사 ,황룡사 완공	4월 陳文帝 殂 廢帝 즉위
567		9		14		28			신라 진에 견사	2월 陳 安成王 頊 죽임

연도	평원왕 (고구려)	위덕왕 (백제)	신라	南朝	사건	北朝	사건
568	10	15	29		신라 연호를 大昌이라 함 6월 진에 견사 10월 北漢山州 폐 南川州를 두고 比列忽州를 폐하고 達忽州를 둠		7월 周 楊忠 歿 子 堅 嗣位 11월 陳 安成王 頊 帝를 폐함
569	11	16	30				1월 陳宣帝 즉위
570	12	17	31		고구려 11월 진에 견사 신라 6월 진에 견사		2월 陳 梁을 침
571	13	18	32 (진흥왕)		고구려 2월 진에 견사 5월 浿河原에 사냥 8월 궁중 중수할 때 蝗災와 旱災가 있어 역사를 파함 신라 진에 견사	周,齊,梁	1월 齊 周師를 汾北에서 破함
572	14	19	33		신라 1월 연호를 鴻濟라 함 3월 태자 동륜 졸 북제 견사 10월 20일 전사한 병졸들을 위하여 外寺에 八關筵會를 개최		3월 周武帝 宇文護 죽이고 親政 10월 突厥 木杆可汗 殂 東西2可汗 分立
573	15	20	34	陳	고구려 북제에 견사		1월 齊 文林館을 둠 4월 陳 齊의 數城을 취함
574	16	21	35		고구려 1월 진에 견사 신라 황룡사 丈六像 鑄成		
575	17	22	36		신라 춘하에 가뭄 장육상이 눈물을 흘림		7월 周武帝 齊軍과 河陰에서 勝利
576	18	23	1		신라 원화제도 실시 8월에 진흥왕 조, 진지왕 즉위		1월 周 土谷渾을 침 10월 周 齊 平壤을 침
577	19	24	2 (진지왕)		고구려 북주에 견사 주 무제 고구려 침공 배산전투 백제 신라의 서변을 침(정유년)		1월 齊 幼主 즉위 周 齊를 멸함
578	20	25	3		신라 백제와 也山城에서 싸움	周梁	2월 周 陳 吳明徹 잡음 6월 周武帝 殂 宣帝 즉위 7월 楊堅 大司馬가 됨
579	21	26	1 (진평왕)		백제 熊峴城 松述城 축성 신라 진지왕 승하 진평왕 즉위		2월 周 靜帝 즉위 12월 周 陳의 江北을 취함
580	22	27	2				5월 周 宣帝 殂 11월 周 韋孝寬 殂

연도	고구려	백제	신라	중국	한국 관계 기사	중국 관계 기사
581	평원왕 23	위덕왕 28	진평왕 3	陳 · 梁 · 隋	고구려 2월 그믐 유성이 비같이 떨어짐 7월 서리와 우박이 내림 왕이 순행하여 무휼함 12월 수에 견사 수 고구려 견사 신라 수에 견사	2월 周 멸망, 楊堅 隋 건국 12월 돌궐 陀鉢可汗 죽고 4可汗 분립
582	평원왕 24	위덕왕 29	진평왕 4		고구려 1월 수에 견사 11월 수에 견사	1월 陳宣帝 殂 6월 隋 龍首原 新都
583	평원왕 25	위덕왕 30	진평왕 5		고구려 1월 수에 견사 2월 농상을 장려 3월 창려를 수복함 4월 수주견사 수에 견사 겨울 수에 견사	3월 수 大興城에 천도 4월 수 돌궐을 침
584	평원왕 26	위덕왕 31	진평왕 6	陳	고구려 4월에 수에 견사 수문제 대흥전에서 잔치로 위로 신라 建福이라 改元 調府令 乘府令 각 一員을 둠	2월 돌궐 達頭可汗 수에 항복 6월 수 廣通渠 만듬 수 돌궐과 화친
585	평원왕 27	위덕왕 32	진평왕 7		고구려 12월진에 견사 신라승 智明 入陳求法	後梁 明帝 殂 수 장성 축조
586	평원왕 28	위덕왕 33	진평왕 8		고구려 長安城으로 이도 신라 예부를 둠	1월 黨項羌 수에 투항
587	평원왕 29	위덕왕 34	진평왕 9			2월 돌궐 沙鉢略可汗 殂 9월 수 後梁 滅
588	평원왕 30	위덕왕 35	진평왕 10			3월 수 陳伐詔 내림 10월 楊廣 행군원수가 됨 돌궐 莫可汗 歿
589	평원왕 31	위덕왕 36	진평왕 11		신라 승 원광 入陳求法 執事省大舍 兵部弟監 각 2인을 둠	1월 陳 멸망 4월 兵仗을 除毁함
590	영양왕 1	위덕왕 37	진평왕 12	隋文帝	고구려 수와 대대적 전쟁준비 10월 평원왕 승하 영양왕 즉위	5월 군인들 군현에 속함 11월 강남에서 반란, 番禺夷 반란
591	영양왕 2	위덕왕 38	진평왕 13		신라 南山城 축조 四千幢 설치	
592	영양왕 3	위덕왕 39	진평왕 14			8월 諸州의 死刑을 大理로 옮김

서기	고구려	백제	신라	隋	사건	월별 사건
593	4	40	15		신라 明活城 西兄山城 개축	7월 돌궐 突利可汗 청혼
594	5	41 (위덕왕)	16		신라 수에 견사	
595	6	42	17		신라 김유신 출생	1월 東巡 泰山에서 제사
596	7	43	18		신라승 曇育 入隋求法	8월 사형은 三奏후 집행
597	8	44	19		수가 고구려 신창 수성현 침략	2월 雲南 南寧灣 평정 / 고구려의 신창 수성 침공
598	9	혜왕 1	20		고구려 수 공략 / 백제 수에 견사-요동향도 자청 / 위덕왕 조 혜왕 즉위	2월 고구려 요서 침공 / 영주함락
599	10	법왕 1	21		혜왕 조 법왕 즉위	2월 돌궐공략 / 8월 고경복죄
600	11	1	22	隋文帝	고구려 李文眞 留記 刪修 新集 5권 완성 / 백제 법왕 조 무왕 즉위 왕흥사 창건 / 신라 원광 귀국	4월 돌궐 변경침략 / 10월 태자 용을 폐위 / 11월 진왕 광 태자 즉위
601	영양왕 12	2	진평왕 23			5월 돌궐 9만 명 투항 / 6월 국자학을 태학으로 함
602	13	3	24		백제 신라의 阿莫山城 공격 / 신라승 智明 수로부터 귀국	3월 돌궐 침입 / 독고황후 사망
603	14	4	25		고구려 신라의 북한산성 공격	가을 계민가한 귀환
604	15	무왕 5	26		신라 南川州 폐하고 北漢山州 설치	7월 태자 광 제를 시해 / 8월 양량의 난, 양소평정 / 11월 낙양을 동경으로 함
605	16	6	27		신라 승 曇育 수로부터 귀국 / 백제의 변방을 침	3월 通濟渠 開鑿 / 4월 林邑을 파함 / 8월 江都로 巡幸 / 계민 2만기로 거란 유린
606	17	7	28	隋煬帝		1월 州縣을 併省 / 7월 楊素 歿
607	18	8	29		백제 수에 견사 고구려 정벌 요구 / 고구려 백제 송산성과 석두성 공격	5월 토욕혼, 고창 입공 / 7월 장성 축조 / 10월 裵矩 서역 공격
608	19	9	30		신라 수에 견사, 고구려정벌 요구	1월 永濟渠 開通 / 2월 서돌궐 入貢 / 裵矩 鐵勒을 파함

609	20	10	31			1월 민간의 병기를 금함 4월 서역 제국 래조 계민가한 몰
610	21	무왕 11	32			1월 유구 공격 왕을 죽임
611	22	12	33		신라 수에 견사 고구려정벌 요구 백제 수에 견사 고구려정토 요구	2월 고구려 원정 4월 탁돈 임삭궁에 이름 10월 군도 봉기
612	영양왕 23	13	34	隋煬帝	2월 隋師 요동성 포위 6월 양제 요동에 도착 수장 來護兒 水軍 浿水에 침략 7월 을지문덕 살수대첩	1월 서돌궐 삼분됨 處羅카칸 史大奈서돌궐 고구려공격 突地稽 우문술 7월 고구려 원정군 패퇴
613	24	14	35		4월 隋帝 再侵 요동성공격 6월 수군 패퇴	4월 고구려 원정군 출정 6월 원정군 패퇴
614	25	15	36		隋帝 다시 고구려 원정 신라 沙伐州 폐하고 一善州 둠	2월 고구려 원정 7월 고구려 원정군 패퇴 10월 苗王 봉기
615	26	진평왕 16	37			8월 北巡 10월 李子通 反亂 11월 朱粲 楚帝를 칭함
616	27	무왕 17	38		백제 신라의 母山城을 침	7월 帝 江都로 감 12월 林士弘 반란 李淵 太原 留守가 됨
617	28	18	39			4월 薛擧 西秦覇王을 칭함 5월 이연 태원에서 봉기 10월 蕭銑 江陵에서 봉기 11월 이연 長安 점령
618	1	19	40	唐高祖	고구려 영양왕 승하, 영류왕 즉위 신라 백제의 가잠성 공격	3월 宇文化及 양제 시해 5월 이연 帝를 칭함
619	영류왕 2	20	41			7월 12軍을 둠 돌궐 입공
620	3	21	42			2월 官名을 고침
621	4	22	43		신라와 당 사신 주고 받음	10월 소선 투항 11월 이자통 진압

서기	영류왕	무왕	진평왕/선덕여왕	唐	삼국	중국·주변
622	5	23	44	唐高祖	신라 內省私臣 1인을 두고 大宮, 梁宮, 沙梁宮, 三宮을 兼掌함	1월 劉黑闥 漢東王 칭함 / 8월 돌궐 침략 / 11월 유흑달 공격
623	6	24	45			1월 유흑달 패망 / 2월 임읍 입공
624	7	25	46		고구려 唐의 道士 법진 入宮 / 백제 신라 6성을 攻取 / 신라 당 册封使 來함	3월 官制 정비 / 4월 州縣鄉學을 둠 / 新律令 頒布, / 租庸調 均田法 실시
625	8	26	47		고구려 당에 佛老의 經典 받음 / 신라 고구려가 朝貢길 막는다고 당에 泣訴	4월 서돌궐 청혼 허락 / 12군을 다시 부활 / 7월 돌궐 변경 침략
626	9	27	48	唐太宗	고구려 주자사가 와서 년三國 和解 권함	6월 玄武門 정변 / 8월 太宗 즉위
627	10	28	49		백제 신라 서쪽 변방 2성 공취	1월 燕郡王 李藝 모반
628	11	29	50		백제 신라 가잠성을 침	4월 梁師都 피살,천하통일 / 眞珠可汗 즉위
629	12	30	51		신라 김유신 고구려 娘譬城 공격	11월 李靖 돌궐 공격
630	13	31	52		정관 5년	2월 이정 돌궐힐리 破함 / 3월 杜如晦 歿 / 10월 고창왕 入朝
631	14	32	53		정월 경관 피습, 정관 6년 / 고구려 천리장성 축조 / 신라 당에 견사	장손사 경관 습격 / 10월 임읍 신라 입공
632	15	33	1		백제 신라를 공격 / 신라 진평왕 승하, 선덕여왕 즉위	2월 3師官을 둠 / 고개도 돌궐병 이끌고 유 / 주침공 돌지계 격파
633	16	34	2		백제 신라의 西谷城 공격	11월 長孫無忌 司空이 됨
634	17	35	3		백제 왕흥사 완공 / 신라 연호 仁平, 분황사 완공	11월 토번 입공
635	18	36	4			6월 당고조 殂
636	19	37	5		백제 신라 獨山城 공격 / 신라 慈藏 당에 求道	1월 돌궐 阿史那社爾 來降 / 12월 朱俱波 입공

연도	고구려	백제	신라	당		
637	영류왕 20	무왕 38	선덕여왕 6	唐太宗		1월 율령 정함 10월 武氏를 才人으로 함
638	영류왕 21	무왕 39	7		고구려 신라 七重城 공격 패배	1월 氏族志 頒布 토번 松州 침공(집실)
639	영류왕 22	무왕 40	8		신라 何瑟羅州를 北小京으로 함	12월 高昌을 침(계필 수만)
640	영류왕 23	무왕 41	9		고구려 환권을 당에 사신으로 보냄 麗濟羅 子弟를 당의 國學에 留學	8월 後君集 고창을 멸함 진대덕 고구려 사신
641	영류왕 24	의자왕 1	10		백제 무왕 승하 의자왕 등극	1월 文成公主 吐蕃에 出家
642	보장왕 1	의자왕 2	11		고구려 淵蓋蘇文 왕을 시해 寶藏王 즉위 백제 신라 공격 40여성 공취, 大耶城 함락 고구려와 연합 党項城 공격 신라 당에 急告	魏王 泰 括地志 올림 10월 新興公主를 薛延陀에게 출가
643	보장왕 2	의자왕 3	12		고구려 道敎 수입 신라 당에 견사 麗濟 공격 호소 신라승 자장 귀국	1월 위징 歿 2월 공신 凌烟閣에 圖함 4월 태자 承乾 모반 10월 신라에서 원병 청함
644	보장왕 3	의자왕 4	13		고구려 唐使 張儼 來朝 신라 백제의 7성 공취	11월 李世勣 發兵
645	보장왕 4	의자왕 5	14		고구려 당의 침공을 받음	4월 현도성 공취 신성, 건안성 대패 5월 요동 백암 공취 6월 안시성 포위 9월 당태종 패퇴

글을 쓰면서

고구려인는 우리와 한 핏줄을 이은 겨레로서 자랑스런 우리 역사의 일부분임에 틀림이 없으나, 중국은 오히려 자신의 변방사로 치부하려는 시도를 끊이지 않는 것이 현실이다. 오늘날에 와서는 고구려에 대한 사료의 부족과 북한에 위치하는 지리적인 상황으로 말미암아 관심이 소홀하고 얼마간 신기루와 같은 환상적 신비주의에 빠지는 과오를 범하기도 한다.

나는 이 소설에서 어떤 역사적인 한 인물을 영웅시하여 일대기적인 영웅담을 이야기하려는 것보다는, 오히려 중국의 통일 제국인 수, 당과 극단적 대립관계에 있었던 고구려인들의 사상과 행적을 다루면서, 수, 당의 입장이 아니라 철저한 고구려의 입장에서 사건과 내용을 파악하고 고구려인의 위대한 기상과 투혼을 노래하고자 했다.

또한 재미에만 충실한 황당무계한 이야기를 꾸며냄으로써 본말(本

末)을 오도(誤導)하는 내용은 삼가고 가급적 사서의 기록내용에 충실하고자 하였지만, 한편 전설이나 야담류의 이야기에도 관심을 가지고 귀를 기울여 새롭게 재구성하고자 했다.

역사란 인류의 지나간 발자취로써 인간의 지적·예술적·사회적 활동의 총체적 산물을 의미한다. 그리고 역사인식의 대상과 내용은 시대와 역사의식의 발전에 따라 다양하게 변모를 겪어왔다. 중국을 비롯한 동양에서는 역사를 사(史), 감(鑑), 통감(通鑑), 서(書), 기(記) 등으로 썼는데, 왕조를 중심으로 한 통치제도를 중시하여 사관의 자의적 해석은 배제되고 군주와 신하 등 이른바 지배계층의 업적이나 언행 등의 정확한 기록을 중시하였다. 그리고 사관이나 집필자의 견해는 사론·찬(贊)·안(案)·평(評)이라는 제목으로 역사의 기록과 구분해 붙였다.

동양의 성인으로 추앙받고 있는 공자는 객관적인 사실에 입각한 기사(記事)와 대의명분에 입각한 자신의 판단에 따라 직분을 바로잡는 정명(正名), 칭찬과 비난을 엄격히 하는 포폄(褒貶)의 3대 원칙 아래 춘추(春秋)를 집필하였는데, 이후로 중국에서는 역사기록의 근본정신이 되었다.

올곧은 몇몇 사관은 목숨을 걸고서라도 역사적 사실을 지키려하였지만 심지어 당태종과 같은 군주들도 사관의 기록을 간섭하고 보고자 했기 때문에, 오히려 군주에 대한 충성을 요구하는 유교적 정통성의 명분론에 가려져 적당한 곡필과 왜곡도 서슴없이 자행되기도 했다.

특히 중국 측 사서기록은 중국의 왕실을 중심으로 한 것이어서 고구려, 백제, 신라, 왜, 유구, 거란, 말갈, 토번, 토욕혼, 언기, 돌궐, 설연타 등 역사상 헤아릴 수 없이 많이 존재했던 중국 주변의 다른 나라들에 대해서는, 이른바 중국의 입장에 따라 직분을 바로 잡는 정명과 포폄이 빈번하게 행해졌기 때문에 역사 왜곡의 문제가 심각하게 제기되고 있는 실정이다.

우리나라에서는 일제시대라는 질곡의 역사를 거치면서 부왜민족반역자들의 식민사관으로 심각한 훼손을 입었고 또한 시라도리(白鳥庫吉)나 이케우치(池內宏) 등의 일본학자들이 주도한 이른바 사료의 검증과 비판을 중시한 실증사학이 횡행하였는데, 이는 이미 한 차례 곡필로써 왜곡된 사서의 내용들이 오히려 정통성을 확립하는 결과를 낳고 말았다.

독일의 고고학자 하인리히 슐리만은 당시의 사학자들과는 달리 일리아드 오디세이의 내용을 한갓 신화나 전설의 일부로 노래 가사로만 치부하지 않고 마침내 트로이를 발굴해 냄으로써 사실적 역사임을 증명하였음은 결코 간과할 일이 아니다.

눈을 감고 생생이 들어보라, 광활한 요동 벌판을 거침없이 내달으며 외치던 고구려인의 함성을! 이제 이 글에서 그들의 전설이 눈앞에 펼쳐질 것이다.

마지막으로 이 글을 쓰는데 여러 가지 조언을 아끼지 않은 여러분들과 기꺼이 출판을 허락해 주신 솔과학(당고) 출판사 사장님께 감사를 드린다.

2011년 10월 정상규

次例

제 1 장

풍운의 요동

평원왕 19년 2월,

어둠이 채 가시지 않은 희미한 새벽. 풀조차 말라버린 메마른 대지 위엔 차가운 진눈깨비만 어지러이 흩날리는데, 이따금씩 싸늘한 북풍이 몰아칠 때마다 앙상한 나뭇가지들은 온몸을 흔들면서 구슬픈 비명을 질렀다.

병풍처럼 둘러싸인 검은 산 아래로 조용한 평양성 칠성문 앞에는 때 아닌 말발굽 소리가 요란하게 진동했다.

"전쟁이다! 전쟁이 일어났다."

머나먼 천리 길을 한달음에 달려온 듯 전령은 연신 거친 숨을 내뱉으며 크게 소리를 내질렀다.

서쪽 변방에서 날아든 이 급보는 안학궁(安鶴宮)을 송두리째 뒤흔들어 놓았다. 새벽잠에 빠져있던 평원왕은 미처 의관도 갖추지 못하고 뛰어나왔다.

"무엇이라? 전쟁이라고 하였더냐?"

마른하늘에 날벼락과 같은 소식을 접한 평원왕은 말조차 더듬을 지경이었다.

전령은 거친 숨을 몰아쉬며 머리를 조아렸다.

"주의 대군이 난하(灤河)를 건넜습니다."

난하는 허베이성 북부인 몽골 고원 남부에서 시작하여, 많은 지류와 합류해서 연산(燕山)산맥을 가로지르고 난현(灤縣)을 거쳐 허베이 평야 하류에 삼각주를 형성하면서 발해만(渤海灣)으로 흘러드는 강이다.

강의 상류는 깎아지른 듯한 산과 굴곡이 심한 계곡 사이로 급류가 흘러 대군이 건너기란 애당초 어려운 일이었고, 하류는 넓고 물이 깊어 배나 뗏목을 이용하지 않고는 건널 수 없었다. 그러므로 중국이나 돌궐 등의 외적들이 고구려를 치고자 하면 강이 대부분 동결되는 겨울을 주로 이용했다.

고구려는 이에 대비하여 난하 동쪽에는 창려(昌黎), 난하 서쪽에는 옥전(玉田)과 당산(唐山)을 비롯하여 황하 하류를 따라서 흩어져 있는 여러 험지(險地)에 성(城)을 쌓아 방어선을 구축하고 약간의 주둔병을 두어 지켰다.

그리고 소규모 외적이 국경을 침범해오면 난하에 주둔하고 있던 군사들이 강을 지켜 방어하였으나, 대규모 적들이 침입해 오면 인근 성으로 후퇴하여 주력부대(主力部隊)를 통과시켰다가, 뒤따라오던 후군(後軍)이나 보급(補給)부대를 차단하여 먼저 진군한 적의 주력부대를 고사(枯死)시키는 것이 난하 방어선의 주된 임무였다.

그렇지만 고구려는 영락호태왕[1] 이후로 국력이 크게 신장되어 북방 외적의 침입에 대한 위협은 거의 사라졌고 장수왕대에 이르러 남진북

---

1) 광개토대왕을 말함.

수정책을 강화하자 중국과 대치한 난하 방어선은 점점 방치되어 평원
왕 대에 이르러서는 명목상의 전선에 불과한 실정이었다.

　반면에 중국에서는 진나라가 멸망한 이후로 위진남북조 시대가 열
렸는데 낙양(洛陽)에 도읍한 서진(西晉)과 5호16국(五胡十六國)의 난
으로 중원(中原)을 잃고 건강(建康)[2]에 도읍을 정한 동진(東晉)으로
나누어졌다.

　그 후 송(宋), 남제(南齊), 양(梁), 진(陳) 등의 4국이 건강에 도읍했
으며, 이들 남조와 오(吳), 동진(東晉)을 합하여 육조(六朝)라 불렀다.

　북조에서는 서부 선비족 척발부(鮮卑族 拓跋部) 출신의 북위(北魏)
태무제(太武帝)가 강북(江北)의 분열을 통일하였다.[3] 그러나 6세기 중
반 무렵에 북위는 동위(東魏)와 서위(西魏)로 갈라지고, 이어서 동위
는 북제(北齊), 서위는 북주(北周)가 되었으며, 후량(後梁)과 진(晉)과
더불어 4국이 대립하여 치열하게 국력을 다투었다.

　고대 사회에서는 결혼이란 노동생산력과 병사의 수를 확충시키는
원동력이었기 때문에 대부분의 통치자들은 조혼을 장려하고 많은 아
들을 낳게 하였다. 그래서 한(漢)나라 혜제(惠帝)는 조서를 내려 여자
나이 15세 이상 30세 이하까지 결혼하지 않으면 인두세를 다섯 배나
거두기도 했다.

　또한 당시 권력자나 부호들이 많은 여자를 거느리는 것이 일반화되
어서 여인들의 정조관념은 중시되지 않았다. 따라서 이혼과 재혼도

---

2) 오(吳)의 건업(建業)으로 지금의 남경(南京)이다
3) 439년

허다하게 이루어졌고 과부나 비천한 신분으로 고관대작의 부인이 되거나 심지어 황제의 비빈이 된 경우도 어렵지 않게 발견된다. 그러나 자유로운 성 풍속 때문에 첫아들은 남의 자식이라는 관념이 자리 잡게 되어 죽이는 어두운 풍습까지 생겨나기도 했다.

남북조시대에 이르러 북방 선비의 문화가 유입되면서 성 풍속은 더욱 문란해졌다. 재물로 여자를 사거나 힘으로 약탈하는 일이 비일비재하였고, 친족의 여자를 처첩으로 취하고 아비의 여자를 아내로 삼는 일도 허다했다.

기녀제도(妓女制度)도 또한 유행하여 심지어 가정에서도 기녀를 길렀는데 이를 가기(家妓)라고 하였다. 또한 전쟁에서 승리하면 약탈한 지역의 여자를 잡아 영기(營妓)라고 하여 군사들의 노리개로 주었으니 그 외의 기녀들은 말할 것도 없었다.

특히 북제는 넓은 땅을 차지하여 인구와 물자가 풍족했지만 초대 황제인 고양부터 마지막 황제인 고위까지 하나같이 황음무도하여 친척의 아내를 빼앗고 일족의 여자를 후궁으로 들였으며 매관매직이 성행하고 탐관오리들이 들끓어 나라는 극도로 부패해 있었다.

반면에 북주의 우문씨는 황하 대만곡부의 음산산맥 북쪽에 자리 잡은 무천진 군벌 출신으로 유연족과의 전투 속에 강력한 단결력을 지닌 군대를 배경으로 나라를 세웠다.

특히 주 무제 우문옹에 이르러 선정을 베풀어 풍속을 교화하고 전쟁 포로를 석방하며 국교인 불교를 폐지하여 승려를 환속시킴으로써 조세 인구를 늘여 재정수입을 크게 확대하여 나라가 날로 부강해졌다.

주 무제에게 마침내 기회가 왔다.

음탕하고 사치와 기이한 행동을 좋아하던 북제의 후주 고위(高緯)가 백성들로부터 존경을 받던 난릉왕 고장공(高長恭)과 명장 곡율광(斛律光)을 죽였다는 소식을 듣자 주무제는 무릎을 치면서 기뻐했다.

"북제의 국운은 끝났다!"

팔주국 12대장군을 모두 동원하여 총공격을 감행했다.

북제의 황제 고위는 옛날 분북(汾北)의 전투에서 북주 군사를 크게 이긴 후로 항상 우위의 전력을 자랑하고 있었기 때문에 북주 군사를 깔보았다. 친히 군사를 이끌고 평양에서 대회전(大會戰)을 벌였다.

이때 고위는 각 장수들에게 군사를 나누어 싸우게 하고 자신은 삼층 누각 위에 올라 앉아 애첩과 함께 전쟁을 관전하고 있었는데 사납고 용맹한 북제의 군사들은 곳곳에서 주군을 물리쳐서 승리하고 있었다.

기분이 좋아진 고위는 애첩과 술잔을 주거니 받거니 하면서 호언장담했다.

"오늘 이 전쟁이 끝나면 주왕을 잡아 그의 왕관을 너에게 선물로 주겠노라."

"소첩은 왕관보다는 주왕의 목을 갖고 싶습니다."

고위가 껄껄 웃고 다짐했다.

"좋다. 좋아. 이제 곧 너의 소원은 이루어 질 것이다."

그런데 얼마 지나지 않아서 북쪽을 지키던 좌군이 북주의 정예 기병들의 기습을 받아 고전하고 있었다. 애첩이 그 광경을 보고 장난끼가 발동했다.

"에구머니, 우리 군사가 다 죽었네."

누각 아래 있던 북제의 장수들은 애첩의 이 소리를 듣자 전쟁에서 패한 줄로만 알았다. 북채와 깃발을 내던지고 달아나버리자 북제의 군사들은 기강이 무너져 흩어져 버렸고 이 전쟁의 패배로 마침내 북제는 멸망하고 말았다.

북제 정벌에 성공한 북주의 무제는 기세가 하늘을 찔렀다.

"명실 공히 천하를 통일하리라."

이렇게 선언하고 그 여세를 몰아 당시 주변국 중에서 가장 큰 세력을 가지고 있던 고구려로 진격한 것이었다.

고구려에 대한 이와 같은 중국이나 북방 세력의 침공은 이미 예견된 것과도 마찬가지였다.

유연(劉淵)[4]에서 독립한 철륵의 용장 부민(Bumin)[5]도 돌궐(突厥)을 세운 후 점점 동쪽으로 나아가 백암성(白巖城)을 공격했지만 고구려 군사들의 반격을 받아 천 명이 넘는 사상자를 남기고 크게 패하여 쫓겨났다.[6]

부민이 죽고 둘째 아들인 무한(Muqan)[7]이 카한이 되자 그 아비의 복수를 다짐했다. 다시 대규모 병력을 일으켜 고구려의 북쪽 요새인 신성(新城)을 공격했다.[8]

이때 막리지(莫理支) 고흘(高紇)이 보기병 1만 명을 이끌고 가서 돌

---

4) 오호십육국(五胡十六國)의 하나인 한(漢)의 황제. 전조(前趙)의 기초를 확립하고 화북지방에서 오호십육국이 난립하는 계기를 만들었다.

5) 토문(土門), 이리카한(伊利可汗) 돌궐의 초대 황제

6) 양원왕 3년 551년

7) 무한카한(木汗可汗), 553～572

8) 양원왕 7년 555년

궐 군사들을 격퇴하였는데 교활한 백제의 성왕과 신라의 진흥왕이 동맹을 맺어 그 틈을 이용하여 한강유역을 빼앗아 갔다.

전쟁에서 돌아온 고흘은 간했다.

"대륙이 변하고 있습니다. 30만 대군을 양병하여 서북방의 군사력을 강화하는 한편 백제와 신라를 응징해야 합니다."

양병론과 함께 북을 지키고 남을 친다는 북수남진책을 주장했지만 당시 실권을 쥐고 있던 양원왕의 외척인 추군의 세력들은 생각이 달랐다.

"여러 부에 소속된 군사만 해도 10만 명에 이르고, 변방의 여러 성에서도 적게는 수백에서 많게는 수 만 대군을 기르고 있습니다. 만에하나 전쟁이 발발한다고 해도 왕께서 조서만 내리신다면 단숨에 30만은 족히 모을 수 있습니다.

그런데 다시 백성을 징발하여 많은 군사를 기르게 되면 농사를 지을 사람이 없게 되고 종래에는 나라의 재정을 어렵게 하여 혼란에 빠질 뿐입니다. 또한 북쪽과 서쪽에서는 돌궐과 북주가 호시탐탐 변방을 노리는 마당에 남쪽으로 군사를 돌려 백제와 전쟁을 일으켜서는안 됩니다."

이러한 내용들은 사실상 표면적인 이유에 불과했고 실질적인 이유는 다른 곳에 있었다.

군사적 권력이 바로 정치적 세력의 기반이 되던 당시에 만약에 왕이 30만 정규군을 양성하여 막강한 대군을 거느리게 되면 자신들의 세력이 크게 위축될 것은 명약관화한 사실이었기 때문이었다.

고흘의 건의에 강력하게 반발하자 14살에 불과한 어린 양원왕은 자신을 왕위에 즉위시킨 외숙들의 말을 따를 수밖에 없었다.

"명분이 없는 군역은 백성들을 괴롭힐 뿐이오."

이렇게 물리치자 고흘이 분개했다.

"강성한 신하가 국정을 주무르고 군주에게 정권이 없으면 나라가 망한다고 하였다. 어찌 앞날을 걱정하지 않으랴."

당시 실권을 잡고 있던 추군의 무리들이 이 소리를 듣고 탄핵을 올려 고흘을 벼슬에서 내쫓았다.

양원왕이 27세의 젊은 나이로 승하하고 평원왕이 즉위하자 고흘은 사정이 달라졌다고 생각했다. 충심어린 뜻을 담아 다시 표를 올렸다.

"대륙의 변화는 이미 시작되었습니다. 북방의 초원에서는 돌궐이 새로 서서 영토를 확장하고 있으며 중국에서는 북조(北朝)와 남조(南朝)가 난립하여 간과(干戈)[9]가 그치지 않습니다.

신이 판단하기로는 십년 내에는 반드시 힘의 균형이 무너지게 될 것인데 그때가 되면 언제 날카로운 예봉이 우리나라로 향할지 모릅니다. 준비하는 자는 우환이 없다고 하였으니 30만 정병을 육성하여 이에 대비해야 합니다."

30만 양병론을 다시 주장하였지만 이때에도 여러 대신들은 입을 모아 고흘을 비난했다.

"천하가 태평한데 군사를 증강하여 백성들을 괴롭히면 안 됩니다. 고흘은 공연히 민심을 흔들고 있을 뿐입니다."

이제 막 왕위에 등극한 평원왕도 십대 소년에 불과하여 사실상 권력을 장악하지 못하고 있었다. 막강한 대신들의 뜻을 물리치지 못하자 고흘의 30만 양병론은 무산되고 말았다.

---

9) 전쟁을 말함.

그러나 불행히도 고흘의 예언은 적중했다. 그가 죽은 지 10년이 못되어 북제를 멸망시킨 북주의 무제가 북제와 우호관계에 있던 고구려를 침공해 온 것이었다.

정전(正殿) 앞의 넓은 뜰에는 칼날같이 매서운 겨울바람을 따라 하얀 함박눈이 어지러이 흩날리고 있었다. 평원왕은 불현듯 극간하던 고흘의 목소리가 떠올랐다.

"중원의 기운이 심상치 않습니다. 대군을 길러 이에 대비해야 합니다."

평원왕은 고개를 흔들었다.

"내가 어리석었도다! 내가 어리석었도다!"

발갛게 상기된 얼굴로 추위도 잊은 듯 난간에 기대어서서 탄식을 거듭하였지만 아무리 후회해 보아도 지난 일을 돌이킬 수는 없는 노릇이었다.

어느덧 동쪽하늘이 희끄무레해지면서 새벽이 밝아오고 있었다. 그제야 정신을 가다듬고 떨리는 목소리로 숙직무관에게 명을 내렸다.

"막리지들을 모두 불러들여라."

막리지는 당의 병부상서겸중서령(兵部尙書兼中書令)에 비교된다는 기록이 있어 고구려 최고의 벼슬로써 대대로와 같다는 설과 태대형과 같다는 설이 있다.

안장왕 이후로 귀족의 권한이 강해지자 대대로 대신 여러 명의 태대형들이 막리지가 되어 정치권과 군사권을 장악하였는데 이들 막리지들은 그들 중에서 3년마다 고구려 최고 벼슬인 대대로를 선출하였다.

연개소문의 조부 연자유는 평원왕대의 인물이었는데 그를 설명하는 기록에 '양야양궁(良冶良弓)하여 군권을 쥐고 나라의 권세를 장악하였다.'라는 구절이 있어 평원왕 시절에도 막리지가 절대적인 역할을 했음을 알 수 있다.

훗날 반정에 성공한 연개소문은 막리지와 구분하여 대막리지라는 직책을 신설하였고 그의 아들 남생과 남건은 태대막리지를 만들어 자신의 위상을 더욱 높였다.

소집 명령을 내린 평원왕은 서둘러 내전(內殿)으로 들어가 의관을 정제한 뒤 정전(正殿)으로 발걸음을 옮겼다.

날카로운 군호소리가 새벽 공기를 찢고 바람처럼 내닫는 군마들은 거리를 가로지르고 있었다.

황급히 불려나온 막리지들의 얼굴에는 하나같이 경악의 기색이 역력했고, 소란 통에 잠을 깬 백성들도 불안한 빛을 감추지 못했다.

평원왕은 나무라듯 물었다.

"그대들이 그토록 주장하던 그 많던 군사들은 도대체 어디로 사라져버렸다는 말씀이오?"

고흘의 양병설을 반대했던 여러 대신들은 서로 책임을 떠넘기기만 할 뿐이어서 조정은 시끄럽기 짝이 없었다.

태자 원(元)[10]은 담대하고 사리에도 밝아 일을 처리함에 거침이 없었다. 갑론을박(甲論乙駁)하면서 탁상공론에만 빠져있는 중신들을 타일렀다.

"지난날의 잘잘못을 따질 때가 아니오. 이럴 때일수록 서로 합심하여 적들을 물리치는데 힘을 쏟아야 할 것이오."

---

10) 훗날 영양왕이 됨.

이렇게 말하고 서부의 여러 성에 사람을 보내어 성을 굳건하게 지키게 하였다.

대로(大盧) 을반(乙磐)이 간했다.

"공격이 최고의 방어라고 합니다. 나라가 어려움에 처함에 성만 지켜서는 사나운 적들을 물리치기 어렵습니다. 마땅히 거병하여 쳐부수어야 합니다."

을반은 안장왕 때의 명장 을밀(乙密)[11]과 안학공주의 증손으로 소년 시절부터 독산성과 금현성 등 크고 작은 전투에 참전한 역전의 용사였다. 또한 신성 전투에서는 고흘을 따라 종군하여 수십 명의 돌궐군을 죽이고 용맹을 떨쳐서 젊은 무장들의 존경을 한 몸에 받았다.

왕도 그의 말을 받아들여 오부(五部)[12]에 명을 내리고 징병령을 내리려 하자 북부욕살 고전(高佃)이 말했다.

"아무리 급하게 서둘러도 전국에 흩어져 있는 병사들을 불러 모으자면 한 달은 족히 걸립니다. 하지만 오골성(烏骨城)[13]에 있는 군사를 출동시켜 험한 요수(遼水)를 가로 막는다면 번거롭게 전국의 동원령을 내리지 않아도 될 것입니다."

가만히 듣고 보니 옳은 소리였다. 당시 고구려는 60개의 큰 성과 170여개의 작은 성을 확보하고 각종 병기와 전쟁 물자를 비축해 두고 있었는데, 그 중에서도 오골성은 우뚝 솟은 찬운봉을 정점으로 무수한 봉우리들과 가파른 절벽들이 이어진 천혜의 험준한 산성으로 고구

---

11) 한주미녀를 구하여 안장왕에게 바친 고구려 장수, 조선상고사 참조

12) 계루부(桂婁部), 순노부(順奴部), 소노부(消奴部), 관노부(灌奴部), 절노부(絕奴部)

13) 봉황산산성(鳳凰山山城)이라고도 불리며 동대정자가 있는 곳은 고려성자산(高麗城子山)이라고 부른다. 현재 북한 학자들은 이곳이 살수대첩시의 옛 평양이라고 주장하기도 한다.

려 산성(山城) 중에서는 가장 규모가 컸다.

지리적으로도 요동반도 동남부의 교통의 중심지로써 서쪽으로는 낭낭산성과 수암을 거쳐 안시성에 이르고, 서북으로 백암성을 지나 요동성과 접하며, 동쪽은 압록강 물길 따라 박작성을 지나 고구려의 내지로 직통할 수 있다. 따라서 대부분의 성에는 처려근지를 두어 통치하였으나 오골성에는 특별히 욕살을 두어 많은 군사를 주둔시키고 있었다.

왕도 역시 부산을 떨어 전국의 군사를 불러들이고 싶지는 않았다. 고전의 의견을 받아들여 동원령은 잠시 뒤로 미루는 대신 오골성 욕살 추선(秋宣)에게 출병 조서를 내려서 신성과 개모, 현도, 목저, 남소의 다섯 성의 군사를 모아 요수를 지키도록 하였다.

요수는 요동의 경계로 동북 지방의 남부 평원을 가로 지르는 길이 1,400km에 달하는 오늘날 랴오허 강을 가리킨다. 상류는 대흥안령(大興安嶺)산맥 남부에서 발원하여 동으로 흐르다가 길림(吉林), 요녕(遼寧), 성경(省境) 부근에서 노합하(老哈河)와 합치는데, 그곳까지는 시라무렌강[西拉木倫河]이라고 부른다.

시라무렌강은 요녕성을 지나 삼강구(三江口) 부근에서 장백(長白)산맥에서 발원한 동 랴오허강을 합쳐 랴오허강이 된 뒤, 계속 남하하다가 혼하(渾河)를 합치고 영구(營口)에서 발해(渤海)로 흘러든다.

이 지역은 광개토대왕이 신성(新城)과 남소(南蘇)의 2성 등 700여 리를 점령한 후 고구려 땅에 편입하였다. 이후 고구려에서는 강줄기를 따라 군데군데 토성(土城)과 보루(堡壘), 방책(防柵) 등을 쌓아 놓고 중국 군사들이 동쪽으로 진군해 오면 이곳을 거점으로 삼아 요수

(遼水)를 지켜 도강하는 적군에게 치명적인 피해를 안겨 주었다.

훗날 을지문덕이 수양제의 백만 대군을 맞아 맥철장과 전사웅, 맹차 등 이름 높은 장수들을 죽이고 수군 진격을 저지하였던 곳으로써 중국이나 북방 민족의 침공에 대한 고구려의 중요한 방어선이었다.

파죽지세로 난하를 건넌 주의 대군이 요수에 도착한 때는 2월 초순으로 날씨가 유난히 추웠다. 세찬 바람은 매섭게 몰아치고 짙은 눈구름이 앞서거니 뒤서거니 따라오며 함박눈을 뿌리자 땅은 얼어붙고 길은 미끄러워서 짐을 실은 수레는 물론이고 군마조차 지나가기 어려웠다.

게다가 동상에 걸리고 추위에 얼어 죽는 군사가 날로 늘어나자 많은 장수들은 걱정을 하였다. 그러나 무제는 오히려 기쁜 빛을 띠우고 말했다.

"하늘이 우리를 돕고 있다."

표기대장군 왕의(王誼)가 의아하게 여겨 그 이유를 묻자 무제가 대답했다.

"대군이 행군하면 사상자가 나기 마련이니 그까짓 것은 조그만 일에 불과하다. 하지만 날씨가 추우니 요수의 강물은 두껍게 얼어 있을 것이니 식량과 병장기를 실은 무거운 수레도 어렵지 않게 건널 수 있다. 이것이야말로 하늘이 우리 군을 도우시는 것이 아니고 무엇이겠느냐?"

그렇지만 이러한 무제의 예언은 반은 맞고 반은 틀렸다. 선봉장 하란귀가 요수의 얼음 위를 지나 강을 반쯤 건너자 사람의 머리통보다 굵은 바윗돌이 비 오듯이 쏟아졌다.

미리 와서 기다리고 있던 오골성 욕살 추선이 강둑을 따라 숨겨놓았던 수십 대의 발석거[14]로 일제히 포석을 쏘아댄 것이었다.

"후퇴하라, 빨리 후퇴하라."

다급해진 하란귀가 목이 터지도록 외쳤으나 미처 명령을 하달 받지 못한 수많은 군사들은 갈팡질팡하여 자기네끼리 밀치고 당기면서 나자빠지는 자가 태반이 넘었다.

얼어붙은 강은 순식간에 박살나버렸고 3천 명이 넘는 하란귀의 군사들은 외마디 비명조차 남기지 못하고 요수의 차가운 강바닥으로 가라앉아 버렸다.

하란귀도 물에 빠졌으나 마침 부서진 마차의 널빤지를 붙잡고 용케 목숨을 구해 돌아왔다.

그렇지만 무제는 용서하지 않았다.

"네놈이 빨리 강을 건너지 못했기에 이렇게 된 것이다."

물에 젖은 생쥐처럼 오들오들 떨고 있는 하란귀를 끌어내어 목을 베어 죽였다.

1차 도강작전에 실패한 무제는 작전을 바꾸었다. 군사를 풀어 인근 산에서 나무를 베어오게 하고 수백 개의 뗏목과 거룻배를 만들게 하였다.

이윽고 도강 준비가 끝나자 깊은 밤을 타서 기습 작전을 감행했지만 두 눈을 시퍼렇게 뜨고 사방을 경계하고 있던 고구려 군사들의 예리한 눈을 피할 수는 없었다.

"적이다!"

"적군의 기습이다."

---

14) 커다란 돌을 쏘는 기계.

요란한 꽹가리 소리와 함께 경계병의 고함소리가 밤하늘에 울려 퍼지자 고구려 군사들은 한달음에 달려 나와 횃불을 대낮같이 밝히고 발석거와 화전(火箭)을 사정없이 쏘아대었다.

북소리와 함성소리가 천지를 뒤흔들었고, 드넓은 요수의 강물을 반도 채 건너지 못한 주군들의 뗏목과 거룻배는 속절없이 불타고 산산조각이 되어 사라졌다.

군사들의 피해가 눈덩이처럼 불어났지만 무제는 포기하지 않고 계속해서 장수들만 재촉했다.

"한 줄기 띠와 같은 이까짓 강 하나를 건너지 못하고 쩔쩔 매면서 무슨 재주로 평양을 함락하겠다는 말이냐."

전전긍긍하는 장수들을 호령하였다.

이때 광릉왕(廣陵王) 원우(元羽)의 아들이자 주국대장군 원흔의 손자인 원구가 계책을 내었다.

"강한 곳은 피하고 약한 곳을 치는 것이 승리의 요체라고 합니다. 적의 정병이 강을 지키고 있으니 무작정 도강하려면 피해만 커질 뿐입니다. 소장에게 일군을 주시면 상류로 우회하여 적의 후미를 교란시키겠습니다. 그때 폐하께서 일시에 도강하시면 반드시 성공할 것입니다."

두 차례 공격에 실패하여 낙심에 빠져있던 무제는 원구의 제안을 듣자 귀가 번쩍 뜨였다. 그 자리에서 날랜 군사 1천 명을 주어 고구려군의 배후를 기습하게 하였다.

이러한 작전은 대성공이었다.

어두운 밤을 틈타 요수의 상류를 우회한 원구는 새벽녘에 고구려 진채 가까이 이르렀다. 마침 안개가 자욱하여 고구려 경계병들은 원구의 군사들이 가까이 다가오는 것을 알아채지 못했다.

갑작스런 습격을 받은 추선의 군사들은 여지없이 무너져 달아났고 원구는 어렵지 않게 강변을 장악했다.

이윽고 조용한 새벽하늘 위에 효시가 치솟자 무제가 기뻐하며 말했다.

"원구가 큰일을 해 내었다."

대기시켜 두었던 수백 개의 뗏목과 수천 척의 거룻배를 일시에 강에 띄워 전군을 들이쳐 도강하게 하였다.

1군 대장인 호아랑장(虎牙郞將) 후막진경은 목저성 성주 어자춘이 이끄는 군사들을 깨뜨렸고 뒤이어 상륙한 표기장군 이윤보도 남소성의 군사를 무찔렀다.

사태가 불리해지자 추선은 5백 명의 결사대와 함께 동쪽 강둑에 배수진을 치고 최후까지 저항하였으나 개미 떼처럼 몰려드는 주군들을 당해내지는 못했다. 온몸에 부상을 당하여 피를 흘리자 그의 부장 실곡이 간했다.

"이제는 틀렸습니다. 잠시 몸을 피해야 합니다."

추선이 담담하게 말했다.

"사나이에게는 죽음보다 더 소중한 것이 있다. 나는 차라리 여기서 죽을지언정 비겁하게 달아나서 나의 명예를 더럽히지는 않을 것이다."

난군 속에 뛰어들어 수십 명의 적들을 죽이고 장렬하게 전사했다.

난하 방어선에 이어 요수 방어선마저 무너지자 고구려 조정의 군신들은 충격에 휩싸였다.

"지방의 모든 병사들을 빨리 불러 들여라."

평원왕은 관리들을 다그쳐 전국의 병마를 모두 모으게 하였으나 외방(外邦)에 떨어져 있는 군사들은 미처 명령조차 받지 못한 상태였다.

추군의 실력자인 대대로(大對盧) 고유(高宥)는 겉으로 보기에는 용감하고 의젓하였으나, 실제로는 겁이 많고 심지가 나약한 자였다. 전황이 어렵게 되자 따르는 조정 대신들과 무리를 지어 왕에게 화친을 주장하였다.

"지금은 싸우느냐 화친하느냐 두 가지 길 밖에 없습니다. 우리나라는 오랫동안 큰 전쟁이 없었기 때문에 변방의 여러 성에는 훈련된 군사들이 적고 모아둔 식량도 넉넉지 못해서 징발할 만한 형편이 못됩니다.

반면에 주나라는 북제와 주변 제국들을 모두 정벌하여 싸움에 능한 장수들도 많고 군사들의 사기도 높습니다. 작은 나라가 큰 나라와 다투면 사직을 보전하기 어렵다고 합니다.

옛날 동천대왕도 서안평을 공격했다가 오히려 관구검의 침공을 당해 국도(國都)가 불타고 나라마저 위태로움에 처한 적도 있었습니다. 한번 허리를 굽혀 사직을 온전하게 보장하는 것은 나라를 다스리는 한 방법이 될 수도 있습니다. 모름지기 말 잘하는 사람을 뽑아 예물을 후히 갖추어 보내고 화친을 청하는 것이야말로 가장 상책입니다."

고유는 문자명왕 후실의 자손으로 중앙행정조직의 핵심인 내부(內部)[15]를 통치하고 있었기 때문에 따르는 자가 매우 많았다. 고유의 사돈이자 동부(東部)의 백두(白頭) 해구(解矩)가 나서며 거들었다.

"대대로의 말씀이 옳습니다. 주는 본시 오랑캐 선비족의 후손으로

---

15) 고구려 행정조직으로 중앙은 동(東), 서(西), 남(南), 북(北), 중부(中部, 內部)의 오부로 나누어 대가(大加)가 통치하였고 지방행정구역은 오우노수맹체가 오부행정구역으로 전환되어 동, 서, 남, 북, 중부의 다섯 부로 나누고 욕살(褥薩)들이 다스렸다.

흉맹하고 싸움에 능하여 더불어 전쟁을 하는 것은 계란으로 바위를 치는 것과 같습니다. 승산 없는 전쟁은 피하는 것이 현명합니다."

해구의 말이 끝나기도 전이었다.

길게 늘어서 있는 여러 대신들 사이를 헤치고 긴 수염을 아름답게 늘인 한 장수가 씩씩하게 앞으로 걸어 나왔다.

"그대들은 나라의 중신으로 조상 대대로 두터운 은혜를 입고 부귀와 권세를 누렸거늘 이제 나라가 위급해지자 어찌 만승(萬乘) 대왕을 욕되게 하려는가?"

모두들 고개를 들어 바라보니 한성(漢城) 상부(上部) 출신의 막리지인 우길(于佶)이 고리 눈을 번뜩이며 꾸짖었다.

그는 서천왕(西川王)[16] 장인이었던 서부대사자(西部大使者) 우수(于漱)의 후손으로 젊은 시절에는 호랑이도 맨손으로 때려잡을 만큼 용력(勇力)을 크게 떨쳤는데 나이가 예순이 되었으나 불같은 성격은 여전하고 불의를 보면 참지 못했다.

심산맹호와 같은 우길의 위엄에 눌린 중신들이 감히 눈을 마주치지 못하고 피해버릴 정도였다. 우길은 두 눈을 무섭게 부라리며 계속해서 말을 이었다.

"지금 저들을 두려워하여 굴복한다면 필경에는 나라까지 빼앗으려 들 것이다. 아무도 나서지 않겠다면 우리 한성부(漢城部) 군사만이라도 나가 싸울 것이다."

갑자기 좌중에는 찬물이라도 끼얹은 듯 조용해지면서 긴장감이 감

---

16) 고구려 13대왕 일명 서양왕(西壤王). 이름은 약로(藥盧) 약우(若友). 중천왕(中川王)의 둘째 아들이다.

돌았다. 그때 서부욕살(西部褥薩)이자 연나부(椽那部) 출신의 막리지 연자유(淵子游)가 벌떡 일어서 큰 기침을 두어 번 하더니 우길의 곁에 섰다.

"대장부란 모름지기 국가가 위험에 처하면 더욱 마음을 굳건하게 하며 자신의 목숨을 돌보지 아니한다고 한다. 더구나 우리에게는 전차가 일천 대가 넘고 창 잡은 군사들도 10만 명이나 된다. 한낱 오랑캐 선비족을 두려워하여 화친을 구걸한다면 훗날 세상 사람들의 웃음거리가 될 것이다. 우리 연나부 군사들도 우대인을 따라 출정하겠다."

범 같은 두 장수가 결연히 출전의 뜻을 밝히자 군신들이 술렁거렸다. 그러나 해구도 쉽사리 물러서지 않았다.

"군대가 머무는 곳에는 가시덤불만 돋아나고, 큰 군대가 떠난 자리에는 반드시 흉년이 뒤따른다고 하였습니다. 전쟁이란 이토록 막대한 비용이 들고 국가의 존망이 달려있는 것이라서 지극히 신중하게 결정해야 합니다.

지면 말할 것도 없으려니와 설혹 승리한다 하더라도 변변치 못하게 이기면 국력을 소모하게 되어 나라마저 위험하게 되고 맙니다. 그런 까닭에 전쟁에서 백 번 싸워서 백 번을 이긴다 하더라도 최선의 방법이 아니요, 싸우지 않고 물리치는 것을 상책으로 삼는 것입니다.

지금 우리가 화친을 하자는 것은 굴복을 의미하는 것이 아니라 대항할 수 있는 시간을 벌자는 것입니다. 조그만 치욕을 참지 못하여 큰 화를 불러들이는 것은 어리석은 일입니다. 신은 오로지 이점을 염려하는 것입니다."

해구가 구차하게 긴 변명을 늘어놓자 그때까지 잠자코 듣기만 하고 있던 을반이 나섰다.

"신(臣) 을반이 한 말씀 올리겠습니다. 우리나라는 국조성제(國祖聖帝)[17]께서 개국하신 지 육백 년이 넘어 충신열사(忠信烈士)와 용장현신(勇將賢臣)들이 밤하늘의 별만큼 많이 있습니다.

노련한 어부는 구름과 비바람은 조절하지 못하더라도 키나 노(櫓)를 이용하여 거친 풍랑과 파도를 헤쳐 나갈 수 있다고 합니다. 주나라 군사가 아무리 많다고 하나 우리에게도 훌륭한 장수와 군사들이 있으니 가만히 앉아서 하찮은 오랑캐 무리들에게 치욕을 당할 수는 없습니다.

신이 비록 재주는 하찮으나 일군을 맡기신다면 마땅히 만군의 앞에 나아가 저들을 물리쳐서 성은에 보답하겠습니다."

우길과 연자유에 이어 을반마저 결전의 뜻을 밝히자 그때까지 눈치만 보고 있던 젊은 장수들도 너 나 할 것 없이 나서서 싸울 것을 주장했다.

많은 신하들이 제각각 일어서서 중구난방(衆口難防)으로 떠들어대자 이윽고 평원왕이 무겁게 입을 열었다.

"전쟁은 이미 시작되었다. 지금부터 적과 타협을 논하는 자는 역적으로 처단할 것이다."

사실 중년의 패기만만한 평원왕[18]으로서도 청항문서(請降文書) 따위를 쓰고 싶은 마음은 애초부터 없었던 것이었다.

---

17) 고주몽을 말함.

18) 양원왕이 14세에 즉위하여 14년 통치하였으니 28세에 죽었다. 평원왕은 그의 장자로서 왕위에 즉위한 때는 십대 소년이었다. 배산 전쟁은 평원왕 19년이니 평원왕의 나이는 30대 초중반이 된다.

다음날 날이 밝자마자 문무백관들을 모두 소집한 뒤 출정을 위한 조서(詔書)를 내렸다.

"칼로 일어난 자는 칼로 망하는 법이다. 주(周)와 제(齊)가 서로 다투어 천하가 크게 혼미하였고, 수많은 백성들을 살육하여 그 패악(悖惡)함이 천도(天道)를 벗어났다. 하늘이 이미 버렸으니 주륙(誅戮)을 면하겠는가.

그러고도 그 죄를 깨닫지 못하고 이제 이리와 시랑이 같은 발톱과 이빨을 드러내어 우리의 국토를 침범하였다. 교만하고 악한 자를 징벌하지 않고서 어찌 천하를 바로 다스릴 것인가. 짐이 친히 대군을 일으켜 우현(寓縣)[19]을 토평(討平)할 것이다."

출병(出兵)의 명이 떨어지자 오부(五部)의 대가들은 각자 휘하의 군사를 거느리고 모두 달려 나왔고, 각종 갑옷과 무기를 갖춘 전국의 용사들이 평양성으로 몰려들었다.

각양각색의 휘장(揮帳)과 오색 기치(旗幟)들은 하늘을 뒤덮었고 전차와 군마는 능라도(綾羅島)에 가득 찼다. 상기된 군사들의 얼굴에는 굳센 결의가 넘쳤고 장수들은 충성을 맹세하며 승리를 장담하였다.

왕은 태자 원(元)에게 수도(首都)를 맡기고 고유를 유수로 삼아 태자를 보필하게 한 뒤 친히 갑옷과 투구를 쓰고 행군대원수(行軍大元帥)가 되었다. 그리고 을반을 정서대장군(征西大將軍)으로 임명하여 삼군(三軍)을 통솔하게 하고 우길과 연자유를 각각 좌장군(左將軍)과 우장군(右將軍)을 삼았다.

출정 전에 부여성과 국내성에 각각 사람을 보내어 천신(天神)에게 제사를 올리게 하고 또 유사(有司)에게 명하여 신묘(神廟)에 고하게

---

19) 천하를 가리키는 말

하였다.

고구려 왕성(王城) 좌우에는 부여신(扶餘神)과 고등신(高登神)[20]을 모시는 사당이 있었는데 이것을 신묘라 하여 나라에 큰 일이 있을 때면 항상 이를 고하는 것이 상례(常例)였다.

선인문(宣人門) 앞에 일곱 계단으로 된 제단을 쌓고 오행에 따라 오방(五方)을 정해 다섯 색깔의 깃발과 의장을 벌려 세운 뒤 왕이 스스로 제관(祭官)이 되었다.

이때 어부(御府)에서 각종 과일과 안주, 기명(器皿)을 내려주면서 제단의 아래에 장막을 치고 그곳에는 각종 보완(寶玩), 고기(古器), 법서(法書), 명화(名畵), 이향(異香), 기명(奇茗)[21] 등을 마련하게 하였다.

부산한 준비가 모두 끝나고 출정의 아침이 밝아오자 평원왕은 아침 일찍 일어나 머리를 감고 목욕재계(沐浴齋戒) 한 연후에 금과 곡옥으로 장식한 금관(金冠)과 곤의(袞衣)를 갖추어 입었다.

두 명의 천우군위(千牛軍衛)가 관혁등장(貫革鐙杖)을 잡고 북과 징을 치며 인도하자, 2백 명의 금오위(金吾衛)의 군사들이 표미(豹尾)와 의극(儀戟), 화개(華蓋)[22] 등을 잡고 뒤따랐다.

왕이 요속(僚屬)을 거느리고 선인문을 거쳐 교장(敎場)[23]으로 나아가니 미리 대기하고 있던 만조백관들이 허리를 굽혀 절하면서 다 같이 소리쳤다.

---

20) 위지(魏志) 고구려전에 의하면 부여신은 유화부인(柳花夫人), 고등신은 주몽(朱蒙)을 가리킴.
21) 진귀한 차
22) 모두 의장의 하나들이다.
23) 연병장과 같은 말

"만세, 만세, 만만세."

평원왕은 천천히 단상에 올랐다.

겨울 새벽의 찬바람은 뼛속까지 스며들었지만 군사들의 환호와 열기는 태양처럼 뜨거웠다. 마침 동녘 하늘에 붉은 빛이 감돌면서 찬란한 태양이 구름 사이에서 모습을 드러내었다.

단상에 오른 평원왕은 문득 지난날 고흘 장군의 모습이 떠올랐다. 그날도 오늘처럼 바람이 차가웠는데 신성으로 침범한 돌궐군을 물리치기 위하여 출정하던 고흘은 양원왕과 당시 어린 소년이었던 평원왕에게 다음과 같이 약속했다.

"돌아올 때는 적장의 목을 선물로 가져오겠습니다."

우렁찬 목소리가 아직도 귀에 쟁쟁한데 이제 스스로 전투에 나서게 된 평원왕은 감회가 새로웠던 것이었다.

"둥, 둥, 둥, 둥!"

귓전에 울리는 웅장한 북소리에 평원왕은 정신이 언뜻 들었다. 때마침 단 아래 있던 장수가 큰 소리로 호령하자 대기하고 있던 악사들이 일제히 대각과 소각을 섞어 불었다.

각종 나(羅)[24]와 바라(哱囉)[25], 나팔 소리들이 한데 섞여 요란하게 울려 퍼지자 붉은 바탕에 황금 빛 장식을 한 교룡기(交龍旗)[26]가 하늘을 찌를 듯이 우뚝 솟았다. 그 뒤로는 삼족오(三足烏)[27]를 새겨 넣은 5

---

24) 자바라의 한가지 동라(銅鑼)와 소라(小鑼)가 있다. 동라오채기

25) 패라, 새납이라고 함

26) 제왕이 출전할 때 세우는 깃발로 오채아기(五彩牙旗)라고 한다.

27) 한(漢)나라의 춘추원명포(春秋元命包)라는 책에 태양이 양(陽)이고, 3이 양수(陽數)이므로 까마귀의 발이 세 개라고 풀이하고 있다.

부의 휘(麾)[28]가 장쾌한 바람을 타고 휘날렸고 이어서 각 군을 상징하는 형형색색의 의장과 깃발들이 물결쳤다.

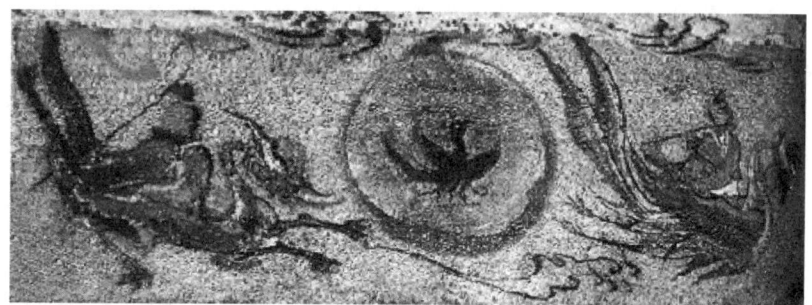

▲ 集安의 고구려 고분벽화 五恢墳 五號墓 천장 밑 층 급 받침돌 벽화의 중앙 원 가운데 그려진 태양의 상징인 三足烏.

삼족오란 다른 말로 금오(金烏) 또는 준오(踆烏)라고 하며 태양에 까마귀가 산다는 신앙에서 비롯된 것이다. 이것은 초사(楚辭)[29]나 산해경(山海經)[30]에서도 볼 수 있는데, 고구려 시조 추모성왕은 천제(天帝)의 아들인 해모수의 자손으로 여겼기 때문에 고구려 왕족과 장수들은 삼족오를 상징적인 신물(神物)로 삼았던 것이었다.

시종들의 인도를 받아 천천히 제단 위로 오른 평원왕은 엄숙하게 향을 사른 후에 미리 준비해둔 제문(祭文)을 읽었다.

"대덕(大德)[31] 19년 2월 모일(某日)에 고구려 국왕 고모(高某)는 삼가 천제(天帝)께 아룁니다.

패도(覇道)를 버리고 왕도(王道)를 베푸는 것은 고래(古來)의 성군

---

28) 대장과 위장에게 명령을 내리는 깃발

29) 초나라 삼려대부 굴원의 시가를 모은 책

30) 중국 선진(先秦)시대에 저술되었다고 추정되는 대표적인 지리서로 곽박(郭璞)이 기존의 자료를 모아 저술하였다고 전해진다.

31) 평원왕의 연호

(聖君)이 취할 도리요 변방을 편안하게 하여 백성들을 먹여 살리는 것이 나라의 근본이라 하였습니다.

지금 강포(強暴)한 오랑캐들이 성궐을 침범하고 국경의 여러 성을 노략질하여 수많은 백성들은 집을 버리고 정처 없이 유랑하여 그 폐해가 하늘에 닿았습니다.

오늘 군정(軍政)을 일으켜 흉악하고 난폭한 적들을 토벌하고 모름지기 도탄에 빠진 백성들을 구하며 열성조(列聖祖)께서 물려주신 이 땅을 지킬 것입니다.

부디 축복과 영광을 내리시어 적들을 물리치게 하소서.”

하늘을 우러러 네 번 절하자 단 아래에 서 있던 문무 대신들도 다함께 머리를 조아렸다.

의식이 끝나갈 무렵에 단 아래에서 대기하고 있던 관리 하나가 들어와서 붉은 비단으로 곱게 싼 큰 함을 공손히 바치고 물러났다.

앞으로 나와 함을 열어본 유사가 감탄하며 말했다.

“참으로 대길(大吉)이옵니다. 이처럼 온전하게 붙은 발톱은 여태 보지 못하였나이다. 감히 말씀드리옵건대 이번 전쟁은 반드시 이길 것입니다.”

왕을 비롯하여 좌우에 있던 대신들의 입에서도 탄성이 터져 나왔다. 정교한 용무늬가 있는 아름다운 함 속에는 방금 희생으로 잡은 소의 발톱이 마치 묶어 놓기라도 한 듯이 반듯하게 붙어있었던 것이었다.

“천지신명께서 우리를 도우시는 것이 틀림없습니다.”

을반이 기쁨을 감추지 못하고 이렇게 아뢰자 다른 신하와 장수들도 잇달아 경하를 올렸다.

당시 고구려에서는 단군 시절부터 내려오던 신지비사(神誌秘詞)[32]의 풍습을 이어받아 항상 전쟁 전에는 큰 소를 잡아 점을 치는 우점(牛占)을 행하였다. 이때 희생인 소의 발톱이 붙으면 승리를 의미하고 발톱이 떨어져 있으면 불리하다고 여겼다.

우점의 역사는 매우 오래된 것이어서 이것에 대한 고구려인들의 믿음은 신앙과도 같은 것이었다. 그런데 우점에 의하여 승리가 예언되었으니 평원왕은 기쁨을 감출 수 없었다. 군신들을 둘러보며 말했다.

"징조가 이미 나타났으니 무엇을 의심하랴! 승리의 신은 우리에게 있으니 반드시 우리가 이길 것이다."

황금빛으로 도금한 큰 세 가닥 창 아래 붉은빛 수실로 장식한 둑(纛)[33]을 앞세우고 친히 융의(戎衣)[34]를 걸치고 전장(戰場)으로 나아갔다.

평원왕의 대군이 배산(拜山)[35]에 이르렀을 때였다. 대장군 을반이 행군을 멈추고 말했다.

"유능한 사냥꾼은 늑대를 쫓아가지 않고 사냥터를 먼저 정한다고 합니다. 이곳을 둘러보면 뒤로는 산이 험하고 앞에는 넓은 들이 있으니 대군을 상대하기에 족합니다. 군사를 나누어 분수(分數)를 정하고 깃발과 금고를 바로잡아 형명(形名)을 세우면 반드시 승리할 수 있습니다."

---

32) 단군 때 신지라는 인물이 지은 책으로써 나라를 지키는데 필요한 수훈(垂訓)의 하나임.

33) 우보당 혹은 대조기라고도 하며 임금이 타고 가던 가마 또는 군대의 대장 앞에 세우던 큰 의장기로서 승리를 상징하는 깃발.

34) 군복을 뜻하는 것으로 전쟁에 나아감을 말함

35) 삼국사기 고구려본기에는 없으나 열전 온달조에 배산 전투의 기록이 나타나 있음. 동사강목(東史綱目)에서는 정유년 평원왕 19년으로 나타나 있음.

분수란 군사를 나누는 방법으로 보통 부곡(部曲)을 분(分)이라하고 십오(什伍)를 수(數)라고 하여 각 대장 아래 오위(五衛)를 두고, 오위 아래 오부(五部)를 두며, 각 부에는 사통(四統)을 두어 각각의 단위부 대마다 장수를 두어 다스리는 것을 말한다.

특히 각 위(衛)에는 정군(正軍)의 3할에 해당하는 유군(遊軍)[36]이라는 예비 군사를 두어 정군이 위태로우면 이를 돕게 하여 상호간에 협력하도록 하는 것이 보통이었다.

또 형명이란 전쟁에서 장수가 진퇴의 명령을 내리는 방법으로, 깃발(旌旗)을 가리키는 형(形)과 금고(金鼓)를 가리키는 명(名)을 말하는데, 형은 제왕을 상징하는 교룡기부터 대장군의 깃발인 휘와 대장기, 초요기, 위장기, 부장기, 유군장기, 대사기 등이 있었고, 명에는 소각(小角)과 대각(大角)을 비롯하여 고(鼓)와 비(鼙), 금(金), 탁(鐸), 조고(兆鼓) 등이 있었다.

전쟁이 일어나면 장수는 이러한 형과 명을 서로 어울려 운용하였는데 보통 여러 가지 깃발로 먼저 신호를 보내면 북과 나팔 등 각종 금고가 뒤따랐다.

조그만 국지전에서는 군사 개개인의 무술 솜씨가 매우 중요하였지만 많은 군사들이 싸우는 대규모 전쟁에서는 군대의 조직적 운영이 중시되었기 때문에 유능한 장수일수록 분수와 형명을 다스리는데 더욱 심혈을 기울였던 것이다.

을반의 지혜와 병법을 굳게 믿고 있던 평원왕은 흔쾌하게 허락하고 이어서 장수들에게 선포했다.

---

36) 유격대로써 주로 척후활동이나 전쟁 시 돌격부대의 역할을 한다.

"짐은 이미 대장군에게 부월(斧鉞)³⁷⁾을 내렸으니 대장군의 말은 곧 짐의 뜻이다."

배산 남쪽 언덕에 오채(五彩)의 꿩 깃을 모아 장식하고 흰 실로 깃대를 꾸민 정기(旌旗)³⁸⁾를 꽂아 둔진을 쳤다.

이에 을반은 지형의 이험(夷險)을 따져 삼진(三陣)을 펼쳤는데 시야가 트인 높은 곳에는 장대를 만들고, 요소요소마다 망루를 세워서 여러 가지 깃발과 북으로 교신하게 하여 형명을 통일시켰다.

또 진채와 진채의 사이에는 무충차(武衝車)³⁹⁾를 연결하여 누벽(壘壁)⁴⁰⁾처럼 만들었으며, 좌우로는 보루(堡壘)와 목책(木柵)을 쌓고 '무익(武翼)'이라 부르는 큰 방패를 든 팽배수들을 배치하고 그 뒤로는 궁수와 노수를 각각 삼열로 배열시켜 연속 사격이 가능하게 하였다.

어림군 장수로 왕의 호위장군이자 북부욕살 고전이 말했다.

"신묘하고 전쟁에 능한 장수는 군사를 수족과 같이 부린다고 하더니 오늘 대장군이 펼친 진채를 둘러보니 이와 같습니다."

왕이 기뻐하며 을반에게 금으로 도금한 명광개(明光鎧)⁴¹⁾ 한 벌을 상으로 내렸다.

첫 교전은 바로 다음날 정오가 조금 지난 때였다. 배산 서쪽의 큰

---

37) 생살권을 나타내는 작은 도끼와 큰 도끼를 가리키는 것으로 작전의 지휘권을 의미한다.
38) 천자가 사기를 고무할 때 쓰던 깃발.
39) 성문을 공격하기 위한 도구
40) 성채와 벽
41) 남북조시대에 시작하여 당나라 시대에 유행한 갑옷으로 흉부와 등에 타원형 호심(護心)이 있어 방어력이 탁월하다.

바위산 주변을 수색하고 있던 고인기가 골짜기 아래 모여 있는 수백 명의 주군들을 발견하고 유군장(遊軍將) 허위(許緯)에게 달려갔다.

"빨리 돌아가서 이 사실을 알려야 합니다."

이렇게 건의했지만 공명심이 앞선 허위가 말렸다.

"아서라. 적들도 별로 많지도 않은데 그렇게 호들갑을 떨 필요가 없다. 내가 적군을 이쪽으로 유인해 올 테니 너는 이 골짜기에 매복하고 있다가 일망타진해 버려라."

이렇게 명령을 내리고 적진으로 달려 나갔다.

주의 장수 하공무는 실질적으로 북주를 세운 우문태의 외조카이자 주국대장군 하난양(賀蘭陽)의 후손으로 대대로 무장을 지낸 인물이었다.

그는 팔척장신에다 길이가 10척이나 되고 칼등에 붉은 삭모를 단 협도를 즐겨 썼다. 주가 제를 멸할 때 보급 장교가 되어 양곡수송을 맡았는데, 고구려 원정 때에도 역시 보급을 담당하는 장수로 임명되자 무제에게 말했다.

"소장은 조상 대대로 하해와 같은 성은을 입었지만 이렇다 할 공을 세우지 못했습니다. 이제 창잡이라도 맡겨 선봉에 나가 싸우게 해주시면 반드시 보답하겠습니다."

그의 용기를 가상히 여긴 무제가 선봉을 맡기자 고구려 진영을 살피기 위해 척후활동을 나온 것이었다.

갑자기 나타난 허위의 군사들을 보고 하공무가 창을 꼬나 쥐고 뛰쳐나가려 하자 그의 아장 서익이 말렸다.

"개나 닭을 잡는데 어찌 소 잡는 칼을 쓰겠습니까? 저까짓 하찮은 오합지졸들 쯤이야 저희들에게 맡겨주시면 단숨에 소탕해버리겠습니다."

하공무는 서익을 기특하게 여기고 인심이라도 쓰는 듯 거드름을 부리면서 말했다.

"정녕 그렇다면 네가 나가서 공을 한번 세워보아라. 만약 적장의 목을 가져오면 황금 백 냥을 내리겠다."

엄청난 상금까지 약속받은 서익은 저절로 힘이 치솟았다. 말에 박차를 가하고 달려 나가 힘차게 창을 날리자 몇 차례 싸우던 허위는 못 이기는 척하며 달아났다.

평소 자신의 무술실력을 과신하고 있던 서익은 허위가 견디지 못하고 달아나는 줄만 알았다. 너무도 뻔한 속임수마저도 전혀 알아차리지 못하고 기세등등하게 바짝 뒤쫓다가 고인기가 매복해 있는 커다란 바위산 아래에 이르러서야 갑자기 이상한 낌새를 알아차렸다.

"멈추어라!"

크게 소리치고 잠시 주위를 두리번거리는 순간 쏟아지는 화살을 피하지 못하고 그 자리에서 죽었다.

놀란 주군들이 거미 떼처럼 흩어지자 이번에는 달아나던 허위가 말머리를 돌려서 역공을 퍼부었다.

"와, 와!"

"죽여라!"

사방에서 호통소리가 울려 퍼졌고 서익의 군사들은 손 한 번 놀려보지도 못하고 죽어 넘어지는 자가 대부분이었다. 구사일생으로 살아 돌아온 군사 몇 명이 이 사실을 보고하자 하공무가 크게 노했다.

"저런 멍청한 놈을 믿은 내가 잘못이다."

황급히 군사를 몰아 서익을 구하러 나갔지만 주위에는 온통 군사들의 시체만 널려 있을 뿐이었다. 분노를 참지 못하고 언덕 위로 말을 달려 사방을 살펴보다가 마침 맞은편 산 아래에서 쉬고 있는 허위의 군사를 발견했다.

"한 놈도 남기지 말고 깡그리 도륙을 내어 버려라."

군사를 둘로 나누어 좌우로 협공을 시도했다. 그렇지만 이번에는 허위도 순순히 물러서지 않았다. 맹렬한 기세로 뛰쳐나가 힘차게 창을 날리며 맞붙어 싸우자 백여 합이 넘도록 승부를 내지 못했다.

전쟁은 백중지세여서 우열을 가리기 힘들었는데 누군가가 크게 큰 소리로 외쳤다.

"적이다!"

하공무와 허위가 동시에 놀라 물러서며 멀리 서쪽을 바라보자 누런 먼지가 하늘 끝까지 치솟아 오르며 수백 개의 붉고 푸른 깃발이 나타났다.

주의 표기대장군 왕의가 대군을 이끌고 나타난 것이었다. 원군을 얻은 주군들은 더욱 힘을 얻어 세차게 공격하였고 협공을 당한 고구려 군사들은 쫓기기 시작했다.

허위도 마음이 급해졌다.

악착같이 덤벼드는 하공무의 창을 막아내면서 말머리를 돌려 달아났지만 얼마 가지 못하고 주군들이 던진 그물에 걸려 사로잡히고 말았다.

뒤에서 따라오던 고인기는 그 광경을 보았지만 두려움에 질려서 감히 구할 생각도 하지 못했다. 좌충우돌하면서 주군들의 방어가 허술한 곳을 택하여 필마단기로 도망쳐 돌아오자 을반이 무섭게 꾸짖었다.

"주장을 버려두고 무슨 면목으로 돌아왔단 말이냐!"

당장 끌어내어 참수하게 하였다. 울면서 끌려 나가는 고인기를 보고 그의 직속상관이었던 연자유가 그를 위해 변호했다.

"고인기의 죄가 큰 것은 사실이나 참수는 너무 가혹하지 않습니까?"

"장수란 군율에 따라 죽고 사는 법이요. 옛날 제갈량이 울면서 마속을 벤 것도 이러한 이유 때문이요. 싸우는 주장을 버려두고 달아난 부장을 군법에 따라 다루지 않는다면 이후로 어떻게 군대를 다스릴 것이요?."

"따지고 본다면 이번 패전의 책임은 허위가 억지로 전쟁을 고집했기 때문이지 고인기에게 있는 것이 아닙니다."

두 장수가 이렇게 다투자 우길이 참견하고 나섰다.

"두 분의 말씀은 모두가 옳습니다. 하나 목숨을 건 치열한 싸움터에서 일일이 패전의 책임을 따지려 든다면 누가 싸우겠습니까. 고인기에게 한 번 더 기회를 주어 자신의 죄를 만회하게 하는 것도 좋을 듯싶습니다."

좌장군과 우장군이 모두 이렇게 청하자 을반도 더 이상 고집을 부리지 않고 풀어주게 하였다.

다음날 아침부터 날씨가 몹시 춥고 바람도 세게 불었다. 경계를 보고 있던 군사들도 잠시 창칼을 내려놓고 모닥불 사이에 옹기종기 모여 앉아 얼어붙은 손발을 녹이고 있었다.

바로 그때였다. 망루에 있던 군사가 목이 터져라 외쳤다.

"적군이다. 적군이 나타났다."

동라와 소라 소리가 시끄럽게 울리고 군사들은 이리저리 분주하게 뛰었다. 여러 장수들과 함께 작전을 짜고 있던 평원왕도 이 소리를 들었다.

장대 위로 뛰어 올라가자 파수를 보던 장교가 황망하게 군례를 올리며 보고를 올렸다.

"아마도 적의 주력군이 당도한 모양입니다."

순간 왕은 자신도 모르게 두 주먹을 불끈 쥐었다. 잠시 심호흡을 한 연후에 정신을 가다듬고 멀리 서쪽 벌판을 바라보니 수 십 만을 헤아리는 엄청난 군사들이 광활한 지평선 너머로 모습을 드러내었다.

오색 기치와 번쩍이는 창칼은 하늘을 뒤덮었고 끝 간 데 없이 이어진 행렬은 길게 꼬리를 늘어뜨린 뱀처럼 광야를 가로질러 내닫고 있었다.

눈앞에 나타난 어마어마한 대군을 보자 지켜보던 고구려 군사들의 얼굴에는 두려운 기색이 역력했다. 한 겨울의 매서운 칼바람이 사정없이 몰아쳤지만 창칼을 굳게 쥔 군사들의 손에는 오히려 땀이 흘렀고 황량한 배산 벌판에는 숨 막히는 긴장감이 무겁게 감돌았다.

양사(兩師)[42]의 위장(衛將) 고성부가 물었다.

"적들이 모두 모여 진형을 완전히 갖추기 전에 우리가 먼저 공격을 시도하는 것이 어떻겠습니까?"

을반이 반대했다.

"전쟁이란 적이 의도하지 않는 바를 노려 싸워야 한다. 모름지기 원정을 나온 군사들이란 속전속결을 원하게 마련이니 지금 군사를 움직이는 것은 저들의 뜻에 따라주는 꼴이다."

수비를 강조하는 을반의 마음은 철석과 같아서 누구도 그의 명령을 어길 수가 없었다. 다만 목책과 누벽에 의지하여 진채만 굳게 지킬 수밖에 없었다.

---

42) 각 부(部)에 속하는 군대

점심때가 조금 지나서였다.

주의 대장군 노금평이 십여 명의 졸개를 거느리고 문기(門旗)에 의지하고 나서서 크게 외쳤다.

"중원의 황제는 고구려왕 탕(湯)에게 고하노라.

짐은 하늘의 뜻을 받아 학정에 시달리던 북제(北齊)의 백성들을 구하고 명실 공히 천하의 인민들이 스스로 달려와서 복속하였다. 이제 거가(車駕)를 움직여 동쪽으로 진군한 뜻은 천하를 순무(巡撫)하려는 것이니 결코 그대의 왕국을 주벌(誅伐)하려는 바가 아니다.

지금이라도 진채 밖으로 나와서 번국(藩國)의 예(禮)로써 맞이하면 굳이 토벌(討伐)의 역(役)은 행하지 않으리라."

을반도 가만히 듣고만 있지 않았다. 문진(門鎭) 앞으로 썩 나아가 노금평의 말을 맞받아쳤다.

"북방의 비루한 오랑캐 우문가는 들어라. 한 자루 칼의 예리함만 믿고 수많은 전란을 일으켜 제(濟)를 멸하여 이웃 나라로서의 신의를 저버렸고, 약탈과 살상을 일삼았으니, 사해(四海)[43] 백성들의 원한과 통곡 소리는 하늘 끝까지 사무쳤다.

우리 대왕께서는 이를 불쌍히 여기시어 천하의 대군(大軍)을 끌어 모아 침략자들을 주벌하려 하시는 것이다. 지금이라도 마땅히 죄를 깨달았거든 뉘우쳐 용서를 구하고 군사를 거두어 돌아가라."

을반의 꾸짖음을 듣고 있던 주 무제는 격노한 나머지 쥐고 있던 홀(笏)을 땅에 떨어뜨렸다.

"어리석고 무엄한 놈들이로다. 짐에게 항거한 죄가 얼마나 크고 무

---

43) 온 세상

거운지 똑똑히 알게 하리라."

사로잡힌 허위와 그의 군사들을 진채 앞에 끌어다 내놓고 소리를 지르게 했다.

"천자의 군사에 대항하는 자는 모두 이 꼴이 될 것이다."

말이 끝나자마자 좌우에 늘어서 있던 망나니들이 칼을 내리쳐서 목을 베어 죽였다.

"저런 짐승 같은 놈들!"

"원수를 갚아야 합니다. 당장 명령을 내려 주십시오."

여러 장수들이 발끈하여 진채 밖으로 뛰어나가 공격할 것을 주장했으나 을반은 단호하게 반대했다.

"저따위 짓거리는 우리의 분노를 자극하여 판단을 흐리게 하려는 심리전에 불과하다. 이런 때 일수록 오히려 침착하게 대응해야 한다."

좌군의 영장(領將) 허장은 허위의 동생이었다. 이러한 명령에 반발했다.

"소장에게 형님의 원수를 갚을 기회를 주십시오."

"네가 나선다고 바뀌어 지는 것은 전혀 없다. 더구나 개개인의 원한으로 전쟁을 그르칠 수는 없다."

기어이 허락하지 않자 허장은 울분을 참지 못했다. 땅바닥에 털썩 꿇어앉아 머리를 짓찧으면서 졸랐다.

"형님의 원통한 죽음을 보고도 그 원수를 갚지 못한다면 돌아가 모친의 얼굴을 어찌 뵙겠습니까?"

이마가 깨어져 얼굴이 피범벅이 되도록 멈추지 아니하자 을반이 노기를 띠우고 언성을 높였다.

"무엄하다. 어느 안전이라고 방자하게 구는가? 당장 물러나지 못할까?"

좌우의 장사들에게 명하여 끌어내게 하자 을반의 아들 을충이 물었다.

"너무 가혹하신 처사가 아닙니까? 어찌하여 젊은 장수들의 기백을 그토록 무참하게 꺾어 버리십니까?"

"나도 허장의 마음을 모르는 바는 아니다. 하지만 전쟁에 임하는 장수는 냉정해야 하는 것이다. 더구나 제왕(帝王)과 제왕(帝王)이 서로 전쟁터로 나아가 싸우는 경우란 고금을 통 털어도 드문 일로써 그런 전쟁에서 지게 되면 나라가 망하는 수도 허다하다. 한 젊은 장수의 혈기 때문에 대왕께서 친정하시는 전쟁에서 위험을 무릅쓸 수가 없는 것이다."

이에 다른 여러 장수들도 감히 대꾸하지 못했다.

고구려 군사들이 굳게 지켜 움직이지 않자 주 무제는 더 이상 기다릴 수가 없었다. 표기장군 이윤보를 선봉으로 내세워 선공을 감행했다.

"둥, 둥, 둥, 둥!"

금고(金鼓)소리가 일시에 요란하고 함성소리는 천지를 뒤흔들었다. 천군만마가 한꺼번에 내닫자 드넓은 배산 벌판은 주군의 깃발로 뒤덮였다.

그렇지만 을반은 시종일관 입을 굳게 다문 채 마치 돌부처와 같이 조금도 흔들림이 없었다. 망루에 우뚝 서서 적군의 움직임을 응시하면서 군사들을 엄히 단속하였다.

"기다려라. 조금 더 기다려라."

각궁의 사거리는 보통 백 이십여 보에 이르지만 사격의 정확도를 높이기 위해서 적을 최대한 가까이 끌어 들이는 것이 가장 중요한 관건이었다.

을반은 적의 돌격에 대비하여 30보 간격으로 큰 돌을 세우놓고 거기에 붉은 색칠을 해두었다. 그리고 앞장서 달려오는 주의 기병부대가 사정거리에 들어오기를 기다려 비로소 힘차게 휘(麾)[44]를 높이 들었다.

"쏘아라."

군관들의 호통소리가 사방에서 터져 나왔고 수많은 화전(火箭)들이 힘차게 날아올랐다. 드넓은 배산 벌판은 함성과 비명소리로 뒤섞여 순식간에 아수라장으로 변했다.

수많은 군사들이 속절없이 죽어 나갔지만 주 무제는 조금도 공세를 늦추지 않았다. 계속해서 북을 치고 나팔을 불면서 군사들을 돌격시켰다.

이윤보는 을반이 지키는 중군을 노렸다. 전방에 세워놓은 목책과 보루를 부수고 질풍처럼 몰아쳐 백여 마장 앞에까지 진격했으나 갑자기 치솟는 불길에 휩싸이고 말았다.

주군의 진격로를 예상하고 있던 을반은 수백 개의 함정을 파놓고 그 속에 기름과 유황을 섞은 건초더미를 채워 놓은 다음에 불을 지른 것이었다.

수많은 군사들은 살이 타고 뼈가 녹는 뜨거운 화염에 갇혀 울부짖었고 놀란 말들은 제멋대로 날뛰었다. 기겁을 한 이윤보는 부하들을 모두 버려둔 채 거센 불길을 피하여 필마단기로 달아났다.

---

44) 대장군의 깃발

믿었던 이윤보의 군사마저 지리멸렬하게 깨어지자 조왕(趙王) 우문초(宇文招)가 간했다.

"아무래도 군사를 후퇴시켜야 합니다."

하지만 무제는 눈썹 하나 까닥하지 않고 냉정하게 말했다.

"후퇴란 없다. 모든 장수는 앞장서서 돌격하라. 한발자국이라도 물러서는 자는 내 손으로 참하리라."

명주자사 량예는 나무 방패와 장검으로 무장한 팽배수(彭排手)를 이끌고 배산의 남쪽 비탈길을 따라 진격하였지만, 미리 와서 지키고 있던 연자유 군사들의 기습을 받아 고전을 면치 못했고, 삼천 명의 정병을 거느리고 배산의 중앙으로 돌격했던 대장군 정역도 쏟아지는 통나무와 돌멩이를 견디지 못하고 만신창이가 되어서 후퇴했다.

고성부의 반격을 받고 서쪽 구릉을 따라 도망치던 영장군(領將軍) 하진(賀振)은 산모퉁이를 돌자마자 공교롭게도 허장을 만났다. 허장은 '賀(하)'자가 펄럭이는 하진의 장군기를 발견하자 하진을 하공무로 착각했다.

"저 놈은 내 것이다!"

달리는 말에 박차를 가하여 하진을 뒤쫓아 가면서 단창을 날려 하진의 말을 쓰러뜨렸다. 땅바닥에 쳐 박힌 하진은 얼굴이 피투성이가 되어 소리쳤다.

"쥐새끼 같은 놈, 단칼에 요절을 내어버리겠다."

벌떡 일어서서 칼을 높이 치켜세웠지만 전광석화처럼 달려오는 허장의 창날을 막을 수는 없었다. 긴 창에 꿰어서 버둥거리다가 힘없이 풀썩 쓰러졌다.

허장이 기쁨을 감추지 못하고 소리쳤다.

"죽였다! 원수 놈을 내가 죽였다."

장수가 죽자 하진의 군사들은 혼비백산하였다. 맹수에게 쫓기는 들개 무리와 같이 창칼을 버리고 기겁을 하고 도망쳤지만 허장은 분노를 거두지 않았다.

"살려두지 말라. 한 놈도 놓쳐서는 안 된다."

폭풍처럼 몰아쳐서 아비규환의 살육전을 벌였다. 처절한 비명은 그치지 않았고 수많은 주군들은 창자와 간을 내쏟고 죽었다. 그렇지만 종횡무진으로 적진을 누비던 허장도 난전 중에 화살에 맞고 말았는데 뜨거운 피가 철철 흘러 갑옷이 온통 붉게 물들었다.

소사자 해정이 염려하여 간했다.

"출혈이 너무 심합니다. 더 이상 추격은 위험합니다."

그렇지만 허장은 안색 하나 바뀌지 않고 화살을 뽑아버리고는 혼잣말로 중얼거렸다.

"이런 제길, 아까운 갑옷 하나만 버렸을 뿐이다!"

"그렇게 고집을 부릴 때가 아닙니다. 빨리 상처를 다스리지 않으면 큰일 납니다."

다시 한 번 이렇게 만류했지만 허장이 태연하게 대답했다.

"나는 언제나 적을 쫓을 뿐이다. 그게 너와 나의 차이점이다."

물 만난 고기가 헤엄치듯 적진 한가운데를 마구 헤집고 다니면서 수많은 적들을 베어 죽였다.

그렇지만 시간이 갈수록 화살에 묻은 맹독이 온몸으로 퍼지기 시작하자 급기야 허장은 정신을 잃고 쓰러졌다. 해정이 여러 명의 군사들과 함께 힘을 합하여 허장을 구하여 돌아왔지만 결국 회생하지는 못했다. 허장은 마지막 숨을 거두면서도 다음과 같은 당부를 잊지 않았다.

"나의 소원은 오로지 한 가지뿐이다. 못 다한 나의 원한은 침략자들의 피로써 씻어 달라."

말을 마치고 눈을 감자 모든 장졸들이 눈물을 흘렸다.

이윤보에 이어 량예와 하진의 군사들까지 패하여 쫓겨 왔지만 무제는 기어이 오기를 부리며 장수들에게 엄명을 내렸다.

"공격을 멈추어서는 안 된다. 최후의 한 사람까지 모두 나가서 싸우라."

중군(中軍)과 유군(遊軍)까지 동원하여 총력전을 벌이려고 하자 대흥군공 표기대장군 양견(楊堅)[45]이 말렸다.

"한번 전쟁으로 승패를 가려서는 안 됩니다. 불리할 때는 잠시 후퇴하여 군사를 재편성한 뒤에 싸우는 것이 옳습니다."

양견은 훗날 수나라 문제로써 독고신의 사위이자 무제의 태자 우문윤(宇文贇)의 장인으로 무제의 각별한 신임을 받고 있었다.

무제도 냉정하고 침착한 인물이었다. 순간적인 홧김에 공격을 독촉하기는 했지만 속으로는 걱정이 태산 같았다. 못 이기는 척하면서 양견의 의견을 받아들여 퇴각을 명하자 주군들은 삽시간에 썰물이 빠지듯 물러났다.

"와, 와. 이겼다!"

"적군이 물러난다!"

---

45) 훗날 수나라 문제

해는 어느새 기울어 황혼이 붉게 물들고 있었다. 주군들이 모두 물러간 배산 벌판에는 수많은 시체들만 사방에 널려 있었고 피 냄새를 맡은 늑대와 까마귀들의 울음소리만 날카롭게 울려 퍼지고 있었다. 고구려 군은 십여 리나 추격한 후에 날이 어두워져서야 군사를 거두었다.

대승을 거둔 평원왕은 기쁨을 감추지 못했다. 포로로 잡은 주군들을 후방에 이송하고 투항해 온 군사들은 출신 별로 분류하여 여러 부대에 나누어 배속시켰다.

또 점심도 먹지 못하고 온종일 싸우느라 지친 군사들을 위해서 술과 고기를 푸짐하게 내려 마음껏 마시고 놀게 하였다. 술좌석은 밤늦도록 계속되었고 장졸들은 서로의 무용담을 자랑하며 떠들었는데 문득 을반이 일어나 침중하게 말했다.

"이번 전쟁의 승리는 허위와 허장의 형제를 비롯하여 장렬하게 전사한 전우들의 공이 으뜸입니다. 모두들 그들을 위해 건배를 해야 할 것이오."

이어 왕이 말했다.

"오늘 이곳에서 전사한 우리의 영웅들은 저 하늘의 영롱한 별이 되어 후손들의 가슴 속에 영원히 남을 것이다."

다음날 아침 왕이 동쪽 언덕에 사방 10자의 제단을 쌓고 전사한 장병들을 위해 위령제를 베풀었다. 이때 쌀 20섬과 고기 5백 근을 내리고 친히 제문을 지어 읽었다.

그리고 전사자는 물론이거니와 부상당한 장졸들에게도 후한 상을 내렸는데 특히 허위와 허장 형제의 벼슬을 두 계급씩 높이고 하록땅을 식읍으로 내렸다.

다음날 아침 날이 맑았다. 아침 일찍 정탐 나갔던 군사가 돌아와서 말했다.

"30 리쯤 떨어진 우미산이라는 조그만 산자락 아래에 주군들이 집결해 있습니다."

이 보고를 받자 을반이 말했다.

"지금이야말로 적의 숨통을 끊어 놓을 때입니다."

첫 전투의 승리에 고무된 을반은 수비 위주의 전략에서 벗어나 총공격을 주장하고 나섰지만 평원왕의 대답은 뜻밖이었다.

"내가 장군이라고 해도 그렇게 건의했을 것이오. 그런데 장군이라면 승리를 위해서 그런 전략도 쓸 수 있지만 제왕은 승리를 훔쳐서는 아니 되오. 만약 승리를 훔친다면 적은 마음속으로 굴복하지 않을 것이며 또다시 계속해서 전쟁이 이어질 것이기 때문이오."

을반의 간곡한 충고를 물리치고 여러 장수들을 각자의 진영으로 돌려보냈다. 그런데 예상치 못한 사태가 일어났다.

오후가 되자 날씨가 흐리더니 세찬 눈보라가 몰아치면서 순식간에 눈이 쌓이고 전방에 세워둔 망루가 무너졌다. 평원왕은 불길한 생각이 들었다. 전군에 대피령을 내리고 배산 중턱으로 진채를 옮기고 군사들을 잠시 쉬게 하였다.

폭설은 사흘 동안 계속 내렸고 넓은 들판에 눈이 가득 쌓여 깊은 고랑이나 계곡에는 허리까지 차올랐다. 인적은 물론이고 산새와 들짐승마저도 자취를 감추어 온 누리는 깊은 정적에 잠겼다.

이렇게 되자 양군은 서로 나올 수가 없게 되어 전쟁은 소강상태에 빠져 버렸다. 을반과 몇 몇 장수들은 공격의 기회를 놓친 것을 못내

아쉬워했지만 평원왕은 잠시 군사를 쉬게 하는 것도 괜찮다고 생각하는 듯 했다.

술과 고기를 내려 군사들을 푸짐하게 먹이고 또 무료함을 달래어 사기를 돋우기 위하여 씨름과 활쏘기 대회를 열었다. 이때 스스로 여러 장수들과 함께 편을 나누어 활쏘기를 하였다.

또한 노래 잘하는 병사는 북소리의 장단에 맞추어 지서가(芝栖歌)를 부르고 춤을 잘 추는 병사는 지서무(芝栖舞), 호선무(胡旋舞)⁴⁶⁾ 등을 춤추며 즐겁게 놀았는데, 특히 춤추는 자가 큰 공 위에서 춤을 추는 호선무는 회전속도가 회오리바람과 같이 빨라 군사들의 흥을 크게 돋우었다.

이럭저럭 닷새가 지나자 햇살이 밝게 빛나고 날씨가 따뜻해져서 눈도 많이 녹았다. 저녁이 되자 왕은 여러 장수들과 함께 새로운 작전을 구상하고 있었는데 평양에서 태자 원(元)이 사람을 보내어 술과 음식을 보내왔다.

"태자의 정성이 이와 같다."

왕이 기뻐하고 장수들과 함께 밤새 술잔을 기울이고 대취했는데 하필이면 그날 밤에 주군들이 기습하여 진채 두 개를 불 지르고 달아났다.

며칠 동안의 소강상태 동안 군사를 재정비한 무제가 눈이 녹기를 기다렸다가 승리에 도취하여 경계가 허술해진 고구려 군사들의 허를 찔러 야습을 가한 것이었다.

평원왕이 대노했다.

---

46) 고구려인들의 음악과 춤

"부서(腐鼠)[47]와 같은 놈들! 두 배로 갚아 주겠다."

인하여 고성부를 주장으로 삼고 해정을 부장으로 삼아 정병 1천 명을 내어 주면서 적진을 기습하게 하였다. 고성부는 제법 병법에 능통하여 군사를 부릴 줄 알았다. 시기를 이용하고 기회를 살펴서 주군 진채 두 채를 불살랐는데 이때 3십여 명의 포로를 붙잡았다.

고성부는 포로를 거추장스럽게 여겼다.

"침략자들에게는 자비가 있을 수 없다."

모두 끌어내어 죽이게 하였는데 그 중에서 나이가 들어 보이는 사내하나가 어둔한 고구려 말로 말했다.

"소인은 달해고(達亥固)란 호실말갈의 추장으로 한족이나 선비족이아닙니다. 저희들은 억지로 전쟁터에 끌려나온 것뿐이어서 전혀 싸우지도 않았습니다. 목숨을 살려 주시면 백야봉 아래에 있는 주군들의보급 창고로 안내하겠습니다."

그리고는 팔뚝을 걷어 부치며 동심원이 그려진 문신을 내보였다. 부장 해정은 젊은 날 변경에 있을 때 말갈족과 같이 생활한 적이 있었기때문에 그것이 호실말갈족의 문신임을 한 눈에 알아보았다.

"맞습니다. 저 자는 호실말갈족이 분명합니다."

이렇게 증명하자 고성부는 문득 공을 세울 욕심이 생겼다. 달해고와그 무리들을 길잡이로 삼아 주군의 보급 부대를 습격하기로 했다.

밤이 되기를 기다려 들이닥치자 술에 취해 자고 있던 보급 부대의사령관인 두광목은 함성소리에 놀라 달아나버렸고, 그의 졸개들은 대부분 싸우지도 않고 투항해버렸다.

---

47) 썩은 쥐처럼 작고 비천하다는 뜻

하루 밤 사이에 엄청난 대부분의 식량과 보급품을 잃어버린 주 무제는 펄펄 뛰었다.

"이런 머저리 같은 놈들, 무슨 낯짝으로 살아서 돌아왔단 말이냐?"

두광목은 물론 함께 도망쳐온 일백여 명의 군사들까지도 모조리 처형하였다.

막대한 타격을 입은 주군들로서는 전쟁을 길게 끌 수 없었다. 장수들 중에는 조심스레 퇴각을 권하는 자까지도 있었는데 이때 양견이 계책을 내었다.

"이번 일은 오히려 전화위복이 될 수도 있습니다."

뜬금없는 양견의 말에 무제가 어이가 없다는 듯이 물었다.

"전화위복이라니? 그대는 감히 짐을 희롱하려는 것인가?"

"희롱이라니 당치도 않습니다. 위기도 잘만 이용하면 좋은 기회가 될 수 있습니다."

"위기를 기회로 바꾼다?"

"그렇습니다. 저들은 승리의 기분에 도취되어 있습니다. 게다가 이번 습격으로 우리의 많은 식량을 불태웠으니 반드시 교만함에 빠져 있을 것입니다. 그러므로 우리가 퇴각한다면 아무런 의심도 하지 않고 추격해 올 것이니 도중에 군사를 매복시켜 역습을 가한다면 단숨에 전세를 뒤집을 수도 있습니다."

이른바 허허실실의 계략으로 자신들의 허점을 이용하여 도리어 승기를 잡자는 계략이었다. 표기대장군 왕의가 옆에서 슬며시 거들었다.

"참으로 기막힌 계책입니다. 제갈량이 살아 돌아온다고 하더라도 이번 작전에는 속아 넘어갈 것입니다."

좌우의 장수들도 모두 부추기자 무제도 마음이 동했다. 즉시 명을 내려 철군 준비를 하게 하였다.

다음날 아침 날씨가 몹시 춥고 진눈깨비가 흩날렸다. 철군 명령이 하달되자 주군들은 느릿느릿 깃발과 막사를 거두기 시작했지만 고구려 군사들은 섣불리 움직이려 들지 않았다.

의심의 눈초리로 지켜만 볼 뿐 아무런 동요도 보이지 않았지만 오후가 되어 마지막 남은 주군들이 여러 가지 군물들을 버리고 퇴각하기 시작하자 비로소 추격해오기 시작했다.

맞은 편 산 위에 숨어서 처음부터 고구려 군의 동태를 살피고 있던 주 무제는 회심의 미소를 지었다.

"이번에는 제대로 걸려들었다."

일부러 천천히 퇴각하여 양림곡(襄林谷) 근처까지 고구려 군사들을 끌어들인 후 소각(小角)과 대각(大角)을 울리면서 일제히 공격을 퍼부었다.

각(角)이란 금고의 하나로 본래 강호(羌湖)가 전투 중에 말을 놀라게 하기 위해 사용한 나팔이었다. 중국에서는 황제 헌원씨가 치우 천황과 싸울 때 용명(龍鳴)의 소리를 나타내기 위하여 사용하였는데 이후 전쟁에서는 으레 적의 말을 놀라게 하기 위해 자주 사용되었다.

놀란 말들은 길길이 날뛰었고 군사들은 정신을 차리지 못하고 이리저리 내달았다.

"후퇴하지 말라. 제자리를 지켜라."

선두에 있던 고인기가 서릿발 같은 호령을 내지르며 군사들을 독려하였으나 번쩍이는 은빛 투구와 갑옷은 주군들의 좋은 표적이 될 뿐이었다. 빗발치듯 쏟아지는 화살을 피하지 못하고 그 자리에서 죽어 넘어지자 사방에 매복하고 있던 주군들이 폭풍처럼 휘몰아쳤다.

대형 선보는 겁이 많은 인물이었다. 앞에 가던 고인기가 맥없이 죽는 것을 보자 싸울 마음이 없어졌다.

"소나기는 피하는 게 상책이다."

말머리를 돌려 달아나 버리자 고구려 군사들은 완전히 흩어져버렸다. 곳곳에서 패한 군사들이 쫓겨 오자 평원왕과 장수들은 안색이 굳어졌다. 모두 다 당황하여 아무런 조치도 취하지 못했는데 고전이 먼저 말을 꺼냈다.

"이런 때는 철기군을 동원할 수밖에 없습니다."

철기군이란 단단한 쇠 미늘[48]로 된 갑옷을 말과 군사에게 전신으로 입힌 최정예 개마군사(介馬軍士)들로서 일기당천(一騎當千)의 용맹을 지닌 최강의 야전부대를 말한다.

특히 신대왕(新大王) 때 명림답부(明臨答夫)가 5백 명의 철기병으로 좌원(坐原)으로 침공한 한(漢)나라 현도태수(玄菟太守) 경림(耿臨)의 군사를 깨뜨렸으며, 동천왕도 비류수(沸流水) 전투에서 관구검의 대군을 대파한 후로, 최고의 정예부대가 되어 크고 작은 여러 전투에서 혁혁한 공을 세웠다.

주군들이 사방에 몰려들어 전세가 위급해지자 고전은 최후의 방책으로 철기병을 내세우고자 한 것이었다.

왕명을 받은 조의두대형(皁衣頭大兄) 고제(高薺)는 8백 명의 철기병들을 모아놓고 비장하게 말했다.

"조국의 운명은 우리들의 어깨에 달려있다. 목숨을 다하여 조국을

---

48) 물고기 비늘 모양으로 만든 찰갑옷의 쇳조각.

지켜야 한다."

철기병들의 얼굴에도 굳은 결의가 넘쳐흘렀다. 창과 방패를 두들기면서 함께 소리를 질렀다.

"적에게 죽음을!"

고도로 훈련된 철기병들은 움직이는 무기와 같았다. 빗발처럼 쏟아지는 화살을 뚫고 눈 깜짝할 사이에 돌진하여 주군의 좌측에 있는 정역의 부대를 강타했다.

정역 역시 물러서지 않고 큰 방패를 든 장창부대를 앞에 내세워 사력을 다해 싸우자 전쟁은 더욱 격렬해졌다. 광활한 배산 들판에는 말과 말이 서로 뒤엉키고 거친 사내들의 숨소리로 가득 찼다.

군마들은 미친 듯이 날뛰며 울부짖었고 호통소리와 창검이 부딪치는 날카로운 금속성은 사람의 귀를 찢었다. 양군이 엎치락뒤치락 하면서 한동안 밀고 밀리는 접전이 계속되었지만 고제가 12자나 되는 긴 창을 휘둘러 적장 두 명을 죽이자 승부가 판가름 나는 듯했다.

승세를 탄 철기병들이 거대한 파도가 몰아치듯 정역의 진채를 휩쓸어버리자, 장수의 명령이 끊어지고 부대 간의 연락도 통하지 않게 되었다. 고립 되어 포위당할 것을 두려워한 군사들이 창칼을 버리고 달아나기 시작하자 혼란에 빠진 주군 진영은 삽시간에 전열이 무너졌다.

정역도 버티지 못하고 깃발을 거두어 달아나자 승리가 바야흐로 눈앞에 보이는 듯했다.

"적들이 달아난다."

"모조리 죽여라!"

사기가 오른 철기병들은 뒤에 처진 잔병들을 닥치는 대로 처치하며 진격하였지만 유군을 이끌고 산중턱에서 대기하고 있던 왕의와 이윤보가 요소요소에 여러 개의 거마창을 세워 철기병의 진로를 가로막고 위급에 빠진 정역을 구원하러 나서자 다시 전세는 혼란에 빠졌다.

설상가상으로 후막진경이 이끄는 주의 정예기병들이 철기병의 후미를 후려치자 승부가 기울어졌다. 수적으로 불리한 철기병들은 악전고투에 시달렸고 고제도 난군의 창에 찔려 큰 부상을 당하고 말았다.

비장 강준이 권했다.

"도저히 가망이 없습니다. 일단 후퇴해야 합니다."

그렇지만 고제는 비장하게 대답했다.

"우리에겐 후퇴란 없다. 비겁자로 살아남기 보다는 차라리 죽음을 택할 것이다."

피투성이가 되어서도 한 치도 물러서지 않았다.

후막진경이 용감하게 고제에게 덤벼들었지만 서너 합도 어울리기 전에 목을 잃고 쓰러지자 주군들은 감히 나아가지 못했다. 왕의가 대노하여 주위에 있는 궁수들에게 소리쳤다.

"무엇들 하느냐. 저놈을 향해 집중사격 하라."

궁병대장 장춘위가 놀라 말했다.

"주위에는 아군들이 더 많습니다. 무작정 화살을 쏘아대면 아군들의 피해가 더 많을 것입니다."

그렇지만 왕의에게는 하찮은 군사들 따위야 애당초 관심이 없었다.

"사나운 범을 잡는데 몇 마리 개가 무슨 대수냐. 잡소리 집어치우고 당장 쏘지 못하겠느냐?"

아군 적군 가릴 것 없이 모두 다 쏘아 죽였다. 고제는 화살을 다섯 대나 맞고 땅바닥에 굴렀으나 다시 일어나서 싸웠는데 이윤보가 던진 창을 맞아 죽고 말았다.

엎친 데 덮친 격으로 고제를 구하기 위해 달려가던 강준마저 전사하자 철기병은 완전히 와해되고 말았다. 기고만장한 왕의가 군사를 재촉했다.

"승리가 눈앞에 있다. 모두 다 돌격하라."

먹잇감을 쫓는 사나운 늑대 무리들과 같이 한꺼번에 돌격하여 곳곳에서 고구려 군사들을 두들겼다.

왕의의 부장 배재광은 두 자루 협도곤으로 목책을 부수고 연자유가 지휘하는 우군을 격파했고, 같은 시각에 하공무도 고성부를 쳐부수고 우길의 부대 쪽으로 진격했다.

우길의 부장 선종이 말했다.

"적군은 메뚜기떼보다도 많습니다. 이럴 때는 잠시 후퇴하는 것이 상책입니다."

이렇게 권했지만 자존심이 강한 우길에게는 후퇴란 죽기보다도 어려운 일이었다. 큰 소리로 꾸짖어 말했다.

"후퇴명령을 함부로 내리면 군사들은 두려움에 빠지게 마련이다. 두려움이란 마음속에 있는 허상에 불과하지만 이것을 극복하지 못하면 결국 전쟁을 망치게 된다. 그러므로 용감한 자는 죽는 소리를 하지 않는다."

제형 최호에게 정예기병 3백 명을 주어 정면 돌파를 시도하였지만 거센 반격을 받아내지 못하고 전사하고 말았다. 두려움에 휩싸인 선종이 싸우지도 않고 달아나자 나머지 장졸들도 너도 나도 덩달아 달아났다.

우길은 탄식했다.

"저따위 비겁한 놈들이 전쟁을 망치는구나."

쌍룡이 아로새겨진 큰 선화부(宣花斧)⁴⁹⁾를 꼬나 쥐고 친히 달려 나가려고 하자 큰 아들 근지가 말고삐를 잡았다.

"아버지는 연로하십니다. 젊은 장수들처럼 적진 속으로 뛰어들어 창칼을 부딪치면서 싸울 수는 없습니다."

우길이 버럭 역정을 내었다.

"나는 아직도 열 근의 고기를 먹고 서 말의 술을 마실 수 있다. 누가 늙었다고 얕보는가?"

근지의 손을 뿌리치고 말을 박차고 내달았다.

우길의 용맹은 큰소리만큼이나 남달랐다. 오십 근이 넘는 커다란 도끼를 깃털처럼 가볍게 휘두르며 적진 가운데 뛰어 들어가서 수십 명의 군사들을 눈 깜짝할 사이에 해치웠다.

신들린 듯 휘두르는 은빛 도끼날 아래 모조리 팔다리가 끊어지고 두개골이 깨어졌고 선홍색 붉은 피가 사방에 튀었다.

엄청난 우길의 기세에 눌린 주군들은 우물쭈물 할 뿐 감히 가까이 다가서지도 못했는데 문득 뒤에 있던 군사 하나가 큰 갈고리가 달린 구겸창으로 우길이 탄 말의 발을 낚아채었다.

"히히히힝."

구슬픈 울음소리를 지르며 말이 쓰러지자 우길도 함께 땅바닥에 굴러 떨어졌다. 그 서슬에 도끼를 놓친 우길이 황급히 달아나려하자 행군총관 동초가 악을 쓰고 소리쳤다.

"저 늙은 놈을 죽이는 자는 두 계급을 승진시켜 주겠다."

욕심에 눈이 먼 몇 몇 군사들이 먹이를 노리는 이리처럼 미친 듯이

---

49) 도끼의 명칭

달려들었지만 우길은 당대의 명장으로 졸개들에게 쉽사리 당할 장수가 아니었다. 날쌔게 손을 뻗어 적병의 창을 빼앗고는 가까이 다가오는 놈부터 차례로 찔러 죽였다. 그 솜씨가 워낙 전광석화와 같아 주군들은 겁을 먹고 주춤거려 내닫지를 못했다.

동초는 성격이 매우 잔인했다. 후퇴하는 군사들은 사정없이 베어버렸기 때문에 사지에 내몰린 그의 부하들은 죽기를 각오하고 싸울 수밖에 없었다. 끊임없이 몰려오는 주군들의 공격에 지칠 대로 지친 우길이 점점 밀려나기 시작하여 마침내 천 길 낭떠러지에 이르게 되자 동초는 기고만장하였다. 손가락으로 우길을 가리키면서 소리치며 말했다.

"이제 네놈은 하늘로 날아갈 것인가, 땅속으로 숨을 것인가? 곱게 목을 바치면 고통 없이 베어주마."

우길은 한 모금 피를 울컥 토하고는 이글거리는 눈으로 동초를 노려보면서 빈정거리듯 말했다.

"비겁하고 치사한 놈아. 두려움에 떨고 있구나. 주둥이만 놀리지 말고 앞으로 썩 나오너라. 네 놈의 심장을 도려내어주마."

동초가 분노를 주체하지 못했다.

"네놈의 꼬락서니를 보라. 이제는 죽은 목숨이다."

크게 소리치고는 애꿎은 부하들만 재촉했다.

"당장 저 늙은 놈의 주둥아리를 찢어버려라."

성화에 못이긴 주군들이 점점 시퍼런 창날을 번뜩이며 가까이 다가섰다. 우길도 피가 뚝뚝 흐르는 창끝을 겨누며 잔뜩 몸을 낮추었는데 바로 그 순간 요란한 말발굽 소리와 함께 벼락같은 호통소리가 들렸다.

"이놈들, 물럿거라!"

어디선가 귀에 익은 목소리였다. 아버지가 위험에 빠지자 근지가 한 무리 기병을 이끌고 구원하러 온 것이었다.

우길도 힘이 부쩍 솟았다. 은빛 수염을 휘날리며 눈 깜빡 할 사이에 십여 명의 주군을 죽이자, 놀란 동초가 허둥지둥 달아났다. 그러나 우길은 재빨리 창을 날려 동초를 쓰러뜨린 후 급하게 도끼를 주워들고 뛰어나갔다.

"적군들이 몰려옵니다. 빨리 서둘러야 합니다."

초조해진 근지가 소리쳤지만 우길은 아랑곳하지 않았다. 창에 맞아 펄떡이는 동초에게 달려가 무시무시하게 말했다.

"아무리 급해도 약속은 지켜야 한다."

무시무시한 도끼로 단숨에 가슴을 찍어버리고는 동초의 심장을 도려낸 뒤 그제야 말을 따고 유유히 포위망을 벗어났다.

고구려 좌우군이 모두 무너지자 배산 벌판에는 주군들의 깃발들로 가득 찼다. 승리를 눈앞에 둔 무제는 군사들에게 큰 상금을 내걸었다.

"누구든지 양성(陽成)[50]의 머리를 베어 오는 자에게는 신분 고하를 막론하고 대부의 벼슬과 만호의 식읍을 내리겠다."

주군들은 소리를 지르며 평원왕이 주둔하고 있는 고지를 향하여 내달렸다.

이에 을반도 능선을 따라 장사진(長蛇陣)을 펼치고 결사항전을 벌였는데 주군들의 공격은 남쪽 보루에서 먼저 시작되었다. 괘루개절(卦婁盖切) 소형(小兄) 가군(加群)은 처음에는 힘써 싸웠지만 누벽과 목

---

50) 평원왕을 말함

책이 차례로 무너지자 진채를 이탈하여 달아났다. 을반이 가군을 보고 큰 소리로 꾸짖었다.

"가군아, 달아나면 네가 정녕 살 것 같으냐?"

가군이 엉거주춤하여 다시 발걸음을 돌리자 곧 가군의 비장 윤주에게도 소리쳤다.

"윤주야! 너는 비장으로 주장을 호위치 아니하면 그 죄를 면할 수 있을까 보냐?"

꾸지람에 놀란 윤주가 허둥지둥 가군을 도우러 나갔지만 양책의 창에 찔려 허무하게 죽었고 포위망에 갇히게 된 가군도 좌충우돌하며 싸우다가 난군에 갇혀 전사했다.

장수가 모두 죽자 가군의 군사들은 서로 밀치고 당기며 달아나서 자기네 편끼리 얽혀서 밟혀 죽는 자가 부지기수였다.

우익위장군(右翼衛將軍) 양책(蘇䂍)은 양견의 사촌동생으로 10척이 넘는 긴 모(矛)[51]를 잘 다루었다. 배산 남쪽의 언덕을 따라 올라 가 마지막까지 저항하던 가군의 잔병을 격파하고 동쪽 언덕으로 올라와 남쪽 보루에 불을 질렀다.

설상가상으로 왕의도 마지막까지 저항하던 연자유의 군사들을 깨뜨리고 서쪽 능선을 따라 진격해오자 중리소형 밀직이 후퇴를 간했지만 을반은 고집을 꺾지 않았다.

"우리마저 물러나면 대왕이 위태롭다."

피에 굶주린 승냥이와 이리떼처럼 끊임없이 몰려드는 주군들을 향하여 손가락에 피가 맺히도록 활시위를 당겼다.

---

51) 자루가 긴 창

을반의 둘째 아들 을충은 주군과 백병전을 벌이다가 큰 부상을 당했다. 피를 흘리면서 쓰러지고 말았는데 뒤따라오던 밀직이 간신히 구하여 돌아왔다. 그렇지만 을반은 을충을 돌아보지도 않고 북만 더욱 세게 두드릴 뿐이었다.

"정녕 여기서 모두 다 옥쇄(玉碎)[52]라도 할 작정입니까?"

밀직이 소리치자 그제야 을반은 북채를 멈추었다. 밀직이 다그치듯 다시 물었다.

"더 이상 고집을 부리실 일이 아닙니다. 만약 이곳에서 모두가 죽는다면 나라가 망하고 말 것입니다."

잠시 흐르는 무거운 침묵 사이로 주군들의 함성은 점점 가까이 들려오고 있었다. 을반도 더 이상 버틸 수 없다는 것을 알고 있었다. 밀직의 재촉에 이기지 못한 듯 침통하게 북채를 내려놓으며 후퇴를 명했다.

이윽고 요란한 징소리를 신호로 마지막까지 버티던 을반의 군사들마저 물러나자 주군들에게는 거칠 것이 없어졌다.

"고구려왕을 잡아라."

"고구려왕의 목은 내 것이다."

공을 탐낸 주의 군사들은 오채의 꿩 깃으로 장식한 평원왕의 깃발을 발견하고 평원왕이 있는 배산 남쪽 언덕을 향하여 개미떼처럼 몰려들었다.

얼마 전까지만 해도 맑았던 하늘엔 검은 구름이 몰려들며 진눈깨비가 내리기 시작하더니 어느새 하얀 눈으로 변하여 펑펑 내리기 시작했다.

---

52) 大義나 忠節을 위하여 깨끗하게 죽는 것.

제 2 장

장군 온달

온달은 고구려 평원왕(平原王) 때의 사람으로, 용모는 못 생겼지만 마음씨는 밝았다. 집이 매우 가난하여 항상 걸식으로 어머니를 봉양하였다. 떨어진 옷과 해진 신으로 저자거리를 왕래하니, 사람들이 그를 보고 '바보 온달'이라 불렀다.

평원왕의 어린 딸[53]이 울기를 잘하므로 왕이 희롱하여 "네가 항상 울어서 내 귀를 시끄럽게 하니, 커서 사대부의 아내가 될 수 없겠다. 바보 온달에게나 시집보내야 하겠다."고 놀렸다.

공주(公主)가 장성하여 16세가 되자 왕은 상부(上部)의 고씨(高氏)에게 시집보내려 했다. 그러자 공주는 "대왕께서 항상 이르시기를 '너는 반드시 온달의 아내가 되리라.'고 하셨는데, 지금 무슨 까닭으로 말씀을 고치십니까? 소녀는 감히 따르지 못하겠습니다."

왕이 노하여 대답했다.

"아비의 가르침을 따르지 않으면 나의 딸이라 할 수 없다. 마땅히 너의 갈 곳을 가라."

---

53) 평강공주(平岡公主)를 말함.

궁중에서 쫓겨 나온 공주는 사람들에게 물어 온달의 집을 찾아갔다. 온달의 노모가 말했다.

"그대에게는 귀한 향기가 나니 천하의 귀인이 분명하구려. 내 자식은 배고픔을 이기지 못해 느릅나무 껍질을 벗기러 산으로 간지 오래되어 아직 돌아오지 않았소."

집에서 물러나온 공주가 산 아래서 온달을 만나 품은 뜻을 말하자 온달이 성을 내어 말했다.

"그대는 사람이 아니라 여우가 틀림없다."

공주가 대답했다.

"어릴 때 어떤 제관(祭官)이 이르기를 소녀는 항아궁의 궁녀였고 그대는 상제궁의 고관이었다고 합니다. 그대와 나는 태어날 때부터 월하노인이 맺어놓은 천생연분입니다."

이에 온달이 그녀를 맞아들여 부부가 되었다.

공주는 가지고 나온 패물을 팔아 집과 밭을 마련하고 또 훌륭한 스승을 구하여 온달에게 병법과 무술을 익히게 하였다.

온달은 기골이 장대하고 천성이 명민하여 천하의 병서를 한 번만 읽어도 외웠으며, 아무리 고된 훈련이라도 하루도 쉬지 않았는데 특히 활쏘기와 마상월도(馬上月刀)[54]에 능했다.

또 좋은 쇠 80근으로 봉의 부리처럼 생긴 봉취도(鳳嘴刀)를 만들어 능히 하늘을 쪼갠다는 의미로 '벽천(劈天)'이라 이름 짓고 밤에 잠잘 때에도 손에서 놓지 않았다.

당시 고구려에서는 해마다 3월 3일이 되면 전렵대회(田獵大會)를

---

54) 말을 달리면서 월도를 사용하는 것.

크게 열었는데 이때 왕은 비빈과 문무백관을 거느리고 친히 왕림하여 우승한 자와 무예에 재주가 있는 자를 가려 신분 고하를 막론하고 높은 무관직을 내렸다.

그래서 오부(五部)의 병사들은 물론 전국에 있는 많은 젊은이들이 낙랑(樂浪)의 언덕에 함께 모여 사냥을 하고, 그 날 잡은 산돼지나 사슴으로 하늘과 산천의 신에게 제사를 지냈다.

온달도 이날 사냥대회에 참가했는데, 말을 타고 달리는 품이 남보다 앞서고 잡은 짐승도 월등히 많았다. 왕이 불러서 이름을 묻고는 크게 놀라 마지않았다.

하지만 온달의 신분이 미천하므로 이를 부끄럽게 여겨 상으로 비단 두 필만 내리고 부마(駙馬)로 인정하지 않았다.

평강공주가 이를 분하게 여겨 상으로 받아 온 비단을 찢어버리고 말했다.

"부마이기 때문에 특별한 대우를 해 달라는 것이 아니라 그 때문에 오히려 역차별을 당하는 것은 온당치 못합니다. 이따위 재물은 필요가 없습니다."

이후 온달은 오로지 병법과 무예 수련에만 힘쓸 뿐 어떠한 국가의 행사에도 나타나지 않았다.

공주의 오라비인 태자 원은 뜻이 크고 담대한 사람이었다. 이 이야기를 전해 듣고 사람을 보내어 공주를 달래었다.

"비가 온 후에라야 땅은 더욱 단단해지는 법이다. 너무 섭섭하게 여기지 말고 기회를 기다려라. 나는 너를 잊지 않고 있으니 언젠가는 좋은 날이 있을 것이다."

공주는 눈물만 흘릴 뿐 아무런 대답도 하지 않았다.

몇 년 후 주무제가 요동으로 쳐들어오자 온달도 하급 군관이 되어 전쟁에 참가하게 되었다.

평강공주가 불만을 터뜨렸다.

"지난날 사냥대회에서 당신이 단연 일등을 하였으나 아무 벼슬도 내리시지 않았습니다. 그러고도 이제 와서 말단 군관으로 참가하라고 하시니 병을 핑계대어 출전하지 마십시오."

온달이 대답했다.

"조국을 지키는 것은 신민(臣民)으로서의 도리요. 어찌 개인적인 서운한 마음으로 출정을 기피하겠소."

공주의 만류를 뿌리치고 참전했다.

평원왕도 온달의 종군 사실을 알았지만 그와 마주치기를 꺼렸다. 일부러 유군장(遊軍將) 소실경우 휘하의 치중부대에 배치시켜 참전할 기회를 주지 않았던 것이었다.

그런데 전황이 불리해져 우길과 연자유의 좌우군이 모두 무너지고 을반이 이끄는 중군마저 패퇴하자 소실경우가 거느리고 있던 유군들에게도 돌격명령이 내려졌다.

바람처럼 내달아 적진을 향해 달리던 온달은 수많은 주군들이 왕이 있는 서쪽 언덕을 향해 달려가는 것을 보았다. 순간 왕이 위급함을 깨닫고 급히 방향을 바꾸어 왕을 구하러 나아갔다.

눈발은 점점 세차게 휘날리고 있었고, 벌판을 가로 지르는 싸늘한 북풍은 사정없이 용안(龍顔)을 때리고 있었다. 평원왕은 발만 동동 구를 뿐이었다.

"허허, 이 일을 어이할꼬."

탄식이 끝나기도 전에 화살 하나가 날아와 평원왕의 어깨를 스쳤다.

"어이쿠!"

놀란 평원왕이 어깨를 움츠리며 주저앉자 어림군(御臨軍) 대장 고전이 방패로 평원왕의 어가(御駕)를 가리면서 외쳤다.

"수레를 버리고 소장을 따르십시오."

왕을 부축하여 수레에서 내리려는 순간 한 장수가 벼락 치듯 소리치며 달려왔다.

"이놈 양성(陽城)[55]아! 곱게 머리를 내 놓아라."

양견이 어느 틈에 바짝 다가온 것이었다.

"대왕을 호위하라."

고전이 고함을 치면서 죽기 살기로 싸웠지만 노도같이 밀려드는 주군들을 상대하기에는 역부족이었다. 수백 명의 호위 군사들도 대부분 전사했고 고전도 온 몸에 상처를 입고 자꾸만 밀려나고 있었다.

양책이 길을 막고 의기양양하여 소리쳤다.

"이제 숨을 곳은 없다."

큰 창을 겨누며 다가오자 평원왕은 절망감에 휩싸여 뒷걸음질만 할 뿐이었다.

양책은 창을 한 바퀴 빙그레 돌리면서 여유만만하게 웃었다.

"두려워할 것 없다. 고통스럽지 않게 단창에 보내주마."

시뻘건 피가 뚝뚝 떨어지는 예리한 창날을 하늘 높이 치켜세우자 평

---

55) 평원왕의 휘(諱)

원왕은 자신도 모르게 목을 움츠리고 눈을 감았다.

바로 그때였다.

"챙!"

귀를 찢는 예리한 금속성이 들리며 양책의 창날은 저만큼 멀리 튕겨져 나갔다.

"예끼! 무엄한 놈."

어느 틈에 달려온 온달이 벽천월도를 날려 양책의 창날을 후려쳐 낸 뒤 쩌렁쩌렁하게 호통을 친 것이었다. 뜻밖의 훼방꾼에 양책이 놀랐다. 서너 걸음 물러나서 아래위로 한번 훑어보고는 왕방울만한 눈을 부라리며 꾸짖었다.

"하찮은 졸개 놈이 죽으려고 환장을 하였구나."

온달이 태연하게 대답했다.

"틀렸어! 죽는 것은 바로 네놈이야."

대노한 양책이 당장이라도 두 동강을 내어버릴 듯이 무시무시한 기세로 덤벼들었지만 온달은 물러서기는커녕 도리어 앞으로 썩 나서며 벽천월도를 내질렀다.

"휙!"

바람을 가르는 예리한 소리와 함께 양책의 창을 떨쳐 내고는 순식간에 방향을 바꾸어 양책의 허리를 깊숙이 파고들었다.

그 순간 양책은 등골이 오싹해졌다. 기겁을 하고 물러서면서 간신히 온달의 창은 막았다고 생각했지만 옆구리에 엄청난 통증이 몰려오면서 뜨거운 피가 배어 나왔다. 온달의 예리한 창날이 어느 틈에 그의 옆구리를 깊게 베어버린 것이었다.

너무나도 찰나의 일이라 정신이 아찔했다. 자기도 모르게 온몸이 떨리고 이마에는 진땀이 바짝 솟았다. 하지만 양책도 일세의 명장으로 이름을 떨치던 장수여서 물러설 수는 없었다.

아픈 허리를 움켜지고 다시 한 번 용감하게 달려들었으나 시퍼런 벽천월도의 창날이 은빛 섬광을 내 뿜는 순간 양책은 힘없이 말에서 떨어졌다.

"컥!"

시뻘건 핏줄기가 석 자나 치솟았고, 양책의 목은 힘없이 땅바닥에 나뒹굴었다.

임자 잃은 양책의 말이 놀라 펄쩍 뛰며 길길이 내닫고, 목 없는 몸뚱어리만 말 잔등에 매달린 채 수십 보나 버둥거리며 달려가다가 땅바닥에 처 박혔다.

들판에는 흰 눈이 펑펑 쏟아지고 있었고 눈 속에 파묻힌 양책의 목에는 끊임없이 선혈이 뚝뚝 흐르고 있었다. 온달은 날카로운 창끝에 양책의 목을 매달아 높이 들고 주위에 있는 주군들을 향해 소리쳤다.

"나의 앞을 가로막는 자는 누구든지 이렇게 될 것이다!"

우렁찬 사자후(獅子吼)는 펄펄 날리는 눈밭 속에서 멀리 멀리 울려 퍼졌다.

양책의 죽음은 엄청난 충격이었다.

겁에 질린 주군들은 석양에 흩어지는 거미 떼처럼 달아나버렸다. 보병 대장 하란무용은 60 근이 넘는 철퇴(鐵槌)를 마음대로 휘두를 수 있는 용장이었다. 크게 소리치며 온달을 향해 내달았다.

"이놈, 기다려라. 내가 지옥으로 보내 주겠다."

창끝에 방추형(紡錘形)의 쇠뭉치에 이리의 이빨과 같이 날카로운 쇠 못이 달린 낭아봉(狼牙棒)이라는 커다란 철퇴를 휘두르며 용감무쌍하 게 달려오자 온달도 그런 하란무용을 발견하였다. 한 모금 숨을 깊이 들이쉬며 비웃었다.

"흐흐흐, 지옥에 온 것을 환영한다."

벽천월도를 곧추 세우고 창공을 누비는 한 마리 새매가 두 날개를 활짝 벌리고 먹이를 낚아채듯 하란무용을 덮쳤다.

힘이라면 누구에게도 지지 않는 하란무용이었다. 온달의 월도에 맞 서 육중한 철퇴에 혼신의 힘을 실어 힘껏 맞받았다.

"챙!"

날카로운 금속성이 귀를 찢고 불꽃이 사방으로 튀었다. 순간 하란무 용은 쇠망치로 얻어맞은 듯 손끝이 저려오면서 하마터면 철퇴를 떨어 뜨릴 뻔하였다.

"이 자는 도무지 사람이 아니다."

홀연 등골이 서늘하고 모골이 송연해지면서 엄청난 두려움이 엄습 해왔다. 그때 무시무시한 호통소리가 귓전을 때렸다.

"네놈이 하늘을 보는 것도 오늘이 마지막이다."

시퍼런 창날이 눈앞에 들이닥쳤다.

놀란 하란무용이 엉겁결에 철퇴를 날려 보았지만 도리어 온달의 월 도에 걸려 저만치 날아가 버렸다. 엄청난 힘에 밀린 하란무용이 땅바 닥에 뒹굴자 순간 온달의 벽천월도가 그의 투구를 날려버렸다.

"헉!"

절망과 공포에 휩싸인 하란무용은 다만 동물적인 본능으로 엉금엉금 기면서 달아났다.

온달은 그런 하란무용을 놓치지 않았다. 재빠르게 말을 몰아 그의 앞을 가로 막았다.

"이놈! 기도나 올려라."

하란무용은 오금이 저려 움직일 수조차 없었다. 부들부들 떨면서 온달을 올려다보았다. 하얗게 펑펑 쏟아지는 함박눈 사이로 우뚝 서 있는 온달의 모습은 영락없는 지옥의 사신과 같았다. 하란무용은 땅바닥에 머리를 조아렸다.

"목숨만 살려주신다면 견마지로(犬馬之勞)를 다하겠습니다."

간절하게 애걸하였으나 온달은 무표정하게 내뱉었다.

"자비는 지옥에 가서 염라대왕에게나 구걸하라."

벼락처럼 창을 내리쳐 하란무용의 머리를 쪼개 버렸다.

"크악!"

하얀 눈밭 위에 선홍색 피가 사방으로 튀었고, 하란무용의 육중한 몸뚱이는 시뻘건 고깃덩어리가 되어 펄떡거렸다.

이때 하란무용이 거느린 백여 명의 주군들이 모두 창칼을 버리고 투항을 청했으나 온달이 냉정하게 말했다.

"네놈들은 국경을 침범해 왔을 때 이미 죽은 목숨이었다."

좌우의 군사들에게 명하여 모두 참살하게 하였다.

한편 간신히 목숨을 구하여 조그만 야산에 숨어있던 평원왕은 온달에게 쫓겨 달아나는 주군들을 보고 자신의 눈을 의심하지 않을 수 없었다.

영문을 알지 못해 두리번거렸는데 뒤이어 들리는 고구려 군사들의 함성을 듣자 비로소 승리를 확인했다. 북채를 힘껏 휘두르며 목이 터지도록 외쳤다.

"공격하라!"

"초요기(招搖旗)를 올려라. 일제히 공격하라!"

초요기란 북두칠성을 그린 것으로 흩어진 장수들을 모두 부를 때 쓰는 깃발이었다. 초요기가 솟아오르자 고각(鼓角)과 방울소리들은 천지를 진동했고 우레 같은 함성소리가 메아리치면서 군사들이 몰려들었다.

을반이 중군을 이끌고 먼저 반격에 나서자 온달이 앞장서 좌둔위장군 사공철을 비롯하여 여섯 장수들을 베어버렸다. 전세는 완전히 기울어졌고 주군들은 뿔뿔이 흩어졌다.

승리를 확신한 우길과 고성부도 군사를 모두 출격하여 하공무의 부대를 협공했고 연자유는 서쪽 산골짜기에 매복해 있다가 그쪽으로 도망쳐오는 주군들을 모조리 사살했다.

전황이 불리해지자 약삭빠른 몇 몇 주의 장수들은 군사를 버리고 제홀로 달아났고 혼전 중에 미처 달아나지 못한 장졸들은 팔다리가 잘려나가고 뇌를 쏟고 간을 땅바닥에 뿌리면서 시산혈해(屍山血海)를 이루었다.

이때 온달은 굶주린 맹호가 들개무리를 쫓듯 만군지중(萬軍之中)을 무인지경(無人之境)으로 헤치고 다니면서 닥치는 대로 찌르고 베어 죽였는데 그가 가는 곳마다 주군들은 풍비박산(風飛雹散)이 났다.

"황색야차(黃色野叉)다."

온달은 청포착의(靑布窄衣)와 고습(袴褶)[56]을 입었지만 황금색 조우모(鳥羽帽)[57]와 전포(戰袍)[58]를 걸치고 있었기 때문에 주군들은 그를 '황색야차(黃色夜叉)'라고 불렀다.

주군 진영이 눈사태처럼 허물어지자 평원왕은 만면에 희색을 띠우며 흥분을 감추지 못했다. 손가락으로 온달을 가리키며 떨리는 목소리로 좌우에 물었다.

"도대체 저 장수는 누구인가?"

주위에 있던 장수와 신하들이 모두 우물쭈물 하면서 대답하지 못했는데 고전만이 홀로 알아보았다.

"온달(溫達)이 틀림없습니다. 지난 해 삼월 삼진날 사냥대회에서 우승한 온달이 틀림없습니다."

평원왕은 깜짝 놀라 말까지 더듬었다.

"뭐라고? 온달이라고?"

"예 그러하옵니다. 온달 장군이 틀림없습니다."

평원왕은 자신도 모르게 나지막한 신음소리를 내었다.

"으－－－음."

돌이켜 생각해보니 그를 홀대(忽待)했던 자신의 처사가 부끄럽고 난처하기 그지없었던 것이다. 굳은 표정이 되어 묵묵부답으로 온달이 싸우는 모습을 지켜볼 뿐이었다.

온달은 하늘에서 내려온 신장(神將)이 수많은 야차(夜叉)를 물리치

---

56) 기마병의 옷
57) 새의 깃털로 장식한 모자
58) 갑옷

듯 번쩍이는 창을 휘둘러 수십 명의 장수를 죽였는데, 장수를 잃은 주군의 진영은 오뉴월 장마 비에 토담 허물어지듯 일순간에 무너져서 형태도 찾을 수 없는 지경이었다.

물색을 모르는 고전은 입술에 침이 마르도록 온달을 칭찬하는데 여념이 없었다.

"저기 저 모습을 보십시오. 옛날 상산(常山)의 조자룡이 살아온다고 하더라도 저보다 더할 수는 없을 것입니다."

평원왕은 이번에는 고전의 칭찬이 귀에 거슬리지 않았다. 온달에 대한 좋지 않은 감정은 봄바람에 눈 녹듯 저절로 스러졌던 것이었다. 그저 온달이 대견하고 자랑스럽기만 했다. 연신 고개를 끄덕이며 말했다.

"하늘이 내린 장수(將帥)로다. 과연 짐의 부마로다."

믿었던 주력군이 모두 패퇴지자 주 무제는 격앙된 어조로 장수들을 독촉했다.

"더 이상 밀려서는 안 된다. 어떤 희생을 치르더라도 이번 전쟁에서 결판을 내어야 한다."

엄명을 내려서 총공격을 시도했다. 북소리와 나팔소리가 사방에 가득하고 천군만마가 내달았다.

호분랑장 장원은 본래 북제의 장수였으나 나라가 망한 후 북주의 신하가 되었는데 이번 전쟁에서 공을 세워 자신의 충성심을 드러내고자 하였다. 만군에 앞장을 서서 용감하게 내닫다가 종횡무진으로 내닫는 온달을 만났다.

유군에 속하여 온달의 위명을 듣지 못한 그는 겁 없이 먼저 온달에게 덤벼들었지만 처음부터 상대가 아니었다. 단창에 목을 잃고 그 자리에서 죽어 넘어지자 뒤따르던 장원의 군사들은 혼비백산하였다.

서로 밀치고 당기면서 달아나려고 발버둥 쳤지만 신들린 듯 휘두르는 온달의 창날 아래 피를 토하고 죽었다. 하공무가 이런 광경을 보고 자신의 눈을 의심했다.

"고구려에 저런 장수가 있었단 말인가?"

마음속으로 놀라기도 하였지만 한편으로는 호승심이 끓어올랐다. 긴 협도를 곧추 세우고 한달음에 내달아 가로막았지만 온달은 전혀 놀라는 기색이 없이 오히려 비웃듯이 물었다.

"네놈도 목을 보태려고 왔느냐?"

"새파란 애송이 놈아. 영웅 놀음도 이제 끝이다."

대노한 하공무가 안색이 변하여 협도를 내 질렀다. 말과 말이 엇갈리면서 창과 창이 맞부딪치자 은빛 섬광이 번쩍이고 불꽃이 가득했다.

그런데 십여 합이 지나자 온달의 창은 더욱 빨라졌지만 하공무는 점점 힘이 다하여 손발이 느려지고 온몸이 땀범벅이 되어 헉헉 거렸다.

궁지에 몰린 하공무는 싸울 마음이 없었다. 크게 한 번 창을 내질러 온달의 공격을 뿌리친 후 말머리를 돌려 달아나려 했다. 그러나 그의 운은 거기서 끝이었다. 하공무가 탄 말이 갑자기 구덩이에 발을 헛디디고 말았던 것이었다.

가뜩이나 기운이 빠질 대로 빠진 하공무는 중심을 잡을 수 없었다. 한두 차례 몸을 뒤뚱거리더니 결국 땅바닥에 쳐 박히고 말았다. 온달이 그 기회를 놓칠 리가 없었다.

"네놈은 이제 끝났다."

날쌔게 달려들어 푸른 검광을 내뿜자 하공무는 놀란 토끼처럼 눈을 동그랗게 뜨고는 피가 줄줄 흐르는 가슴을 부둥켜안고 말 아래로 떨어졌다.

"흐흐흐, 정말 실망이로다. 고작 이 정도의 실력으로 나와 상대하겠다고 큰소리쳤더란 말이냐?"

심하게 모욕을 당한 하공무가 얼굴이 벌게졌다.

"이놈, 함께 저승으로 가자."

동귀어진(同歸於盡)[59]의 각오로 벌떡 일어나 힘차게 칼을 내질렀지만 날카로운 온달의 창끝은 어느새 가슴을 관통하여 등까지 튀어 나왔다. 순간 하공무는 대꼬챙이에 꿰인 개구리처럼 팔딱거리다가 축 늘어져 죽었다.

온달은 단창에 하공무의 목을 꿰어 하늘 높이 흔들면서 주위에 있는 주군들을 보고 소리쳤다.

"보라. 여기에 네놈들의 장수의 목이 있다!"

우렁찬 사자후가 배산을 뒤흔들자 장수를 잃은 주군들은 칼과 창을 모두 버리고 산과 들판을 가로질러 들개처럼 흩어져 달아났다.

때마침 눈도 그치고 구름 사이로 햇살이 밝게 빛나자 우길이 기쁜 듯 말했다.

"고등신께서 도우심이 틀림없습니다."

신이 난 평원왕이 자기도 모르게 어깨를 으쓱했다.

"주왕의 목을 가져오는 자는 만호후(萬戶侯)에 봉하겠노라."

장수와 군사들 할 것 없이 모두가 일제히 환호하며 소리를 질렀다.

---

59) 적과 함께 죽는다는 전법

돌격을 알리는 명적(鳴鏑)[60]이 사방에서 솟아올랐고 사기가 오를 대로 오른 고구려 군사들은 광풍처럼 내달았다.

울부짖는 아우성은 들판과 계곡에 가득하고 말과 사람들은 날뛰어 아비규환을 이루었다. 무자비한 살육전은 신시(辰時)까지 계속되었는데 아무렇게나 버려진 시체는 산처럼 쌓이고 검붉은 피는 시내가 되어 흘렀다.

넓은 배산 들판에는 고구려 군사들의 깃발로 가득 찼다. 전세가 완전히 뒤바뀌자 주무제가 넋을 잃었다. 호위병 수십 명만 거느리고 용케 달아났으나 범 같은 온달의 눈을 피할 수는 없었다.

"이놈 우문가(宇文哥)[61]야. 네 목은 두고 가라!"

시위를 떠난 화살처럼 맹렬하게 쫓아갔다.

무제를 호위하던 하왕 우문소는 마음이 다급해졌다. 별군 장수 채윤에게 온달의 추격군을 막게 하고는 자신은 무제를 호위하여 달아나버렸다.

채윤은 용기가 있고 무술이 뛰어난 장수로 지난 십여 년 동안 수많은 전쟁터를 누볐지만 이때처럼 마음이 혼란스러울 때는 없었다. 뇌리에는 만 가지 생각이 다 떠올랐고 갑자기 죽음의 공포가 몰려왔지만 고향 땅에 두고 온 가족들을 생각해서라도 죽을 수는 없었다.

순간 자신도 모르게 용기가 솟았다.

"하늘이 무너져도 솟아날 구멍은 있다. 용기를 잃지 말고 끝까지 싸

---

60) 신호로 쏘는 화살. 효시라고도 한다.

61) 주 무제를 일컬음.

운다면 반드시 구원군이 올 것이다.”

군사들을 이렇게 격려하고 큰 바위에 의지하여 필사적으로 대항하였지만 폭풍우처럼 몰아치는 온달의 거센 공격 앞에서는 속수무책이었다.

벽천월도가 허공을 가를 때마다 팔다리가 잘리고 간과 창자를 쏟아내며 속절없이 쓰러졌다. 다급해진 채윤은 재빨리 몸을 피하여 바위 위에 올라가서 싸우기에 여념이 없는 온달을 향해 석궁을 날렸다.

“휙! 휙!”

화살은 어깨에 명중하였으나 오히려 온달의 분노를 폭발시키고 말았다. 무시무시한 표정으로 채윤을 노려보며 외쳤다.

“이 비겁한 놈, 나의 갑옷을 상하게 한 죄를 묻겠노라.”

어깨에 꽂힌 화살을 꺾어버리고는 먹이를 노리는 맹수처럼 몸을 날렸다. 새파랗게 질린 채윤이 바위에서 뛰어내려 달아나려고 하였지만 온달의 창이 더 빨랐다. 푸른 섬광이 언뜻 비치면서 채윤의 왼 팔을 잘라 버렸다.

“으악.”

시뻘건 피를 내뿜으며 땅바닥에서 나뒹굴어진 채윤은 잘려나간 팔뚝을 부여잡고 달아났지만 온달은 고스란히 보내지는 않았다. 성큼성큼 다가가서 싸늘하게 말했다.

“아무리 아등바등 거려도 달아날 곳은 없다. 내가 영원히 먼 길을 보내주마.”

벽천월도를 번쩍 들어 머리를 두 조각으로 갈라 버렸다. 그때 언덕 위에 있던 군사 하나가 크게 외쳤다.

“주왕이 저기 달아난다.”

온달은 정신이 번쩍 들었다. 황급히 말을 몰아 언덕 위로 올라갔는데 왼쪽으로 난 조그만 계곡을 따라 황금빛 투구를 쓴 장수가 십여 명의 군사를 이끌고 달아나는 것을 보았다.

"저놈이다."

온달도 무제임을 직감했다. 말고삐를 힘껏 당기고 박차를 가하여 5리나 뒤쫓아 가서 기어이 죽였다.

"주왕을 잡았다!"

온달이 의기양양하여 그 목을 가지고 돌아왔는데 포로로 잡혀있던 주군들이 이구동성으로 말했다.

"이것은 폐하의 사촌인 하왕 우문소입니다."

무제가 쫓기게 되자 우문소가 무제의 투구를 대신 쓰고 달아나면서 온달의 추격을 따돌린 것이었다.

날은 저물어 어둠이 내려앉자 한바탕 격전이 지나간 배산 벌판에는 싸늘한 바람만 스산하게 불어대고 있었다. 죽음 같은 적막함 속에 형체를 알아볼 수 없는 수많은 시체들이 수십 리에 걸쳐 뒹굴고 있었고, 검붉은 핏물은 어느새 말라붙어 흉물스럽게 흰 눈밭을 뒤덮고 있었다.

어디서 모였는지 시체 냄새를 맡은 까마귀 떼들이 무리지어 날면서 섬뜩한 소리로 울고 있었다.

이때 수십 명의 부상자들이 포로로 잡혔는데 그 중에는 노금평도 있었다. 노금평이 엎드려 빌면서 목숨을 구걸하자 온달이 냉랭하게 말했다.

"두려운가?"

"제발 목숨만 살려주십시오. 소인은 다만 주군이 시키는 대로만 했을 뿐입니다."

"네놈은 주왕의 개일 뿐이다. 그 주둥아리로 감히 나의 주군을 욕했으니 마땅히 죽여야 한다."

단칼에 그 목을 베었다.

한편 여러 장수들과 함께 남은 군사들을 수습하고 있던 평원왕은 온달이 돌아오는 것을 보자 친히 당하(堂下)로 뛰어 내려가 온달의 손을 붙잡았다.

"짐이 한때 생각이 짧아서 그대에게 못할 짓을 하였구나. 부디 서운하게 생각하지 말라."

온달은 그동안 빼앗은 수많은 적장의 인장과 깃발들을 바치면서 눈물을 흘리면서 말했다.

"군자는 친구와 헤어져도 허물을 말하지 아니하고 충신은 버림을 받더라도 원망하지 아니한다 하였습니다. 신이 어찌 감히 다른 마음을 품겠습니까."

왕이 기쁨을 감추지 못하고 온달의 손을 치켜세우며 말했다.

"모든 신하와 장수들은 똑똑히 들어라. 이 사람이 바로 짐의 사위 온달이니라.[62]"

양사의 위장 고성부는 온달 덕분에 목숨을 구한 자였다. 불쑥 앞으로 나서서 온달에 대하여 칭송의 말을 늘어놓았다.

"온달 장군은 수십 명의 적장을 죽였고, 빼앗은 깃발도 헤아릴 수 없습니다. 그 공은 만군(萬軍)의 으뜸으로 마땅히 큰 상을 내려야 할 것입니다."

---

62) '삼국사기 온달조'

주위에 있던 사졸들도 모두 입을 모아 온달의 공을 최고로 삼았다. 이에 평원왕은 백은(白銀)과 황금으로 장식한 보검과 궁시(弓矢)를 비롯하여 금화고모(金花高帽)와 구문금포(毬文錦袍)[63]를 내려 왕족으로서의 복식과 위엄을 갖추게 하며 대형(大兄)[64]의 벼슬을 제수하였다.

보검을 받아든 온달이 아뢰었다.

"장수를 잡으려면 먼저 그 말을 쏘아야 하고 적을 잡으려면 그 왕을 잡아야 합니다. 주왕은 얼마 가지 못했을 것이니 놓쳐서는 안 됩니다. 신에게 약간의 병사만 주신다면 반드시 주왕의 목을 가져다 바치겠습니다."

승세를 탄 대부분의 장수들도 온달의 의견을 좇아 추격하기를 원했지만 고전이 반대했다.

"궁지에 몰린 쥐는 고양이에게도 덤빈다 합니다. 만족함을 알면 후회가 없을 것이니 이쯤해서 군사를 거두시는 것이 좋겠습니다."

왕은 잠시 결정을 하지 못하고 머뭇거렸다.

추격하고 싶은 마음이야 굴뚝같았지만 경호를 맡고 있는 고전의 의견도 무시할 수는 없었기 때문이었다. 그때 장교 하나가 달려와 고하였다.

"을충 장군께서 운명하였습니다."

아들의 죽음 소식에 을반은 얼굴빛이 노래져서 아무 말도 하지 못했는데 여러 장수들이 분개하여 간했다.

"침략자들은 반드시 응징해야 합니다. 이대로 고스란히 놓아 보내서는 안 됩니다."

---

63) 황금 꽃으로 장식한 모자와 승전한 장군에게 내리는 비단
64) 5품 정도의 벼슬에 해당함.

"아직 주왕이 멀리 가지 못했을 것이니 반드시 사로잡아 피로써 되갚아야 합니다."

이에 왕이 결심했다.

"주왕의 목을 베어 장졸들의 원한을 갚으리라."

이렇게 맹세하고 온달을 대장군으로 삼아 무제의 뒤를 추격하게 하였다.

전선(戰線)의 일은 이렇게 마무리되었고 평원왕은 남은 군사들을 거느리고 평양으로 돌아갔다.

때마침 영탑사(靈塔寺)의 8각 7층 석탑에 상서로운 광채가 어려서 사흘 동안 계속 빛났다.

왕이 기뻐하며 말했다.

"부처님의 가피(加被)가 세상에 나타난 것이다."

영탑사와 금강사, 정릉사의 스님 백 명을 가려 뽑아 을충을 비롯하여 죽은 병사를 위하여 크게 제(祭)를 올리고 전승비를 세워 세상에 알리게 하였다.

또한 을충의 벼슬을 높여 태사자로 추증하고 그의 어린 아들 준범은 계달사로 삼았으며 참전했던 병사들에게도 각각의 공을 가려 계급을 높여주고 여러 가지 전리품들을 골고루 나누어 주었다.

한편 배산에서 패한 무제는 천신만고 끝에 난하를 건너 달아났는데 당산 근처에서 구원군을 이끌고 오던 위지형을 만났다. 다시 용기를 얻은 무제는 전열을 정비하고 갈석산 아래에서 마지막 결전을 벌이기로 했다.

위지형의 부장 하란주등은 형 하란무용이 온달에게 죽었다는 소리를 들었다. 복수심에 불탄 나머지 온달에게 싸움을 걸었으나 한차례 말이 엇갈리기도 전도 목을 내주고 말았다.

저녁까지 계속된 갈석산 전투는 주군들의 참담한 패배로 끝났다. 죽은 장수만 해도 서른 명이 넘었고 전사자는 2만이나 되었다. 게다가 살아남은 자들도 대부분 부상병이어서 전세는 이미 돌이킬 수가 없었다.

전황을 보고받은 무제는 얼굴에 핏기를 잃었다.

"온달이란 자는 정녕 사람이 맞기나 한 것인가?"

탄식을 거듭하며 제자리에서 움직이지 못했는데 양견이 위로하며 말했다.

"전쟁의 승패는 병가지상사(兵家之常事)라고 합니다. 지금은 잠시 몸을 피하여 후일을 도모하는 것이 좋겠습니다."

무제는 깃발을 버리고 유림관(楡林關)으로 달아났지만 그것마저 쉬운 일이 아니었다. 지나는 길목마다 고구려 경계병들이 깔려 있어서 길을 얻을 수가 없었다. 하는 수 없이 방향을 바꾸어 배찰산으로 숨었다.

이렇게 되자 온달도 무제를 놓쳐서 공격할 목표를 잃어버리게 되었다. 더구나 더욱 더 큰일은 주의 영토 깊숙이 쳐들어갔기 때문에 식량과 마초 등도 넉넉하지 못했던 것이었다.

몇 몇 부하 장수들 중에는 퇴각을 하자고 건의하는 자가 있었지만 발위사자 강이식(姜以植)은 계속 공격을 주장했다.

"타초경사(打草驚蛇)[65]라고 하였습니다. 주왕은 분명 이 부근에 숨

---

65) 풀을 쳐서 뱀을 놀라게 하여 잡는다는 병법의 하나로 주변을 공격하여 적을 드러내게 한다는 전략

어 있을 것입니다. 우리가 이 주위에 있는 군현을 공격하면 주왕은 모습을 드러내지 않고는 배기지 못할 것입니다."

강이식은 본시 서해안에 있는 점선현(墊蟬縣)출신으로 부친 강철상(姜哲尙)은 양원대왕 시절에 상장군 고흘(高紇)을 따라 종군하여 공을 세운 뒤 상서원(尙書院)에서 시랑(侍郎) 벼슬을 지낸 인물로 오늘날 진주 강씨의 시조이다.

그는 창술과 궁술에도 빼어났을 뿐 아니라 매우 신중하고 지혜로운 인물이었다. 평원왕 15년, 그의 나이 24세 때에 동명대회(東明大會)에서 장원한 뒤 서부(西部) 총관부(摠管府)에서 벼슬을 하였으며 돌궐(突厥)과 거란(契丹), 말갈(靺鞨) 등에 여러 차례 사신(使臣)으로 다녀오기도 했다.

배산 전투에서는 어림군 대장인 고전의 휘하에 배속되어 평원왕을 호위하였으나 온달이 무제를 추격할 때 아장(亞將)이 되어 따랐다.

온달이 기뻐하며 강이식의 계책을 받아들였다.

군사를 풀어 배찰산 근처에 있는 주의 군현들을 이 잡듯이 들쑤시며 약탈을 자행하고 불을 질렀다. 불길이 사방에 퍼지고 군현들이 도륙나자 무제로서는 도저히 산속에 틀어 박혀 있을 수가 없었다. 위험을 무릅쓰고 배찰산을 탈출하려다 경계를 서고 있던 고구려 군사들에게 들켰다.

"주왕이다!"

"저놈의 목에 만금이 달려있다!"

고구려 군사들이 사방에서 벌떼처럼 몰려들었다. 무제의 목숨은 풍전등화와 같았으나 청년 장수 한금호와 하약필[66]이 일곱 군데나 상처

---

66) 둘 다 훗날 양견의 장수가 되어 진을 토벌하는데 공을 세웠다.

를 입고 성난 맹수처럼 싸워서 구사일생으로 혈로를 뚫었다.

무제의 옆에서 호위하던 고경은 온몸에 붉은 피가 철철 흘렀지만 조금도 아프거나 지친 기색을 보이지 않았다. 훗날 수 문제가 된 양견은 이런 강인한 고경의 모습을 보고 마음속으로 생각했다.

"내 사람으로 만들지 못하면 반드시 죽여야 할 인물이다."

천신만고 끝에 유림관에 도착한 무제는 인근 성에서 군사들을 불러 모아 결사항전의 명령을 내렸다. 그렇지만 모두 합쳐 보아야 고작 3천 명밖에 되지 않는 군사로 막강한 온달의 대군을 당해낼 재간이 없었다.

궁리 끝에 운주총관 사마소난(司馬消難)이 꾀를 내었다. 일부러 군세를 크게 보이기 위해서 성벽마다 깃발과 창검을 즐비하게 늘어 세워 허장성세를 부렸다.

이 계략은 제대로 맞아 떨어졌다.

무제를 뒤쫓아 먼저 당도한 강이식은 섣불리 공격하지 못했다. 다만 출입로를 봉쇄하고 온달의 대군이 도착하기만 기다렸다.

"성이 높고 험한데다 적군의 수가 너무 많아 공격을 할 수 없습니다."

다음날 중군을 이끌고 도착한 온달에게 강이식이 이렇게 보고를 올리자 온달이 대답했다.

"눈에 보이는 것이라고 모두 믿어서는 안 된다. 태공망이 말하기를 적진에서 북소리나 방울소리가 들리지 않고, 보루 위에는 많은 새들이 한가롭게 떠있으며, 적진의 상공에는 사람들이 오가면서 생기는 뿌연 흙먼지가 전혀 없으면, 이는 적군을 속이기 위해 허수아비를 세운 것이라고 했다. 지금 유림관의 형세가 그러하니 나의 생각이 틀림없다면 적은 탄금주적(彈琴走敵)의 계략을 이용하는 것이다."

탄금주적이란 제갈량이 서성(西城)을 지킬 때 불과 수 천 명의 군사밖에 없었지만 성문을 열어두고 거문고를 뜯으면서 태연한 척 함으로써 위의 대도독 사마의(司馬懿)가 이끄는 10만 대군을 물리친 계략으로 아군이 열세일 때 허장성세를 꾸미는 것을 말한다.

온달은 이러한 주군의 속임수를 한눈에 알아차린 것이었다. 즉각 군사를 육군(六軍)으로 나누고 산병(散兵)을 앞세워 성벽을 넘게 했다. 이때 각 부(部)의 대장(大將)과 위장(衛將), 부장(部將), 유군장(遊軍將), 통장(統將), 영장(領將), 대정(隊正), 오장(伍將) 등을 교대로 내보내어 군사들에게는 휴식시간을 주는 것을 잊지 않았다.

공격에 앞서 온달은 항상 금고(金鼓)를 지닌 군사를 성 가까이에 보내어 계속해서 북을 치고 피리를 불게 하며 거짓으로 공격하는 시늉을 내게 하였기 때문에 성안에 있던 주군들은 뜬눈으로 밤을 지새울 수밖에 없었다.

그런 상태로 며칠이 지나자 극도로 지친 주군들은 고구려 군사들이 북을 치고 공격해도 멀뚱멀뚱 쳐다만 볼 뿐 반격에 나서려 하지 않았다. 온달은 장수들에게 호언장담하였다.

"오늘 저녁 식사는 성안에서 할 것이다."

저녁이 되자 온달은 미리 뽑아 놓았던 날래고 용맹한 3백 명의 결사대를 불러놓고 말했다.

"오늘 밤에 나는 적의 성을 깨뜨리려 한다. 우리가 성공하면 이 전쟁은 이길 것이고 실패하면 지게 된다. 하나 우리들 중에 누군가는 죽게 될 것이다. 맹세컨대 내가 살아남게 되면 너희들의 가족들을 죽는 날까지 보살펴 줄 것이고, 내가 죽는다면 대왕께서 너희들에게 큰 상을 내릴 것이다. 나는 너희들의 용기를 믿는다."

군사들은 함성을 지르며 목숨을 다해 싸울 것을 맹세했다.

유림관 남문의 앞은 완만한 경사길이었지만 북문은 거칠고 험한 절벽 위에 우뚝 솟아 있어 천혜의 요새를 자랑하였다. 그렇지만 온달은 오히려 험난한 북쪽 성벽을 노렸다. 주력군들이 남문에서 맹공을 퍼붓는 사이에 스스로 별동대를 거느리고 반대 방향으로 돌아 북쪽 성벽을 넘은 것이었다.

온달의 기습작전은 대성공이었다.

대부분의 주군들은 남문으로 모여 있어서 북쪽 성벽에는 지키는 군사들이 거의 없었다. 대사자 손규가 날랜 군사 십여 명과 함께 먼저 성벽을 타고 올라가 경비병을 처치하고 성문을 열자 온달이 별동대 군사를 이끌고 성으로 들어갔다.

북쪽 망루에서 불길이 치솟자 대부분의 주군들은 성이 함락된 줄 알았다. 제각각 살길을 찾아 뿔뿔이 달아나자 성 안은 삽시간에 아수라장로 변했다.

이 틈을 타서 강이식이 매섭게 공격하여 남문도 부수었다.

"도망치는 자는 모조리 죽이겠다."

사마소난이 군사들의 뒤에 서서 이렇게 위협했기 때문에 대부분의 주군들은 꼼짝없이 갇혀서 죽었다.

고구려 군사들이 광풍처럼 몰아치자 무제가 당황하여 장수들에게 물었다.

"도대체 이게 어찌 된 일이냐. 어떻게 해서 이 지경이 되었단 말이냐?"

한금호가 대답했다.

"하늘이 무너져도 솟아날 구멍이 있다고 하였습니다. 소장의 생각으로는 성 안에 있는 노인과 아이와 여인들을 모두 잡아 고구려 군사들에게 내몰고 그 사이에 활로를 찾으면 됩니다."

백성들을 방패막이로 쓰자는 것이었다. 무제는 잠시 망설였으나 선택의 여지가 없었다. 마지못해 허락하고 수많은 백성들을 앞장세워 몰아대었다.

"저런 야비한 놈들은 호된 맛을 보여주어야 합니다. 인정사정없이 모조리 처치해야 합니다."

많은 장수들은 이와 같이 말했지만 강이식이 반대했다.

"연약한 백성들이 무슨 죄가 있겠습니까? 포악한 자들이 칼로써 쫓아내니 어쩔 수 없이 쫓겨 오는 것뿐입니다. 성왕의 덕에 불인지심(不忍之心)[67]이 있다고 하였으니 아무리 전쟁이라고 해도 무고한 백성들을 죽이는 것은 차마 못할 일입니다."

온달도 이윽고 대답했다.

"적군은 마땅히 죽여야 하지만 힘없는 백성들을 죽이는 것은 옳지 않다."

좌우에 명을 내려 공격을 멈추자 그 사이에 양견과 한금호, 하약필 등은 무제를 호위하여 암문으로 빠져 달아났다.

무제가 무사히 탈출하자 사마소난도 갑옷을 벗어던지고 백성들의 틈에 끼어 몰래 달아났다. 눈앞에서 무제를 놓쳐버린 온달은 군사를 재촉했다.

"다 잡은 물고기를 강에 놓아주어서는 안 된다."

---

67) 맹자(孟子)의 공손추편(公孫丑篇)에 나오는 말로 차마 지나치지 못하는 마음을 말함.

세 갈래로 군사를 나누어 추격하였지만 종적이 묘연하여 끝내 잡지 못했다. 온달은 계속 진군하여 유림관 서쪽 삼백 리까지 모두 평정하였지만 어느새 준비해 온 군량과 마초가 바닥을 드러내었다.

이때 주의 장수 왕겸(王謙)과 단문진[68]이 대군을 이끌고 와서 음산(陰山)에 의지하여 싸우자 온달도 계속해서 진격할 수 없었다.

손규가 간했다.

"병법에서도 물러날 때를 알면 후회가 없다고 하였습니다. 군량과 군수품이 바닥났는데 적의 원군이 도착하였으니 이제는 회군하는 것이 어떻겠습니까?"

"전쟁은 이제부터 시작이다. 오늘 주를 멸하지 못하면 언젠가는 크게 후회하게 될 것이니 어찌 중도에서 그만 두겠는가?"

온달은 이렇게 대답하고 평양으로 장계를 올려 보충군과 보급품을 요청하였다.

"주군이 괴멸되어 후퇴를 거듭하고 있으니 지금이 주를 병합할 좋은 기회입니다. 하지만 군마와 군량이 부족하여 전쟁을 계속하기 어렵습니다. 조속히 보급품과 군사를 보충하여 주시기 바랍니다."

대대로 고유는 겉으로는 위엄이 있어 보이지만 위급한 사태가 일어나면 그 본색을 드러내어 비겁하고 용렬하기 짝이 없는 인물이었다. 처음 주와의 전쟁이 일어날 때부터 화친을 주장한 인물로서 왕이 출정에 나서자 내심으로는 은근히 패전을 바라고 있었다.

그런데 뜻밖에도 온달이 나타나 대공을 세우고 승리를 거두자 자신의 입지가 난처해졌다. 그는 온달이 오히려 더 큰 공을 세울까봐 불안

---

68) 훗날 수의 장수가 되어 양제의 요동 정벌을 반대한 장수.

을 느끼고 있었다.

"천한 놈이 올연히 나타나 나만 곤란하게 되었다."

속으로 이렇게 욕하며 평소 자신을 따르는 무리와 함께 의논한 뒤 연명으로 상소를 올렸다.

"신 대대로 고유는 여러 대신들과 함께 이 글을 올립니다. 전쟁이란 형세가 변화무쌍하여 이기다가도 지게 되고 지다가도 이기는 경우가 많습니다.

우리가 비록 승리하기는 했으나 급하게 전쟁에 달려 나가느라 병장기와 마초가 충분하지 못하고 군량 또한 넉넉하지 못합니다. 따라서 전쟁이 길어지게 되면 계속 승리를 장담할 수 없습니다.

또한 아버지와 남편을 전쟁터로 보낸 자식과 아낙들의 한숨소리가 끊이지 않고 농사에도 농기를 잃어 농작물을 돌볼 수 없으니 삼가 보살피지 않을 수 없습니다.

만족함을 안다면 위험하지 않다고 하였습니다. 승리했을 때 그만 두는 것은 진실로 현명한 처사입니다. 온달 대장군은 대왕의 부마로써 나라에 대공을 세운 공신입니다. 차가운 요동벌판의 풍우에 더 이상 시달리게 해서도 그 도리가 아닙니다. 이제라도 사람을 보내어 불러들이는 것이 마땅합니다. 부디 통촉하소서."

사실 배산 전투는 고구려와 주의 국왕이 친히 나서 국운(國運)을 걸어놓고 치렀던 대전투였다. 따라서 고구려가 이기기는 했으나 그 피해 또한 만만하지 않았다. 결국 고유의 의견을 받아들여 온달을 불러들이는 칙서를 내렸다.

"천하에 밝은 기운이 돌아와 잔악한 적들은 이미 평정되었고 만백성이 편안해졌다. 상천(上天)의 덕은 만물을 화육(化育)하는데 있다 하였으니 수고로이 전역을 일삼아 어찌 살육을 계속 행하겠는가?

마땅히 군사를 거두어 가족의 품으로 돌려보내고 아내가 남편을 맞아들이고 자식과 아비의 정을 잇게 하려니 부디 짐의 뜻을 받들어 회군하도록 하라."

대왕의 명령이 떨어진 이상 거역할 수는 없는 법이었다. 강이식이 볼멘소리로 말했다.

"어리석은 몇몇 대신 놈들이 나랏일을 망치고 있습니다."

온달도 화가 났지만 어쩔 수 없는 노릇이었다. 장탄식을 하면서 말했다.

"세상의 흥망성쇠는 하늘이 정하는 법이다. 아직은 주가 망할 때가 아닌 모양이다."

강이식(姜以植)에게 유림관을 맡기고 자신은 평양으로 회군하였다. 온달의 개선군이 돌아오자 지나는 길목의 성주와 백성들이 전승(戰勝)을 축하하기 위하여 한꺼번에 몰려나와 인산인해(人山人海)를 이루었다. 이에 평원왕도 태자 원(元)을 보내어 환도성까지 마중 나가게 하여 온달의 일행을 맞이하게 하였다.

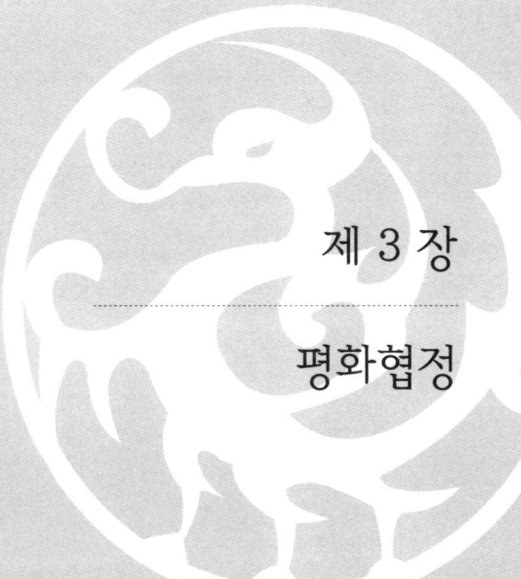

제 3 장

평화협정

평강공주가 온달에게 출가했을 때였다. 영문을 알지 못하는 사람들은 평강공주가 바람이 난 것이라며 동쪽 하늘에 무지개가 떴다는 채동(蝃蝀)의 노래[69]를 부르면서 은근히 비웃었다.

蝃蝀在東 莫之敢指 체동재동 막지감지

女子有行 遠父母兄弟 여자유행 원부모형제

朝隮于西 崇朝其雨 조제우서 숭조기우

女子有行 遠父母兄弟 여자유행 원부모형제

乃如之人也 懷昏姻也 내여지인야 회혼인야

大無信也 不知命也 대무신야 부지명야

동쪽 하늘에 무지개가 떠도 손가락질을 하지 말라.

여자가 한 번 시집가면 부모형제와 영원히 떠나는 것을.

아침에 뜬 서쪽 무지개는 잠깐 내린 궂은 비 탓이리.

---

69) 시경에 나오는 용풍(鄘風)의 노래 중의 하나

여자가 한 번 시집가면 부모형제와 영원히 떠나는 것을.

접때 그런 행동은 혼인을 하고 싶은 게야.

믿었던 것이 탈이지만 사람의 운수란 알 수가 없어.

평원왕은 이 노래를 듣고 노여움을 금치 못했지만 태자 원(元)은 달랐다. 그는 풍신(風神)이 준수하고 성품이 호방하였으나 한편으로는 마음이 따뜻하고 사려가 깊은 인물로 평소에도 누이인 평강공주를 아꼈다. 오히려 이러한 일들을 가슴 아프게 여기고 위로했다.

"부왕의 처사를 너무 야속하게 여기지 말라. 언젠가는 네 마음을 이해하실 날이 올 것이다."

훗날 주의 대군이 몰려와 나라가 위급함을 당하여 매제인 온달이 큰 공을 세우고 개선장군이 되어 당당하게 돌아오자 자기 일처럼 기뻐하였다. 온달의 군사가 환도성에 도착하던 날 태자는 성문 앞까지 나아가 온달을 맞았다.

태자는 자신의 눈을 의심하지 않을 수 없었다. 일전에는 초라하고 볼품이 없었던 온달이 이제는 늠름한 헌헌장부로 변한 것을 보고 감격하여 목이 메일 지경이었다. 두 손을 굳게 잡고 치하했다.

"그대는 이제 나라의 큰 공신이 되었다. 앞으로 나를 도와 나라의 대들보가 되기를 바란다."

온달이 대답했다.

"국난을 당함에 나라의 신민으로서 당연히 해야 할 일을 했을 뿐입니다."

그날 밤 태자는 시종 몇 명만 거느리고 간소한 음식을 마련하여 온달을 찾은 뒤 손수 술을 권하며 말했다.

"오늘 밤은 태자와 장수로서가 아니라 매부와 처남으로서 허심탄회하게 대취하리라."

온달도 호탕하게 웃으며 답했다.

"진실로 소장도 원하는 바입니다."

술잔이 몇 순배 돌고 분위기가 화기애애해지자 태자가 슬그머니 말을 꺼냈다.

"지금 나라 안팎을 되돌아보면 서쪽에서는 중국의 열국들이 쉴 새 없이 싸우고 있고, 북쪽에는 흉맹한 돌궐의 무리가 병거(兵車)를 이끌고 노략질을 일삼고 있다. 또한 남쪽에서도 백제와 신라가 호시탐탐 국경을 노리고 있어 변방의 수자리들은 편안한 잠을 이루지 못하고 있으니 참으로 근심하지 않을 수 없다.

그러나 나라 안에서는 권문세족들이 난립하여 서로 창칼로써 권력 다투기를 일삼아 나라가 어지럽고 백성들이 도탄에 빠져 허덕이고 있으니 참으로 개탄스런 노릇이다. 나는 오래 전부터 제왕의 권한을 강화시켜 이런 병폐를 뜯어 고치고자 하였는데 그대의 생각은 어떠한가?"

태자 원은 일찍부터 제세안민(濟世安民)의 큰 포부를 지녔지만 막강한 군사와 권한을 가지고 있던 당시의 권문세족들의 반대에 부딪쳐 그 뜻을 펼치기 어려웠던 것이었다.

그것은 고구려 특유의 오랜 정치 사정에 있었다.

초기 고구려는 왕이 정치를 주도하였지만, 강력한 세력을 지닌 오부(五部)를 중심으로 한 여러 나부(那部)가 있어 이들의 수장들이 협의하여 국가의 중요한 일을 의논하고 결정하는 제가회의(諸伽會議)가 있었다.

태조대왕 이후로 왕권을 강화하여 소수림왕 대에 이르러 다원적 관등계(官等系)를 재편하여 형계(兄系)와 사자계(使者系) 관등으로 일원화하고, 율령제 실시와 조세제도를 정비함으로써 본격적인 중앙집권제를 실시하였다.

이후 고구려 국력은 날로 신장하여 최고의 영주(英主)인 광개토대왕과 장수왕, 문자명왕 등을 거치면서 만방에 위엄을 크게 떨쳤으나 안장왕(安臧王) 시대에 들어와 대외정복활동이 줄어들면서 왕권이 약화되었다.

더구나 안장왕은 백제 여인 한주녀(韓珠女)를 왕비로 맞아들임으로써 대대로 왕비족이던 계루부의 지지마저 잃었다. 결국 말년에 권문세족의 발호를 막지 못하고 왕족과 귀족의 내분에 의해 의문의 죽음을 당함으로써 왕권은 크게 위축되었다.

안원왕(安原王)[70]은 안장왕의 동생으로 즉위한 뒤 왕권 강화에 힘을 기울였으나 홍수와 지진, 전염병이 창궐하고 가뭄과 황충(蝗蟲), 기근, 태풍 등 재난이 연달아 일어나 나라 사정이 어려웠다. 이때 백제가 군사를 일으켜 공격해오자 우산성(牛山城)을 침략당하기도 했다.

그렇지만 가장 큰 근심은 바로 왕실 내부에 있었다. 왕의 원비(元妃)에 소생이 없었기 때문에, 둘째 부인인 중부인(中夫人)과 셋째 부인인 소부인(小夫人)이 왕권을 놓고 암투를 벌였다.

이에 임종에 이르러 중부인과 소부인이 무력으로 다투어 왕성 앞에서 사병(私兵)을 풀어 싸움을 벌이고 중부인측의 군사들이 승리하여

---

70) 23대 왕으로서 평원왕의 조부가 됨

중부인 소생의 8살 난 양원왕을 등극시켰다.[71]

이때 중부인측 군사들은 사흘 동안 포위를 풀지 않고 소부인측의 가족과 군사들을 이천 명이나 죽였다. 사람들은 이들을 미워하여 중부인의 군사를 '추악하고 더러운 무리'라고 하여 추군(麤群)이라고 하고 소부인측의 군사들은 '자잘하고 보잘 것 없는 무리'라고 하여 세군(細群)이라 불렀다.

추군과 세군 이 두 외척의 싸움은 단지 두 귀족 집단의 대립뿐만 아니라 여러 명의 귀족들이 서로 연합하고 있었다.

외척에 의해 즉위한 양원왕은 사실상 실권을 귀족들에게 빼앗겨서 허수아비 왕에 불과했다. 귀족들은 자신의 세력을 확장시키기 위해 권력 다툼을 끊이지 않아서 광개토대왕 이후에 이루어 놓았던 화려한 영광은 사라져 버렸고 나라는 형편없이 피폐해졌다.

나라 안팎에 내우외환이 끊이지 않자 이때에 신라와 백제는 나제동맹을 맺고 한강 유역을 공격해왔다. 고구려 고승 혜량법사(惠亮法師)는 이런 정치 현실을 보고 나라가 망할 것이라고 생각했다. 문도를 이끌고 신라 장수 거칠부(居柒夫)에게 나아가,

"우리나라는 정국이 혼미하여 멸망할 날이 얼마 남지 않았다."

라고 말하고 망명을 청하기도 했다.

왕 13년에는 환도성(丸都城)의 간(干)이었던 주리(朱理)[72]라는 자가 모반을 일으켰고 그 이후로 내부의 동요는 극에 다다르게 되었다.

---

71) 日本書紀 참조

72) 사람 이름이 '간주리'라고 하는 학자도 있지만, '干'은 수장이란 뜻으로 환도성의 수장 '주리'라고 보는 것이 마땅하다.

이때 뜻있는 귀족들이 모여 내우외환을 극복하고 내분을 종식하기 위해 대대로를 중심으로 귀족 연립체제를 만들었는데 특히 군사권을 쥔 막리지들이 권력을 좌지우지하였다.

최고관직인 대대로(大對盧)도 그들 중에서 교대로 선출되었는데 세력관계의 조정에서 실패하면 사병을 동원하여 무력 충돌도 불사하여 이긴 자가 대대로가 되었다. 그럴 때면 왕은 근위병의 호위를 받으면서 성문을 닫고 기다렸다가 나중에 승리한 자가 들어오면 겨우 인정해 주는 정도였다.

이렇게 권력을 장악한 대대로는 고구려의 최고 관직으로 총지국사(總知國事)[73]하였다. 임기는 3년이지만 그 직위에 적합한 인물이 있으면 임기에 구애받지 않고 연임이 가능했다. 따라서 귀족들 사이에는 각자의 이해관계에 따라 서로 파벌을 이루어 이합집산이 심하였다.

이런 상황 아래서 상벌도 임금으로부터 행해지지 않고, 몇 몇 권력 있는 신하들이 마음대로 행하는 일이 비일비재하였다. 그래서 백성들은 임금보다도 막리지를 두려워하였고 나라의 국법은 권위가 떨어져서 백성들이 따르지 않았다.

이러한 현실에 통분을 금하지 못하고 있던 태자는 왕을 중심으로 새로운 질서를 세우기 위해서는 권문세족의 출신이 아니면서 새로운 군벌의 강자로 떠오르고 있는 온달의 도움이 절실했던 것이다.

온달이 잠시 정색을 하고 술잔을 내려놓은 뒤 무겁게 입을 열었다.

"호랑이가 개를 이길 수 있는 것은 이빨과 발톱이 있기 때문입니다. 그런데 이것을 개에게 내어주어 쓰게 한다면 반대로 호랑이가 개에게

---

73) 나랏일을 모두 주재함.

굴복당하는 것과 같은 이치입니다."

"나도 그대의 뜻과 같다. 하지만 지금은 막리지들이 각자의 군사들을 거느리고 있어 그 세력을 제어하기 어렵다. 그러므로 섣불리 그들을 건드렸다가는 오히려 나라를 혼란에 빠뜨리지 않을까 그것을 염려하는 것이다."

"군주에게는 세 가지 지켜야할 도리가 있으니 이를 삼수(三守)라고 합니다. 첫째는 신하의 말을 누설하지 말 것이요, 둘째로는 상벌의 권위를 장악하고 마지막으로는 정사를 친히 베풀어야 하는 것입니다. 이와 같은 이유로 옛날의 성군들은 두 자루의 칼을 손에서 놓지 아니하였다고 합니다."

"두 자루의 칼이라?"

"그렇습니다. 임금은 두 자루의 칼이 가지고 있으니 덕(德)과 형(刑)이 바로 그것입니다. 무릇 모든 사람들은 상 받기를 좋아하고 벌 받기를 두려워합니다.

태자께서 진실로 왕권을 강화하고자 하신다면 먼저 덕과 형을 올바르게 집행해야 합니다. 그렇게 된다면 명겁(明劫)과 사겁(事劫)과 형겁(刑劫)[74]을 피할 수 있어 군주의 권위가 바로 서고 나라를 안정시킬 수 있을 것입니다."

태자가 술잔 가득히 술을 채우고는 높이 들며 말했다.

"그대는 부디 나의 방패가 되라."

"맹세컨대 견마지로를 아끼지 않을 것입니다."

---

74) 한비자가 말하는 三守로서 권신이 실권을 빼앗아 군주를 위협하는 것이 明劫이요, 일을 가지고 군주를 협박하는 것을 事劫이라 하며, 재판, 감옥. 금제, 형옥 등을 권신이 제 마음대로 하여 군주를 협박하는 것을 刑劫이라 한다.

밤은 소리 없이 깊어 갔고 두 사나이는 의기투합하여 새벽이 밝아올 때까지 대취하였다.

온달이 평양으로 돌아오자 평원왕은 제장들을 위로하고 논공행상을 열었는데 모든 군신들이 온달을 제일로 내세웠다.

태자가 먼저 나서서 아뢰었다.

"온달 장군은 백척간두(百尺竿頭)에 처한 나라를 한 자루 창으로 구해내었습니다. 옛날 동천왕(東川王)[75]께서는 나라를 구한 유유와 밀우 등에게 관직과 식읍을 내리는 것은 물론이고 공신의 문적(文籍)에 올려 그 공을 빛내게 하였습니다.

이제 그 전례에 따라 온달 대장군에게도 합당한 벼슬을 내리고 공신의 문적에도 올려 자손만대에 그 공을 전해야 할 것입니다."

그 말을 듣자 평원왕의 마음은 매우 흡족해졌다. 사실 평강공주를 쫓아 낸 뒤 평원왕도 무척 마음이 괴로웠다. 그렇다고 그런 기색을 내비칠 수도 없는 터라 답답하기만 했는데 온달이 큰 공을 세우고 나타나자 당장 대대로의 벼슬이라도 내리고 싶은 심정이었다.

유사(有司)에 명을 내려 금과 옥으로 아름답게 꾸민 여마(興馬)를 비롯하여 조우(鳥羽)를 장식한 절풍(折風)[76], 자색(紫色)으로 만든 동수삼(同袖衫)과 봉액(逢掖)[77], 대구고(大口袴)[78], 흰색 가죽에 금으로

---

75) 山上帝의 아들로 東襄帝라고도 한다. 西安平을 공격하였으나 幽州刺史 毋丘儉의 침입으로 丸都城이 함락되어 247년에 東黃城으로 수도를 옮겼다.

76) 鳥羽冠을 지칭하는 것으로 고구려 귀인들이 쓰던 모자

77) 선비들이 입던 옆이 넓게 트이고 소매가 큰 道袍

78) 유는 저고리, 고는 바지

수놓은 허리띠와 표범 가죽의 신발 등 제반 의복을 보내어 위의(威儀)를 갖추게 하였다.

그리고 부마로 의식을 갖추어 맞으며 또 벼슬을 3품계나 높여 태대사자(太大使者)[79]로 승진시키고 식읍 3천 호와 함께 왕궁을 지키는 금위군(禁衛軍)의 대장으로 임명하여 항상 자신의 곁에 두어 보필하게 했다.

삼군의 대장군 을반도 일등공신으로 봉하고 식읍 2천 호를 내렸으며 그 밖에 전쟁에 참여했던 장수와 군사들에게도 각각 공에 따라 공신의 등급을 매기고 황금과 비단을 상금으로 내려 노고를 치하하였다.

온달의 위명이 고구려 전역에 떨치자 그의 휘하에는 젊은 장수들이 구름처럼 몰려들었다. 그러나 강직하기가 대나무와 같고 절대로 신념을 굽혀 타협할 줄 모르는 온달의 성격을 잘 알고 있는 평강공주는 그럴수록 오히려 걱정이 되었다.

매양 경계하여 당부하였다.

"조정이란 간사한 무리들이 자신의 이익을 위해 조변석개(朝變夕改)를 일삼는 곳입니다. 이익이 있으면 귀신도 따르는 것이 세상의 인심입니다. 비록 앞에서는 온갖 찬사를 보내면서 아부를 하지마는 이해관계가 바뀌면 언제 돌변하여 배신의 칼날을 들이 댈지 모릅니다. 당신은 이미 권력의 중심에 들어섰으니 부디 붕당(朋黨)에 휩쓸리지 않도록 조심하십시오."

"나는 오로지 두 가지 일밖에 알지 못합니다. 첫째는 올바른 상벌로써 군주의 명을 받들고 또 하나는 사사로운 이익을 위하여 공과 사를 어지럽게 하지 않을 뿐입니다."

---

79) 알사자라고도 하며, 3품 정도의 벼슬

이렇듯 온달의 대답은 단호하기만 했다.

그리고 모든 공무를 처리함에 신중을 기하여 몇 번이고 되살펴 보았으며 한 치라도 편중됨이 없도록 하였다. 그래서 아무리 높은 권문세족의 청이라고 하여도 사리에 어긋나면 오히려 큰 벌을 내리는 데 주저하지 않았다.

온달의 휘하에 노윤이란 자가 있었는데 그는 대로 노무태(盧武泰)의 아들이었다. 마침 북성(北城)의 현무문을 지키는 수문장이 병이 들어 물러나자 노윤이 그 자리를 탐내었다.

현무문 수문장은 금위군 소속이었으므로 온달이 임명할 수 있었다. 그렇지만 온달의 엄격함을 두려워하여 감히 청하지 못했는데 하루는 그 아비와 상의하고 온달의 집을 찾아와 황금 백 냥을 놓고 갔다.

온달이 이 사실을 알고 하인에게 돌려보냈는데 노무태는 뇌물이 적어서 거절당한 것으로 오해했다. 며칠 후 백 냥을 더 보태어 온달에게 직접 찾아갔다.

"조그만 정성이니 받아 주길 바라오."

온달이 정색을 하고 대꾸했다.

"그대에게는 이것이 보물로 보일지 모르지만 내게는 한낱 돌덩이에 지나지 않소. 나라의 중신이 되어 어찌 이따위 것으로 매관매직을 하려 한단 말씀이오."

좌우의 군사를 시켜 잡아들이게 하였다. 평강공주가 이 사실을 알고 온달을 타일렀다.

"맑은 물에는 고기가 없고 윗사람이 되어 너무 살피면 따르는 무리가 없게 됩니다.[80]"

"대왕께서 불초한 나에게 벼슬을 맡기실 때 올바른 법과 정의로운 판단을 하라고 하셨습니다. 나는 그러한 대왕의 당부를 한시라도 잊은 적이 없습니다. 그러므로 법을 집행할 때에는 오로지 옳고 그름만 따질 뿐입니다. 지금으로서는 노무태의 죄상를 낱낱이 밝혀 대왕의 법이 공명정대함을 알리는 것이야 말로 신하의 참된 도리라고 생각합니다."

온달이 뜻을 굽히지 않자 공주가 다시 말을 이었다.

"경도(經道)와 정법(正法)은 비록 올바른 길이지만 세상사는 얽히고 설킨 바가 많아 때로는 권도(權道)나 변법(變法)도 필요합니다. 그래서 현명한 자는 강물이 흐리면 발을 씻고, 강물이 맑으면 갓끈을 씻는다 하였습니다. 매사에 지나치게 엄한 것은 좋지 못합니다. 이 점을 부디 유념하십시오."

공주의 간곡한 권고는 마침내 온달의 마음을 흔들어 그날 저녁에 노무태 부자를 풀어주었다.

하지만 노무태는 이 사실을 부끄럽게 여기기는커녕 도리어 온달을 헐뜯고 돌아다녔다.

"온달이 거만하여 우리 귀족들을 업신여긴다. 뇌물이 적으면 받지 아니하고 군사의 모든 일은 제 맘대로 처리한다."

대로(對盧) 소실경우(小室憬偶)는 고구려 건국공신인 묵거(默居)의 자손으로 무골(武骨)의 후손인 중실(仲室)씨와 재사(再思)의 후손인 극(克)씨와 더불어 대대로 명문거족으로 행세하였으며 배산 전투에서는 온달의 직속상관으로 유군을 지휘한 장수이기도 했다.

---

80) 水至淸則無魚하고 人至察則無徒를 말함.

이 소문을 듣고 분개하였다.

"나라에는 지엄한 국법이 있거늘 신하된 자가 군주의 눈과 귀를 가리고 군주의 승인도 없이 마음대로 명령을 내리는 것은 있을 수 없는 일이다. 온달이 아무리 공이 크고 또 부마라고 하더라도 자기보다 벼슬이 높은 대신을 함부로 잡아 가둘 수는 없는 법이다. 내 그를 만나면 단단히 따질 것이다."

이렇게 온달을 비판하고 나서자 그때까지 눈치만 살피고 있던 권문세족들도 덩달아 온달을 성토하고 나섰다.

강이식이 분통을 터뜨렸다.

"세상에서 진실을 알지도 못하면서 함부로 억측을 늘어놓거나 모함하는 것은 살인의 죄와도 같습니다. 소실 노인네가 망령되이 진실을 알지도 못하면서 함부로 입을 놀리고 다니니 용서해서는 안 됩니다. 명령을 내리시면 당장 잡아오겠습니다."

소실경우의 인품을 잘 알고 있던 온달은 아무렇지도 않은 듯 말했다.

"소실대인은 의로운 분이다. 잠시 다른 사람의 요언에 현혹되었을 뿐이니 굳이 시비를 가려 치욕을 당하게 할 수는 없다."

하인 하나가 이 말을 소실경우에게 전했다. 소실경우는 무언가 잘못된 줄 알았다. 사람을 시켜 노무태의 일을 소상히 알아본 후 크게 탄식하였다.

"늙은이가 경망하게도 충직한 대신을 무고하였으니 어떻게 얼굴을 들고 다닐 수 있겠는가. 마땅히 부형청죄(負荊請罪)[81]를 본받으리라."

---

81) 전국시대 조나라 소왕(昭王) 때 염파는 재상 인상여와 사이가 나빴으나 자신의 잘못을 뉘우치고 웃옷을 벗고 가시나무를 짊어지고 가서 죄를 청한 일. 문경지교(刎頸之交)의 고사와 관련된 일.

곧장 온달의 집을 찾아가 마당에 거적을 깔고 무릎을 꿇고 사과하였다. 온달이 깜짝 놀라 맨발로 달려 나와 일으켰다.

"어서 일어나십시오. 대인이나 저는 오로지 대왕을 받들고 국법을 올바르게 지키고자 하는 마음에서 말과 행동을 취했을 뿐입니다. 어찌 사사로운 감정이 있겠습니까?"

"나라의 법이란 먹줄이 굽지 않는 것과 같아서 잘못이 있다면 왕자라도 용서해서는 안 되고, 선행을 했다면 필부라도 빠뜨려서는 안 된다고 하였습니다. 그런 연고로 법 앞에는 지자(智者)도 이유(理由)를 붙일 수 없고 용자(勇者)도 감히 다툴 수 없는 것입니다.

노무태는 나라의 중책을 맡고 있으면서 뇌물로써 벼슬을 구하려 했을 뿐더러 요사스런 말을 꾸며내어 충성스런 신하를 모함하였으니 그의 죄상을 좌시해서는 안 됩니다."

그 길로 왕에게 상주하여 노무태 부자의 죄를 따지도록 권했으나 이번에는 온달이 반대했다.

"형벌로써 얽매면 사람들이 흩어지고, 작은 원한을 용서하지 않으면 큰 원망이 생긴다 하였습니다. 소장은 큰 공도 없으면서 벼슬과 영화를 차지하여 남들의 부러움을 한 몸에 받았는데 사소한 비방이야 어찌 없을 수 있겠습니까. 이는 모두 소장이 부덕한 탓이라 더욱 근신하고 조심해야 할 따름입니다."

겸손한 온달의 말을 듣자 소실경우는 더욱 감복하였다.

"내가 오늘 기린(麒麟)[82]을 만났구나."

그 이후로 두 사람은 막역지우(莫逆之友)가 되었다.

---

82) 신령스런 짐승으로 영웅호걸을 말함.

그러나 세상에 비밀이란 없는 법이었다. 온달과 소실경우의 이야기는 사람들의 입과 입을 통해서 소문이 퍼졌고 결국 평원왕의 귀에도 들어가게 되었다.

왕이 대노하여 노무태의 부자를 잡아들여 금부(禁府)에 가둔 뒤 친히 국문하여 죄를 물었다. 온달이 왕을 찾아가 사면을 청했지만 왕이 대답했다.

"그대는 전에 태자에게 이르기를 삼수(三守)를 지켜 두 자루의 칼을 놓지 말라고 간하지 않았던가? 짐은 개가 호랑이의 이빨과 발톱을 사용하도록 두고 보지 않겠다."

노무태와 노윤 부자를 북성(北城) 밖으로 끌어내어 허리를 잘라 죽이는 요참형(腰斬刑)에 처하였다. 이 사건이 있고 난 후 온달에 대한 왕의 신임은 더욱 깊어졌고 그 명성은 온 나라에 떨쳤다.

한편, 구사일생으로 목숨을 구하여 돌아간 주 무제는 쫓길 때 생긴 상처와 울화병이 겹쳐서 병석에 누웠다. 아무리 생각해도 분하고 원통한 마음을 금할 수 없었다.

눈을 떠도, 눈을 감아도 사방에서 고구려 군사들의 함성이 쏟아지는 것 같고 어디선지 복병이 불쑥 튀어나올 것 같은 환상에도 시달렸다.

몸은 날로 여위어지고 밤마다 환청과 악몽에 시달렸다. 전국에서 유명한 의사를 불러 병을 치료하게 하였으나 백약(百藥)이 무효(無效)였다.

젊은 시절 주 무제 우문옹은 유명한 불교 폐지론자였다. 그의 아버지 우문태(宇文泰)는 무천진의 군벌 출신으로 북위의 효문제(孝明帝)

원수와 서위의 폐황제(廢皇帝) 원흠을 죽이고 권력을 조카인 우문호(宇文護)에게 물려주었는데, 우문호는 다시 서위의 공제(恭帝) 원곽을 폐위하여 죽이고 우문태의 장자이자 자신의 사촌동생인 효민황제(孝閔皇帝) 우문각을 내세워 후주(後周)를 건국하였다.

그렇지만 우문각과 사이가 나빠지자 우문각을 죽이고 그 동생인 명황제 우문육을 세웠으나 또 살해하고 막내인 무제 우문옹에게 왕위를 넘겼다.

영특한 무제는 형들과는 달랐다. 12년 동안이나 우문호가 제멋대로 하더라도 오히려 그를 공대하여 안심시켰다가 결국 기회를 잡아 친히 죽였다.

포악했던 우문호도 자신의 죄는 알았다. 생전에 죽어서 지옥의 형벌을 두려워하여 불교를 크게 장려했다. 그래서 불교가 크게 융성하여 전국에는 4만 개가 넘는 사원이 거리마다 늘어섰고 승려들도 3백만 명이나 되어 길거리에 넘쳐났다.

동위(東魏)에서도 권신 고양(高洋)이 꼭두각시 황제인 효정제(孝靜帝)에게 선양받아 북제(北齊)를 세웠다. 7년 뒤에 서위에서 물려받은 북주가 서자, 북주와 북제는 황하를 사이에 두고 앙숙이 되었다.

북제는 풍족한 경제력을 바탕으로 돌궐과 연합하여 거란을 물리치고 북주 군사를 여러 번 격퇴하였다. 그래서 북주의 군사들은 겨울이 되면 꽁꽁 얼어붙은 황하를 건너 북제의 군사들이 쳐들어오지 않을까 두려워하여 매일같이 황하로 나아가 얼음을 깰 지경이었다.

무제가 우문호를 죽이고 실권을 장악하자 장빈(張賓)과 위원숭(衛元嵩)이 건의를 올렸다.

"양(梁)이 망한 것은 불교가 너무 성행한 탓입니다. 나라가 번성하려면 불교를 폐지해야 합니다."

양무제 소연(蕭衍)[83]은 남제(南齊)말 방탕한 화제(和帝)를 폐하고 양(梁)을 세운 인물로 50년 동안이나 훌륭하게 다스렸다. 그렇지만 치세 후반에는 정사에 뜻을 잃고 불교에 심취하여 불심천자라 일컫고 재위 중에 스스로 승려가 되어 동태사(同太寺)에 네 번 투신하기도 하였다.

이런 와중에 동위(東魏)에서 망명 온 야심만만한 후경(後景)이 반란을 일으키고 건강을 함락한 뒤 양무제를 시해하였다.

이후 양은 나라가 크게 흔들려 마침내 진패선(陳覇先)에게 멸망당하고 말았다.

장빈과 위원숭은 양무제의 고사를 들어 불교폐지를 주장하였다. 이에 국방력 강화를 원했던 주 무제는 이 건의를 받아 들여 승려 오백 명을 모아놓고 선포했다.

"모든 사원을 폐지하고 승려를 환속시키며 또한 사원에 속한 토지를 모두 국가로 반환하게 하라."

청천벽력 같은 명령에 모두 할 말을 잊었으나 고승인 혜승법사가 홀로 무제에게 간했다.

"불교 폐지를 주장하는 사람은 죽으면 무간지옥에 떨어져 영겁의 고통에서도 헤어나지 못합니다."

무제는 혈기 넘치는 젊은 황제였다. 태연하게 미소를 지으며 대답했다.

"백성들이 편안해진다면 나 한 사람쯤 지옥에 떨어지는 일은 개의

83) 양무제

하지 않겠소."

무제의 명령은 시행되었고 결국 모든 승려들을 환속시켜 군대에 입대시켰다. 그뿐 아니었다. 변경에 있는 군벌 세력들은 저마다 세력을 가지고 있었는데 이들을 재편성하여 중앙집권적인 군사조직을 강화하였다.

막강해진 주의 군대는 항상 핍박을 받던 북제를 공격하여 하음(河陰)과 여양(呂梁)에서 크게 승리를 거두었다.

견디지 못한 북제는 토욕혼에 사신을 보내어 구원을 요청했는데 무제가 이를 알았다.

"내통하는 자들에게는 반드시 본보기를 보여야 한다."

선제공격을 단행하여 이듬해 2월에 토욕혼까지 정벌하였다.

연전연승을 거듭한 무제는 기어이 북제를 멸하려 하였다. 하지만 마침 그 해에 큰 가뭄이 들어 흉년이 들었는데 일부 신하들은 하늘의 뜻이 아니라고 하면서 전역을 파하자고 건의했다.

하지만 젊은 황제의 생각은 달랐다.

"화살은 이미 떠났다. 시작한 전쟁은 끝을 보아야 한다."

기어이 군사를 동원하여 북제까지 정벌하였다.

그렇지만 그의 운수는 이미 끝났다. 승승장구하던 무제는 고구려 원정까지 결행하였지만 배산 전투에서 대패하여 위신이 크게 손상당하고 또 몸에 병까지 얻고 말았다.

정신적으로나 육체적으로나 그의 괴로움은 이루 말할 수 없었다. 문제의 황후였던 주명경후[84]가 간곡하게 권하여 법회(法會)를 열고자 하였으나 불교가 폐지된 북주에서는 마땅히 고승을 구할 방법이 없었다.

---

84) 독고신의 첫째 딸로 북주문제의 황후임.

더욱이 당시 불교계에서는 무제는 야차(夜叉)와 같은 임금으로 묘사되었기 때문에 누구 하나 왕을 위하여 염불을 외워 줄 고승이 없었다.

그때 성 남쪽에 밝은 빛이 피어올라 사흘 동안 그치지 않았다. 사람들이 몰려가 보니 남루한 차림의 한 중이 기도를 올리고 있는 중이었다.

마침 그곳을 찾아간 대신이 기이하게 여겨 왕을 위하여 정근기도(精勤祈禱)를 청하자 중이 웃으며 말했다.

"모든 것은 마음에서 비롯되는 것일 뿐이다. 마음을 다스리지 못하고 어찌 육신의 평안을 구하랴."

말을 마치자 홀연 사라지니 간곳을 알 수 없었다. 이에 사람들은 모두 보살의 화신이라 하였는데 주명경후가 이곳에 불소(佛所)를 짓고, 승도(僧徒) 3백 인을 모아 약사정근(藥師精勤)을 행했다.

이때 무제는 왕관을 벗어서 약사의 상에 바치고, 스스로 향을 태우고 팔뚝에 불을 살랐는데 새벽에 이르러서야 파하였다. 따로 제왕 우문헌은 1백 인의 관리를 거느리고 서쪽 평원에 연수도량을 베풀고, 조왕 우문초는 남쪽 언덕에 장막을 짓고 수륙재를 베풀었는데, 주명경후가 그 자리에 또 절을 세우고 기도를 올리자 무제의 병환은 차도가 있었다.

몸이 완쾌되자 무제는 신하들에게 물었다.

"우리나라는 고구려보다 다섯 배나 넘는 땅과 군사를 가지고 있다. 그러고도 패한 것은 무슨 연유인가?"

무제의 장인이자 대장군으로 배산에 호위했던 양견이 무제의 비위를 맞추었다.

"한고조 유방은 초패왕과 더불어 백 번 싸워 백번 패하였으나 해하

(垓下)에서 한 번 승리하여 천하를 얻었으니 폐하께서는 결코 낙담하실 일이 아닙니다. 우리에게는 폐하의 명령만 기다리는 수십만 정병이 있습니다. 신에게 석 달만 여유를 주신다면 다시 병장기를 정비하고 군사를 조련하여 반드시 평양성을 짓밟아버리겠습니다."

위지형은 뜻이 충직하고 지혜로운 인물이었다. 양견이 사사로이 무제를 부추겨 무리하게 전쟁을 일으키려 하는 것을 간파하고 있었기 때문에 표를 올려 말렸다.

"잘 모르면서 말하는 것은 무지(無知)라 하옵고 알면서도 말하지 않는 것은 불충(不忠)이라 합니다. 이 두 가지를 범하는 자는 마땅히 중벌로 다스려 나라의 법을 바로 세워야 합니다.

신은 일찍이 제(齊)를 정벌하자고 주장하였는데 그것은 제왕(齊王) 항(恒)이 어리석고 혼미하여 민심을 잃었음을 알았기 때문입니다.

그러하나 고구려는 단군의 후예로 역사가 오래되고 훌륭한 인재들이 기라성 같이 많아 동방의 강자로 군림하여 왔습니다. 그러므로 옛날 중원의 많은 패자들이 무수히 공격하였으나 한 번도 성공한 나라가 없었던 것입니다.

우리의 군사가 많다고 하나 제와 토욕혼 등과 수차례나 큰 전쟁을 치러 쉬지 못했는데 다시 고구려와 전쟁을 치루었으니 처음부터 이 전쟁은 무리한 일이었습니다.

부디 간언컨대, 초심으로 돌아가 각종 부역을 없애고 백성들을 편안하게 하며 나라의 재정을 튼튼하게 하는 일이야 말로 진정 나라를 부강하게 하는 근본임을 알아주시기 바랍니다."

이렇게 반대하고 나섰기 때문에 이후로 양견과는 돌이킬 수 없는 앙숙이 되었다.

무제도 위지형의 말이 옳다고 판단했다. 그의 머리에는 시퍼런 창날을 곤두세우고 야차와 같이 뒤쫓아 오던 온달의 모습을 지울 수가 없었다.

계곡 아래로 기면서 풀숲 사이로 숨어 달아나던 비참한 순간들이 주마등처럼 떠올랐다. 악몽의 순간을 잊으려는 듯 잠시 고개를 흔들더니 위지형에게 다시 물었다.

"우리가 비록 화해의 뜻을 가지고 있지만 고구려왕이 응하려 하지 않는다면 어떻게 하리오."

"고구려의 재상(宰相)인 대대로 고유란 자는 속마음은 독사(毒蛇)와 같으나 입은 비단 같아 다른 사람을 설득하는데 천재적인 소질을 가지고 있다고 합니다. 신이 듣건대 고유는 처음부터 우리에게 화친을 구걸하자고 주장했던 인물이어서 그 자를 이용하면 됩니다."

"고유가 과연 이번에도 우리 편을 들어주리라 생각하오?"

"뇌물은 입은 닫게 하지만 마음은 열게 합니다. 푸짐한 뇌물을 보낸다면 방법은 반드시 생기게 됩니다."

이에 무제가 밀사에게 천금을 보내자 고유의 입이 함박 만하게 벌어졌다.

긴히 밀사를 불러,

"귀국에서 먼저 화친 사절을 보내시오. 그러면 뒷일은 내가 처리하리다."

이렇게 약속을 하였다.

그 해 가을 주 무제가 준마 열 필과 여러 가지 패옥과 비단을 수레

에 가득 싣고 화친의 사신을 보냈다.[85]

배산 전투에서 입은 상처 때문에 병석에 누워있던 을반이 이 소식을 듣고 분통을 터뜨렸다. 가족들의 반대에도 불구하고 떨리는 손으로 상소를 썼다.

"현명한 군주는 나라의 중요한 정사를 처리할 때에는 명분을 으뜸으로 합니다. 명분이 정당하면 천하의 지사들이 함께 달려와 뜻을 같이하고 옳지 못하면 만백성이 등을 돌려 마침내 나라가 위태롭게 됩니다. 그러므로 길이 아닌 곳은 가서는 아니 되고 의롭지 못한 물건은 받아서는 안 되는 것입니다.

주는 본시 오랑캐로서 신의나 의리 따위는 없는 족속들입니다. 지금은 저들이 일시 궁지에 처하여 화친을 청하고 있으나 다시 군사력을 기르게 되면 언제라도 태도를 돌변하여 우리의 변방을 노략질할 것입니다.

악은 근본부터 확실하게 없애야 합니다. 당장 사신들을 끌어내어 저자 한가운데서 목을 베고 변방의 군사들을 무장시켜 폐하의 위엄을 보이신다면 저들이 두려워하여 더 이상 넘보지 못할 것입니다."

뜻밖에도 을반의 상소가 올라오자 고유가 당황했다. 즉시 을반의 상소에 반대하는 표를 올렸다.

"신(臣) 고유 엎드려 성총(聖聰)을 기대하면서 삼가 글을 올립니다.

---

85) 삼국사기 평원왕 19년 조에는 고구려가 주에 조공하자 주의 고조가 '開府儀同三司大將軍 遼東郡 開國公 高句麗王'이라 봉하였다하나, 이는 소위 春秋筆法으로 믿을 수 없다. 평원왕 18년 10월에 주가 제의 산서성 평양을 쳤고, 이듬해인 평원왕 19년 정월, 제의 後主溫公이 죽고 幼主가 즉위하자마자 주는 제를 멸망시켰다. 삼국사기 열전과 동사강목에서 나오는 배산 전투는 제 멸망 직후 평원왕 19년 2월로서, 전쟁에서 승리한 고구려가 오히려 주에 조공을 보내고, 주가 고구려에 큰 벼슬을 내렸다는 것은 있을 수 없다. 오히려 반대일 것이다.

지난번에 올린 을반 대장군의 표문은 충정에서 우러나온 것이라 깊이 새겨들을 만합니다.

하지만 작은 충성은 오히려 큰 충성의 적이라 하였으니 이 말을 명심하지 않을 수 없습니다. 병서에도 역으로 순을 칠 수 없다 하였는데 이것은 작은 나라로 큰 나라를 쳐서는 안 된다는 것입니다.

주가 비록 패하여 물러갔으나 우리보다 몇 배나 큰 영토와 인구를 가지고 있습니다. 그런데다 우리는 이번 전쟁 때문에 많은 백성들이 죽거나 다쳐 농사일에도 지장이 많습니다. 그리고 국고도 이미 바닥이 나서 장안성(長安城)[86] 공사도 무기한으로 연기되고 있는 판국입니다.

이러한 형편에서 두 나라가 다시 전쟁을 벌인다면 결국에는 모두 패망의 길로 들어서게 될 것입니다. 탐욕과 고집은 망국의 원인입니다. 마침 저들이 제 발로 찾아 들어와 화친을 청하니 가까이 불러 위로하고 돌려보내어 폐하의 덕을 만천하에 보이심이 옳습니다."

전쟁과 화친을 주장하는 두 대신이 서로 다투자 조정 대신들의 의견도 나뉘어졌다.

하지만 많은 대신들은 늙고 병든 을반보다는 대대로 고유의 눈치를 살폈다. 모두가 고유의 뜻에 따라 전쟁을 반대하고 나서자 서부살이 연자유가 분연히 표를 올렸다.

"기회는 하늘이 만들고 뜻은 사람이 이룬다고 합니다. 우리나라는 추모성제께서 나라를 세우신 후 열성조(列聖祖)의 성덕에 힘입어 요동은 물론이고 광활한 요서의 대륙까지 모두 통치하게 되었습니다.

---

86) 양원왕 8년에 장안성을 짓기 시작하여 평원왕 28년에 천도함.

하지만 남쪽에 있는 백잔[87]과 매금[88]의 무리가 끊임없이 우리의 변방을 괴롭히는 동안에 요서의 넓은 땅을 잃어버리고 말았으니 참으로 통한하지 않을 수 없습니다.

다행스럽게도 폐하의 위엄이 사해에 미치고 성스러운 덕화가 만백성에 이르러 우리의 군사들이 주의 대군을 물리치고 명실 공히 패자가 되었습니다.

마침 주가 제를 멸하여 제의 백성들은 원한을 잊지 못하고 있습니다. 이러한 시기에 제의 원수를 갚는다는 명분을 내세워 대병(大兵)을 일으키시고, 안으로는 아직도 제에 남아 있는 의로운 구신(舊臣)들로 하여금 돕게 한다면 주를 멸하고 천하를 얻을 것입니다."

연자유의 말은 왕의 마음을 움직였다. 병부에 명을 내려 군사를 모으게 하였는데 감찰을 관리하던 관리가 말했다.

"신이 조사해 보니 서부살이 관할 아래 있는 많은 창고의 곡식들이 태반이나 부족합니다. 아무래도 누군가가 빼돌린 것이 분명합니다."

고유의 무리들이 벌떼처럼 일어나 이 일을 따지고 들었다.

"서부살이는 아마도 전쟁을 핑계로 엄청난 곡식을 거두어들여서 부족한 식량을 메우려 하는 것입니다."

일이 엉뚱하게 돌아가서 대대적인 감찰이 시작되었고 전쟁문제는 자연히 흐지부지하게 되었다.

그렇지만 조사 결과는 허망하게도 주와의 전쟁으로 인해 많은 곡식을 징발하였기 때문에 곡식이 없어진 것으로 드러났다. 분노한 연자

---

87) 백제를 말함.
88) 신라를 말함.

유가 책임자를 처벌할 것을 요구하자 조정이 매우 시끄러웠다.

평원왕이 연자유와 중신들을 다독거렸다.

"지금은 주의 사신이 와서 짐의 뜻을 기다리고 있다. 처리해야할 국사가 산더미 같은데 나라의 중신들이 서로 다투고만 있을 수는 없다. 이번 사신의 일이 나에게 생각이 있으니 경들은 이번 사건에 대해서 더 이상 거론하지 말라."

고전을 응접사(應接使)로 임명하여 주의 사신을 접대하도록 하고 또 연자유에게는 각 부의 군사들을 점검하고 전쟁준비에 만전을 기하도록 하였다.

이러한 모순된 결정을 두고 신하들은 왕의 의중을 알지 못하여 어리둥절하였다.

태자 원이 연유를 묻자 왕이 대답했다.

"군주란 모름지기 자신의 속내를 비쳐서는 아니 된다. 신하들이 군주의 마음을 알게 되면 모두다 거기에 맞추어 겉치레에만 힘쓰기 때문이다. 그래서 군주란 조용히 없는 것처럼 있어야 하고, 파악할 수 없어야 한다. 이것이 곧 현군의 상법(常法)이다."

한편 주와 화친하기로 이미 밀약을 맺은 대대로 고유는 걱정이 태산 같았다. 그를 따르는 귀족들을 모아 놓고 말했다.

"대왕께서는 화친과 전쟁의 양단을 쥐고 저울질하고 있음이 분명하다. 자칫 잘못 판단하여 전쟁을 일으킨다면 우리들만 크게 낭패를 볼 것이다."

고성부가 의아히 여겨 물었다.

"이웃에 강한 적이 있는 것은 좋지 못한 일입니다. 미리 쳐서 후환을 없애는 것도 좋을 것입니다. 지금은 제를 구원한다는 대의명분도 있으니 오히려 잘된 일이 아닙니까?"

그도 권문세족 출신이었기 때문에 고유와 자주 어울렸으나 배산 전투에서 온달의 도움으로 목숨을 구한 적이 있어 신군부세력에도 매우 호의적이었다. 그래서 화친만 주장하는 고유가 썩 마음에 들지 않았던 것이다. 제 딴에는 제법 그럴 듯한 이유를 들어 반박한 것이었다.

고유가 어이없다는 표정으로 답했다.

"참으로 답답하시오. 주와 싸운다면 어떻게 되겠소. 이긴다고 해도 우리에겐 아무런 이득이 없을 것이며, 진다고 하면 엄청난 어려움에 처하게 될 것인데 그래도 전쟁을 하자고 우긴단 말씀이오?"

모여 있던 중신들이 웅성거리며 되물었다.

"엄청난 곤경에 처한다니 당체 그게 무슨 말씀입니까?"

고유가 침을 한 번 꿀꺽 삼키고는 말을 이었다.

"생각들 해 보시오. 징집령이 떨어지면 전쟁에 필요한 대부분의 군사들과 막대한 군량과 물품은 누가 감당하게 되겠소? 결국은 각 부에서 차출하게 될 것이니 그 부담은 고스란히 우리의 몫이 될 것이요.

따라서 전쟁에서 진다면 우리들은 군사도 잃고 창고도 텅텅 비게 되어 날개 부러진 독수리 꼴보다 더 처량하게 되고 말 것이 분명하오."

좌중에 있던 누군가가 말했다.

"이번 전쟁은 우리에게도 승산이 있습니다. 만약 승리하게 된다면 많은 땅은 물론이요 노예를 비롯하여 여러 가지 진귀한 전리품들도 얻을 수 있지 않습니까?"

"얼핏 생각하면 그럴 수도 있습니다. 하지만 단언컨대 이번 전쟁에서 승리한다고 하더라도 우리들에게는 아무런 이득이 없을 것이오."

"이득이 없다니, 그게 무슨 말씀이시오?"

고유는 혀를 끌끌 찼다.

"허허, 원 참. 전쟁에서 승리하면 그 공이 과연 우리에게 돌아온다
고 생각하시오?"

"……."

좌중은 잠시 침묵이 흘렀다. 고유는 작심한 듯 마음속에 있던 말을
모두 털어놓았다.

"승리의 영광과 전리품은 직접 전투에 참가하는 자들이 차지하게
될 것임은 불 보듯 뻔한 일이오. 결과적으로 우리는 모든 군비와 군사
를 대주고 공은 온달을 위시한 신흥 무부(武夫)들이 차지하게 될 것이
니 재주는 곰이 부리고 재물은 엉뚱한 자들이 챙기는 형국이 됩니다.

내 말을 믿기 어렵거든 옛날 호태왕 시절을 생각해 보시오. 요서를
정벌한 후 대왕은 천하에 위명을 날리고 자신의 권력을 크게 강화하
였기 때문에 오히려 우리와 같은 귀족들에게는 크나큰 시련이었음을
잊어서는 안 될 것이요."

고유의 말을 듣자 중신들의 낯빛이 변했다.

옛날 광개토대왕이 후연(後燕)을 정벌한 뒤[89] 논공행상을 할 적에
오래도록 내려오던 구 귀족들의 세습을 폐하였다.

그리고 전쟁공신들에게 벼슬을 모두 내리어 중앙의 요직은 물론이
요 지방에 있는 욕살이나 처려근지의 임면(任免)마저도 대왕의 뜻대
로 하였다. 그래서 대왕의 눈 밖에 난 귀족들은 아비의 직위를 세습하

---

89) 영락 17년(407)

지 못한 적이 많았다.

이후로 장수왕과 문자왕 때까지 절대 왕권이 확립되어 귀족들의 세력은 크게 꺾이게 되었다. 오부에 속한 귀족들뿐만 아니라 지방에 있는 재향 권문세가의 자손들도 그때의 일을 통한스럽게 여겼다. 묵묵히 듣고 있던 해구가 나섰다.

"주와 전쟁을 할 것인지 화친을 할 것인지 그 열쇠는 온달이 쥐고 있다고 봅니다. 하지만 온달은 아직 입장을 나타내지 않고 있습니다. 미루어 보건데 그는 반드시 전쟁을 하자고 나설 것인데 그렇게 되면 일이 매우 어렵게 되지 않겠습니까?"

고유가 의미심장하게 웃었다.

"염려 마시오. 내가 이미 생각해 둔 것이 있으니 대인들께서는 두고 보시면 됩니다."

말을 마치고 모든 사람들을 물리쳤다.

그날 밤 달빛이 밝았다.

삼경이 지난 영빈관은 적막 속에 잠들었다. 군데군데 피워 놓은 화톳불 사이로 이따금 파수 보는 군사들이 딱따기를 두드리며 간혹 왔다 갔다 할 뿐이었다.

그때 고요한 밤하늘을 찢는 외침이 들렸다.

"잡아라!"

"자객이다."

서너 명의 검은 그림자가 후원을 스쳐 지나갔다. 발걸음 소리가 어지러이 울리면서 왁자지껄한 군사들의 고함 소리가 사방에서 들렸다.

영빈관을 지키던 고전은 잠결에 깜짝 놀라 갑옷도 걸치지 못하고 달려 나갔다.

"놓치지 말라. 반드시 사로잡아야 한다."

호통을 치면서 부하들을 재촉하였으나 자객들은 이미 자취를 감추어 흔적도 찾을 수 없었다.

다음날 평원왕이 이 보고를 받고 대노하였다.

"철저히 조사하여 반드시 범인을 색출토록 하라."

엄명을 내리고 배후를 찾았으나 도무지 알 수가 없었다. 해구가 슬그머니 참소를 올렸다.

"이번 사건은 필시 사악한 무리들이 사신을 해하여 일부러 분쟁을 일으키려는 수작이 분명합니다."

평원왕도 그런 생각을 가지고 있었지만 물증이 없는 터라 누구를 딱히 의심할 수 없는 처지였다. 그저 고개만 끄덕일 따름이요 아무런 조치를 취하지 않았다.

고유가 이런 눈치를 채고 다시 상소를 올렸다.

"신하로서 당파를 맺으며 어짊과 지혜로움을 가리고, 임금의 밝음에 장애가 되고, 강한 힘으로 약한 자를 괴롭히며 백성들의 생업을 상하게 하는 자는 예로부터 육적(六賊)의 하나로 경계하여 왔습니다.

교활하고 간악한 무리가 군주를 속이고 이웃나라의 사신을 해하여 장차 나라에 병화(兵火)를 불러들이려 하니 이것은 큰 근심이 아닐 수 없습니다.

그렇지만 이것은 우리의 잘못도 있습니다. 한편으로 사신을 접대하여 묶어두고 한편으로는 군사를 모으게 하니 일부 신하들이 사사로운 자기의 뜻을 이루기 위하여 온갖 모략을 일삼고 있는 것입니다. 그러 므로 지금이라도 화친과 전쟁의 태도를 분명히 하셔야 합니다.

아무리 명분이 뚜렷한 전쟁이라도 보잘 것 없는 평화보다 못하다고 합니다. 어리석은 신의 생각으로는 한시라도 빨리 사신을 불러 화친 을 허락하시고 더 이상 다른 불상사가 일어나지 않게 해야 합니다.”

사신 암살 사건이 일어난 이후로 조정의 분위기는 살얼음판처럼 조 심스러웠기 때문에 누구 하나 나서는 자도 없었다.

평원왕은 마침내 화친을 결심하고 백관들을 소집하여 미리 준비한 교서를 내렸다.

“하늘은 사시(四時)를 낳고 땅은 만물(萬物)을 기른다. 천하에는 백 성이 있으며 어진 성인이 상도(常道)로써 이를 다스린다면 천하가 태 평스러워지는 것이다.

인군(人君)에게는 세 가지 보배가 있으니 이것은 농업과 공업과 상 업이다. 따라서 백성들이 전쟁의 근심을 잊고 생업에 종사할 수 있다 면 능히 나라를 지키고 부강케 하는 것이다.

그래서 성군은 국사를 처리함에 백성들을 보살필 때는 갓난아기를 돌보듯이 하였으며 백성이 좋아하는 것을 좋아하고 즐거워하는 것을 즐기는 것이다.

그러므로 나라를 다스릴 때에는 백성들에게 위로는 조상을 섬기고 아래로는 부부간에 화목하고 자식을 돌볼 수 있게 하는 것보다 중요 한 것이 없다고 한 것이다.

전쟁이란 백성들을 죽음의 구렁텅이로 몰아넣게 되는 일이라 피치 못할 사정이 아니라면 차마 하지 못할 일이다. 다행히 주(周)가 스스로 화친을 청하여 평화를 구하니 이는 나라와 백성들의 복락이다. 짐은 이를 허락하여 백성들을 편안하게 하리라."

주의 사신을 궁으로 불러들인 후 조촐한 잔치를 베풀어 위로하고 화친을 허락하였다.

그때 대장군 을반은 점점 병이 깊어 일어나지 못했는데 이 소식을 들었다.

"참으로 안타까운 일이로다."

하늘을 우러러 탄식하고 붓을 들어 상소를 올렸다.

"신(臣) 우길은 폐하의 성총(聖聰)에 기대어 글을 올립니다.

큰 재주도 없는 신이 전쟁에 나아가 별다른 공도 세우지 못하였으나 폐하께서는 오히려 두터이 여기시어 은덕을 베풀어 주셨습니다. 그래서 일신(一身)에 과분한 부귀와 영광을 누리게 되었으니 한편으로는 두렵고 송구하기 짝이 없습니다.

신은 전일 전쟁에서 입은 상처가 깊어 목숨이 얼마 남지 않았습니다. 죽음을 눈앞에 둔 자가 무슨 사심이 있겠습니까. 감히 죄를 입을 각오로 한 말씀 드리고자 합니다.

돌이켜 보건데 중국은 우리 서쪽에서 항상 위협이 되어 왔습니다. 그래서 신은 자주 저들을 경계하고 또 정벌할 것을 청하였으나 천기(天氣)를 얻지 못하고 좌우 대신들을 뜻에 따르지 못하여 폐하의 의로운 덕망에 누만 끼쳤을 뿐입니다.

살펴보면 지금 중국대륙의 북쪽에 있는 주는 국력이 피폐하여 어지럽고, 남쪽에 있는 진왕도 늙고 무능하여 나라가 혼란스러우니 조만

간에 큰 변란이 있을 것입니다. 그렇게 되면 우리의 국경도 무사하지 못할 것이니 반드시 이에 대비하셔야 합니다.

다행히 온달 장군은 덕망과 지혜를 갖추고 무예와 병법이 뛰어나 만군을 지휘할 수 있는 훌륭한 장수입니다. 군사를 맡겨 훈련하게 한다면 그 어떤 환란도 능히 대비할 수 있을 것입니다.

또 서부욕살 연자유는 인물됨이 신실하고 지혜로워 그에게 난하를 지키게 한다면 국경이 편안해질 것입니다.

신은 이제 더 폐하를 모실 수 없으니 다만 안타까울 뿐입니다. 평생을 전장에서 누빈 몸이라 문장이 거칠고 잡되어 신의 뜻이 그대로 전해지지 못할까 두려울 따름입니다. 부디 통찰해 주시옵소서."

마음에서 우러나는 간곡한 을반의 글을 받자 왕은 눈물을 흘렸다. 어의를 보내어 약을 내리고 간호하게 하였다.

꽃잎이 분분히 날리는 화창한 봄날이었다. 한성 상부에서 사람이 와서 왕에게 아뢰었다.

"대인께서 돌아가셨습니다."

참으로 강직했던 신하였다. 노구(老軀)를 불구하고 험한 전쟁터를 누비면서 목숨을 아끼지 않았던 용장이었으며, 일에 있어서는 자신의 소신을 굽히지 않았던 지사이기도 했다.

그의 부고를 받자 왕이 크게 슬퍼하고 친히 글을 내려 조문하였다. 그리고 벼슬을 대대로로 추증하고, 재물을 보내어 성대하게 장례를 치르게 하였다.

을반이 죽고 나자 많은 대신들은 을반이 차지했던 대장군 자리를 놓고 암투가 심했다. 태자가 평원왕에게 추천했다.

"온달이야말로 가장 적임자입니다."

"온달의 충성심과 용맹은 짐이 모르는 바는 아니나 태대사자를 제수한 지 얼마 되지 아니하여 또다시 대장군을 더한다면 중신들의 반대가 심하지 않을까?"

"어질고 성스러운 임금은 친하고 가깝다는 이유로 벼슬을 주지 아니하며 그 재주와 능력에 따라 벼슬을 맡긴다고 합니다. 옛날 진(秦)나라 목공(穆公)은 노예였던 백리해(百里奚)의 현명함을 전해 듣고, 더불어 사흘 동안 문답을 주고받은 뒤 재상에 임명하였고, 한왕(漢王) 유방(劉邦)은 한낱 집극랑에 불과했던 한신(韓信)을 대장군으로 등용함으로써 두 왕은 모두 패업(霸業)을 이룰 수 있었습니다.

을반이 임종에 이르러 온달을 천거한 것도 바로 이러한 이유와 같습니다. 지난날 대왕께서 온달을 태대사자로 임명하신 것은 부마로서가 아니라 그의 능력을 인정하신 것입니다. 누가 감히 무슨 말을 하겠습니까."

왕이 기뻐하고 다음날 아침 온달에게 네 마리가 이끄는 수레와 모(旄)[90]를 하사하고 한성 상부의 막리지로 임명하고 대장군으로 승진시켰다.

군권을 쥐게 된 온달은 군대의 개혁을 서둘렀다. 전국의 이름난 장인들을 모아 기존에 있던 여러 가지 무기들을 개량하고 또 새로운 무기들을 개발하는 한편 군대의 조직도 개혁하여 기병의 수를 늘리고 궁병을 강화했다.

그리고 무술과 재능이 뛰어난 자는 신분의 귀천을 가리지 않고 모두

---

90) 긴 털을 가진 소꼬리로 장식을 깃대를 장식한 깃발로 대부를 의미함.

뽑아 별군을 조직했다. 그들에게는 보통 사람으로서는 상상도 할 수 없을 만큼 혹독한 훈련을 시켰지만 모두 조의 벼슬을 내리고 녹봉을 일반 군사들의 두 배를 주었기 때문에 지원자가 그치지 않았다.

온달은 항상 강조했다.

"훈련의 땀 한 방울은 전쟁의 피 한 방울과 같다."

이렇게 말하고 매일 아침 서른 근이 넘는 바위를 짊어지고 산야를 달리게 했으며 검술과 창술 등에서도 최고의 전사로 길러내어 일당백의 용맹을 지니게 하였다.

고구려에서는 궁술을 중히 여겼는데 온달 역시 궁병 양성에 힘을 쏟았다.

뛰어난 장인들을 모아 종래의 활을 개량하여 양궁의 제조창을 크게 늘리고 연발 쇠뇌를 대량으로 만들었으며 군사들에게는 매일 30순씩 쏘게 했다.

이때 훈련된 교관이 곁에 따라다니면서 맹호방등(猛虎方騰)과 봉시욕투(封矢欲鬪)[91]의 자세로 품속에서 달을 토하듯 화살을 수평으로[92] 쏘게 하며, 또 달리는 말위에서도 백보 밖에 있는 표적을 백발백중으로 맞출 때까지 쉬지 않게 하였다.

훈련이 있을 때면 온달은 언제나 별군의 선두에서 지휘하였으며 식사와 잠자리도 병사들과 똑 같이 하였다.

5월이 되어 분주한 농번기가 끝나가고 날이 따뜻해져오자 왕이 국

---

91) 활을 쏠 때의 자세.
92) 활을 쏠 때 회중토월(懷中吐月)과 현상현형(絃上懸衡)의 모양새를 일컬음.

중대회(國中大會)[93]를 개최하였다.

국중대회란 고구려 전통적 국가행사로써 5월 파종(播種)이나 10월 농사가 끝날 무렵에 나라에 큰 잔치를 베풀어 귀신에게 제사지내고 사냥대회를 비롯하여 각종 행사를 하며, 무리를 지어 노래와 춤판을 벌이고 음식을 먹고 술을 마셨는데 밤낮으로 쉬지 않는 국가적 축제였다.

이때 온달은 북성(北城) 밖에서 대규모 군사훈련을 실시하였는데 왕은 친히 문무대신을 비롯하여 비빈들과 궁녀들까지 거느리고 습진과 무예시범을 시찰하였다.

구름 한 점 없이 맑고 화창한 오월의 하늘 위에는 오색 깃발이 휘날리며 북과 피리소리가 사방에 진동했다.

하얀 천으로 성첩(城堞) 모양을 만들어 휘장으로 둘러놓은 각군의 진영에는 별군에 속한 여러 군사들이 배치되어 있었다. 왕이 홀을 들어 신호를 보내자 고각 소리가 섞어 치며 하늘을 찔렀다.

때맞추어 붉은 갑옷을 입은 장수가 대장기를 앞세우고 백마에 높이 올라 장군단(將軍壇) 아래로 나오자 뒤따르는 기병들이 비(鼙)[94]를 치면서 따라 나왔다.

각종 금고(金鼓) 소리가 울리고 각 군 대장이 명을 내리면 그 옆에 있던 기수가 휘(麾)를 움직였다. 이때 휘의 방향에 따라 좌점(左點)하면 직진(直陣)을 만들고, 우점(右點)하면 방진(方陣), 전점(前點)하면 예진(銳陣), 후점(後點)하면 곡진(曲盡)을 만드는 등 깃발을 흔들 때마다 여러 가지 진형이 바뀌는데 군사들이 일어서고, 앉고, 나아가고,

---

93) 常以五月下種訖 祭鬼神 群聚歌舞 飮酒晝夜無休.. 중략.. 十月農功畢 亦復如之
94) 말을 달리면서 치는 작은 북

물러섬이 마치 한 사람의 움직임과 같아 한 치의 빈틈이 없었다.

또한 공격을 할 때는 미륵창을 든 중무장한 창기병들이 달려 나가 단숨에 적진의 목책을 깨뜨리고, 수비를 할 때에는 중군을 가운데 배치하고 전후좌우에 큰 방패를 든 팽배수를 엄중하게 세워두어 한 치의 빈틈이 없었다.

뒤이어 궁수들의 훈련이 시작되자 형형색색의 깃발을 든 장교의 지시 아래 수백 명의 보사병(步射兵)들은 교대로 돌아가면서 활을 쏘는데 끊임이 없었다. 또한 용맹한 기사병(騎射兵)들은 달리는 말위에서도 백 보 밖에 세워 놓은 과녁을 백발백중으로 쏘아 맞추었다.

습진의 마지막은 유격전이었다.

수많은 군사들이 여러 패로 나뉘어 이합집산을 거듭하며 절도 있게 움직이면서 수십 가지 형상으로 변화했다. 이때 모든 군사들이 갖가지 무기들로 뛰어난 무예 솜씨를 뽐내었는데 특히 기창세와 보창세의 위용은 천하에 둘도 없는 장관이었다.

"둥, 둥, 둥, 둥."

북과 피리소리가 하루 종일 요란하게 울렸고 모든 훈련이 끝날 무렵에는 모두 다 자리에서 일어나 우레와 같은 박수를 보냈다. 기합소리는 천지를 진동하고 창칼 부딪치는 소리들은 귓가에 쟁쟁했다.

저녁이 되어 이윽고 습진이 모두 끝나자 왕이 장수들의 노고를 크게 치하했다. 이때 온달에게는 안마(鞍馬)[95]를 하사하고 나머지 장수와 군사들에게도 품계에 따라 각각 비단과 곡식을 내렸다.

---

95) 안장과 말

고구려 강역도

제 4 장

수의 건국

수왕 양견(楊堅)은 서위(西魏)의 대사공(大司公)이자 북주 시대에는 수국공(隨國公)으로 봉해진 양충(楊忠)의 아들로 15세에 차기대장군(車騎大將軍)이 되고 현공(縣公)으로 봉해졌다. 아버지 양충이 죽자 그 작위를 이어 수국공이 되었고 장녀를 주무제의 황태자에게 출가시켜 선제의 장인이 되었다.

그는 홍농(弘農)의 화음(華陰)[96] 출신으로 스스로 후한(後漢) 태위(太衛) 양진(楊珍)의 14세손이라 칭했다. 서위 말년 양견의 나이 16세 때 선비족(鮮卑族) 독고신(獨孤信)의 딸인 14살 난 독고가라와 결혼했다.

양견이 성장했던 북주(北周)는 몽고지방의 무천진 군벌 출신인 8주국(柱國), 12대장군(大將軍), 24개부(開府)가 있어 모든 정치권력을 장악하고 있었는데 그들은 장안(長安)으로 중심으로 관롱(關隴)[97] 일대에 자리 잡아 서위와 북주, 수, 당의 4개 왕조에 걸쳐 최상위 지배층이 되었다.

주국(柱國)이란 본래 북위 때 이주영이 가진 지위였지만 이주영이 패

---

96) 陝西省 渭南縣
97) 관중과 농서지역을 말함

망한 후 폐지되었는데 동위 시절에 북주의 실질적 시조인 우문태가 만든 부병제의 기초로서 무장(武將)의 최고 지위인 원수(元帥)를 뜻한다.

독고신은 우문태(宇文泰)[98]와 원흔(元欣), 이호(李虎)[99], 이필(李弼)[100], 조귀(趙貴), 어근(於謹), 후막진숭(侯莫陳崇)과 더불어 여덟 명의 주국대장군 중의 한사람이었다.

그는 선비족 출신으로 본명이 여원(如願)이었는데 북주의 운중(雲中)에서 태어났다. 준수한 외모와 말 타고 활쏘기에 능했고 몸에 치장을 하고 꾸미기를 좋아하여 사람들은 그를 일컬어 독고랑(獨孤郞)이라 불렀다.

그는 여섯 명의 아들과 일곱 딸을 두었는데 모두 관직을 했으며 그 딸들은 미모가 출중하여 나중에 북주와 수, 당 3개 왕조 황제의 장인이 되었으니 중국의 모든 역사상 그처럼 위대한 가문을 이룬 사람도 없었다.

첫째 딸은 북주 명제(明帝)[101]인 우문육(宇文毓)의 황후 주명경후였고 넷째 딸은 당국공 이연의 어머니로서 후일 원정황후(元貞皇后)로 추증되었다. 일곱째 딸 독고가라(獨孤伽羅)가 바로 양견의 비 독고문헌황후(文獻皇后)이다.

양견이 결혼할 때 독고가라는 다음과 같이 말했다고 한다.

"만약 그대가 진정 나를 맞으려 한다면 평생 동안 다른 여자에게서 자식을 얻지 말아야 할 것입니다. 이것을 맹세할 수 있다면 결혼하겠

---

98) 북주의 실질적 건국자로 태조 문황제로 추증됨.

99) 당고조 이연의 조부

100) 포산공 이밀의 증조부

101) 북주의 세종

습니다."

물론 양견은 순순히 승낙했고 독고가라와 결혼한 이후로 장인인 독고신의 배경으로 승승장구하여 수주 자사(隨州刺史)가 되었다.

부친 양충이 죽자 그 위를 이어 수국공(隨國公)이 되었고 그의 장녀 여화가 태자였던 우문윤에게 출가하자 표기대장군과 대흥군공을 하사받아 정치적 실권을 잡았다.

그렇지만 북주 명제는 양견의 인물됨을 기이하게 여겨 의심하였다. 뛰어난 관상쟁이를 불러 몰래 관상을 보게 했는데 '훌륭한 장군감은 되지만, 군주의 관상은 아닙니다.'라는 말을 듣고 그를 죽이지 않았다.

양견은 훗날 배산 전투에 종군하여 위험에 빠진 무제를 구하여 신임을 더했다.

고구려 원정에서 실패한 무제는 더욱 군사 훈련에 힘을 쏟았는데 마침 돌궐이 변방에 쳐들어왔다. 대노한 무제는 친히 군사를 거느리고 돌궐 원정을 떠났으나 도중에 질병에 걸려 서른여섯이라는 젊은 나이에 승하하고 말았다.

스무 살에 제위를 물려받은 태자인 선제(宣帝)는 무제의 장남으로 엄격한 교육을 받았다. 무제는 선제가 잘못을 저지르면 가차 없이 지팡이로 때렸는데 무제가 요절하자 선제는 기뻐하며 전에 무제에게 맞았던 지팡이 자국을 어루만지면서 한탄했다.

"황제의 죽음이 너무 늦었다."

선제는 질투심이 많고 어리석은 군주였다. 즉위하자마자 먼저 북제 공략에 공을 세워 명성을 떨치던 제왕(齊王) 헌(憲)을 숙청한 후에 무제의 옛 신하들을 숙청했다.

"이제야 내가 발을 뻗고 잘 수가 있다."

평소 눈엣가시처럼 여기던 신하들이 모두 제거되자 정사는 물리치고 대규모 궁전을 축조하며 사치와 환락을 즐겼다. 주색에 빠진 선제는 스스로 천원황제라 칭하며 천원황후(天元皇帝), 천황후(天皇后), 천우황후(天右皇后), 천좌황후(天左皇后), 천중대황후(天中大皇后)의 5명의 황후를 두었고 그 외에도 빈과 후궁들은 헤아릴 수가 없었다.

또 매일같이 연회를 열어 수백 명의 궁녀들과 음탕한 놀이를 즐겼는데 이때 마음에 드는 여자들은 닥치는 대로 범하는 등 그 간란(姦亂)함이 말할 수 없었다.

무절제와 방탕의 끝은 치명적인 질병이 되어 돌아왔다. 그렇지만 아무리 후회를 해 보아도 돌이킬 수 없는 일이었다. 이때부터 선제의 의심증은 더욱 심해졌는데 그런 와중에 양견은 외척의 지위로 대전의(大前疑)라는 최고 관직에 올랐다.

장인인 양견을 의심한 선제가 하루는 황후에게 욕설을 퍼붓고 모욕을 주었다. 그리고 시위하는 무사들에게 말했다.

"양견이 궁으로 들어올 때 분노하는 기색을 보이면 즉시 주살하라"

그러나 양견은 아무런 일도 없었다는 듯 공손한 태도를 잃지 않았기 때문에 목숨을 구할 수 있었다. 선제는 그래도 믿기지 않아서 갑자기 지방관으로 내치려 했다. 양견은 자신을 추방하려는 뜻을 간파하고 병을 핑계로 나가지 않았다.

이때 선제는 양견을 죽이려고 하였으나 독고신의 첫째 딸로서 세종의 황후였던 주명경후와 천원황후의 덕택으로 목숨을 건졌다.

선비족의 혈통을 지녔던 양견은 문화적으로 열등의식에 사로잡혀 있었기 때문에 한족 출신의 대신(大臣)인 정역(鄭譯)과 유방(劉昉)과 함께 어울리기를 좋아했다.

유방은 간사스럽고 음흉한 인물이었다. 양견을 자주 부추겨 야심을 부채질했다.

"황제는 병이 깊어 국사를 담당할 수 없습니다. 태자[102]에게 선양하시고 대사마께서 섭정을 하시는 것이 어떻습니까."

"황제의 주위에는 범 같은 황족들과 아직도 충직하고 강경한 신하들도 있다. 어찌 함부로 선양을 입에 담겠는가?"

"이런 일에 적합한 인물이 있습니다."

양견이 솔깃하여 물었다.

"마음에 집어둔 사람이 있는가."

"이덕림(李德林)은 산동(山東) 출신으로 휘하에 무리가 많고 관서지방의 사대부들에게 매우 영향력이 있습니다. 그를 이용한다면 뜻을 이룰 수 있을 것입니다."

이른바 차도살인지계(借刀殺人之計)를 쓰자는 것이었다. 평소에 야심이 큰 양견이 기뻐하고 허락하자 유방과 정역 등은 이덕림을 찾아 회유했다. 그러자 이덕림은 양견을 주인으로 섬길 것을 약속하고 그 자리에서 무릎을 꿇었다.

"신(臣)은 목숨을 바쳐 명을 받들 것입니다."

신이라 칭하고 충성을 맹세했다.

이덕림은 그 무리들과 함께 선양을 주장했고 병약해진 선제는 제위(帝位)에 오른 지 8개월이 채 못 되어 7살 난 어린 아이에 불과한 아

---

102) 우문천, 정제를 말함.

들 우문연(宇文衍)에게 제위를 물려주었다.[103]

외손인 정제(靜帝)가 등극하자 양견(楊堅)은 물 만난 고기와 같았다. 승상부를 설치하여 스스로 보정(輔政)이 되어 조정의 모든 권세를 휘어잡았으니 그 행차나 거동이 황제와 같았다.

정역을 승상부의 장사(長史)로 유방은 사마(司馬)로 삼았으며 대외적으로는 남방의 진(陳)을 견제하여 전략 요충지인 동관(潼關)을 공략하였고, 대내적으로는 총지중외병마사(總知中外兵馬事)가 되어 군권을 장악하고, 스스로 구석(九錫)[104]을 가하였으며 그 아비 양충(楊忠)이 받은 수국공(隨國公)을 높여 상국(相國)[105] 수왕(隨王)이 되었다.

양견에게 결정적인 기회가 돌아왔다. 신주자사(申州刺史) 이혜(李慧)와 황족 소국공(邵國公) 우문주(宇文胄)가 반란을 일으킨 것이었다. 대장군이 되어 이들을 토벌한 양견은 군권마저 장악했는데 때마침 시름시름 앓고 있던 선제마저 죽어 더 이상 거칠 것이 없어졌다.

그렇지만 주의 황실에서도 충신이 모두 사라진 것은 아니었다. 선제가 죽자 명제의 아들인 조왕(趙王) 우문초(宇文招)를 비롯한 다섯 친왕(親王)들이 뭉쳐 양견의 황위를 찬탈하려 한다고 의심하여 제거하려 하였다.

하루는 조왕이 양견을 초대하여 자신의 침실로 불러들이고는 그를 따라온 부하들은 건물 밖에 있도록 했다. 이때 양견의 심복인 원주는 양견의 곁을 떠나지 않고 침실 방문 앞에 버티고 있었다.

---

103) 580년 5월
104) 천자가 공이 큰 제후에게 내리는 9가지 물품으로 거마(車 馬), 의복, 악칙(樂則), 주호(朱戶), 납폐(納陛), 호분(虎賁), 궁시(弓矢), 부월(鈇鉞), 울창주(鬱鬯酒)이다.
105) 최고의 벼슬인 대사마(大司馬)를 말함.

조왕은 양견이 술에 거나하게 취하자 차고 있던 칼을 빼어 참외를 찍어 양견의 입에 넣어주었는데 원주는 조왕이 살기를 품고 있음을 직감했다. 즉시 침실로 들어가 양견에게 말했다.

"승상부에 일이 생겨 오래 머룰 수 없을 듯합니다."

조왕이 버럭 화를 냈다.

"내가 승상과 긴한 말을 하고 있거늘 네놈이 어찌 감히 참견하고 나서느냐?"

원주도 물러서지 않았다. 성난 눈을 부라리며 가까이 다가서서 여차하면 칼이라도 빼들 심산이었다. 상황이 이상하게 되자 조왕이 억지로 너털웃음을 웃으며 말했다.

"허허허, 참으로 기개 있는 장사로다."

이렇게 칭찬하면서 상으로 술 한 잔을 내렸다. 그러나 원주가 술잔을 받지 않고 말했다.

"나는 승상의 호위를 맡은 사람입니다. 지금은 근무 중이어서 술잔을 받을 수 없습니다."

조왕이 물었다.

"내게 무슨 악의가 있다고 그렇게 의심을 하는가?"

그러나 원주가 대답을 하지 않았다. 그때 조왕은 갑자기 속이 메스껍다며 자리를 피하려 했다. 조왕의 속셈을 뻔히 알아차린 원주는 가만히 있지 않았다.

"만약 누구든 자리에서 움직인다면 나의 칼이 가만히 있지 않을 것입니다."

이에 조왕이 목이 마르다며 물을 떠오라고 해도 원주는 꿈쩍도 하지 않았다.

마침 그때 다른 황숙이 또 한 명 도착해서 조왕이 맞으러 나가자 원주가 양견에게 귀엣말로 속삭였다.

"아무래도 심상치 않습니다. 어서 이곳을 벗어나야 합니다."

술에 취한 양견은 이성을 잃은 상태였다.

"수하에 병사들도 없는 조왕이 우리를 어떻게 하겠느냐?"

"그렇긴 하지만 일단 저들이 먼저 손을 쓰면 우리는 살아남기 힘듭니다. 저 하나쯤이야 죽는 것은 아무것도 아니지만 승상께서 화를 당하시면 안 됩니다."

그래도 양견은 대수롭지 않게 여겨 다시 자리에 앉았다. 바로 그때, 조왕의 사랑채 쪽에서 창검소리가 들렸다. 위급함을 느낀 원주가 큰 소리로 외쳤다.

"승상부에 급한 일이 있다는데 대인께서는 끝까지 앉아 계실 참입니까?"

그리고는 양견을 일으켜 문밖으로 떠밀었다. 조왕도 급히 자리에서 일어나 따라 나오자, 원주가 침실 문을 막고 버티다가 양견이 서둘러 대문을 나선 다음에야 자리를 떴다.

양견은 훗날 수를 건국하고 황제에 등극하자 원주에게 일등공신을 내리면서 말했다.

"그때 그대가 내 목숨을 구해주지 않았다면 오늘날 수나라는 없을 것이다."

양견의 암살에 실패한 조왕은 그때까지 주 황실에 충성을 바치고 있던 상주총관(相州總管) 위지형(尉遲迥)[106]과 함께 양견을 제거할 모의를 꾸몄다.

위지형은 우문태 누이의 아들로 서위 문제의 딸을 아내로 삼았으며 위지부 출신으로 촉(蜀) 토벌에 공을 세운 명장이었다. 북제의 땅에 웅거하여 반란을 일으키자 양견에게는 가장 큰 걱정거리가 되었다.

이때 유방이 말했다.

"다섯 친왕은 각각 직할군을 거느리고 있어 그 세력이 막강합니다. 특히 조왕의 휘하에는 범 같은 군사들이 많은데 위지형과 합세한다면 큰일이 아닐 수 없습니다. 빨리 손을 써서 후환을 없애버려야 합니다."

정역이 꾀를 내어 말했다.

"호랑이는 호랑이로 대적하면 됩니다. 지금 친왕들과 위지형이 모두 합세한다고 해도 독고 가문의 세력에는 당하기 어려울 것입니다. 이들을 서로 싸우게 만들 수 있다면 그들 중 누가 죽더라도 우리에게는 유리할 것입니다."

당시 독고가문은 문제의 비(妃)인 주명경후를 중심으로 조정의 요직은 물론이요 대부분의 변방 군사권을 쥐고 있어 세력이 막강했다.

그러므로 이른바 이호경식지계(二虎競食之計)로써 옛날 조조가 유비와 여포를 모두 경계하여 유비를 서주목(徐州牧)으로 임명한 뒤 여포를 제거하라는 밀서를 내린 것과 같이 다섯 친왕들과 독고가문을 서로 싸우게 하여 그들 중의 세력 하나를 꺾어버리자는 것이었다.

말인즉 구구절절이 옳은 소리였으나 문제는 독고가문을 어떻게 움

---

106) 河南安陽

직이느냐가 문제였다. 양견이 침통하게 말했다.

"주명경후께서 과연 우리 편을 들어주실까?"

이번에는 이덕림이 참견하고 나섰다.

"대부인(大夫人)이 있지 않습니까? 대부인께서 도우신다면 주명경후마마의 마음을 얻는 일은 그리 어렵지 않을 것입니다."

양견의 처인 독고가라는 독고신의 일곱째 딸로서 주명경후에게는 막내 동생으로 총애를 받았다. 그렇지만 양견으로서도 무슨 수로 자신의 아내인 독고가라를 설득할지 아무런 생각이 나지 않았다. 이덕림과 머리를 맞대고 생각해낸 결과 마침내 한 가지 계책을 짜 내었다.

그날 저녁 집으로 돌아간 양견은 병을 핑계로 두문불출하였다. 걱정이 된 독고가라가 양견에게 이유를 묻자 양견은 눈물을 흘리면서 말했다.

"나는 죽을 고비를 무수히 넘겼건만 이번에는 아무래도 버티지 못할 것 같소."

"대체 무슨 일입니까?"

독고가라가 대경하여 묻자 양견은 내심 쾌재를 불렀다. 하지만 겉으로는 수심을 가득 띄우고 말했다.

"옛날 장인어른께서는 권신의 핍박을 견디지 못해 자결하고 말았소. 이제 조왕을 비롯한 다섯 친왕들이 나를 미워하여 위지형 등과 모의하고 죽이고자 하니 자칫 멸문지화를 면키 어렵게 되었소. 당신과 우리 아이들만이라도 무사하기를 바란다면 스스로 목숨을 끊는 길 뿐이요."

양견의 연극은 대성공이었다. 독고가라의 아버지 독고신은 처음에 갈영(葛榮)의 휘하에서 장수로 있었으나 후에 북위에 의탁하여 어양왕 원사주를 생포하고 명성을 날린 인물이다.

우문태의 아들 우문각이 북주를 세우자 국구(國舅)[107]가 되었는데 당시의 실권자였던 우문태의 조카인 우문호의 핍박을 받아 마침내 목을 매어 자살했다.

아버지에 대한 뼈아픈 기억을 가지고 있던 독고가라는 양견의 말을 듣고 크게 놀랐다. 즉시 북주 명제의 황후이자 큰 언니인 주명경후를 찾아가 울면서 매달렸다.

주명경후는 독고가라의 말을 그대로 믿지는 않았지만 그렇다고 모르는 체 할 수도 없는 노릇이었다. 조왕을 비롯하여 다섯 친왕들을 번갈아 장안(長安)으로 불러 들여서 그들과 위지형(尉遲迴)과의 연락이 닿지 않게 차단해 버렸다.

다급해진 위지형은 다섯 친왕 중 가장 세력이 컸던 조왕에게 몰래 사람을 보내어,

"영악한 양견이 주명경후 마마를 움직여 우리들의 전략을 방해하고 있는 것입니다. 이대로 있다가는 오히려 당하고 맙니다. 바깥에서는 내가 군사를 일으킬 것이니 왕야께서는 안에서 내응하시기 바랍니다.'

이렇게 고했지만 조왕은 막상 군사를 일으킬만한 용기는 없는 인물이었다. 다만 양견의 간사함을 폭로하고 독고가문의 도움을 얻으려 하였지만 주명경후의 눈치를 살피고 있던 독고씨의 사람들은 누구도 조왕을 위해 군사를 움직이려 하지 않았다.

조왕마저 등을 돌려 군사를 내지 않자 위지형은 망망대해에 떠 있는 외로운 배와 같은 신세가 되었다. 이에 힘을 얻은 양견은 정역과 유방

---

107) 황제의 장인

을 장군으로 삼아 토벌하게 하였다.

그런데 정역과 유방은 위지형을 몹시 두려워했다. 병을 핑계로 출전을 거절하자 하약필(賀若弼)이 참소했다.

"검은 천에 붉은 색을 덧칠하기는 어려운 법입니다. 정역이나 유방은 전조(前朝)의 총신이었으나 폐하께 귀부하여 높은 벼슬을 얻었습니다. 이런 무리들은 철새와 같아서 자신의 이익에 따라 언제든지 변심하여 등 뒤에 칼을 꽂을 수 있다는 것을 유념해야 합니다."

"그대의 말이 정녕 옳다."

양견이 즉시 정역과 유방을 해임하고 명망이 높았던 상주총관 위효관(韋孝寬)을 대장군으로 임명했다.

그러나 위효관은 나이가 많았기 때문에 왕의(王誼)와 량예(梁睿) 등을 부장으로 삼아 위지형을 진압하게 하였는데 이때 고경도 종군을 자청하여 양견의 총애를 받게 되었다.

위효관이 수만 대군을 이끌고 위지형의 근거지인 업(鄴)으로 진군하자 위지형은 하늘을 향해 부르짖었다.

"친왕이 다섯이나 있으면서도 아무도 일어서지 않으니 이 나라는 곧 망하게 될 것이다."

옛날 주 무제에게 하사받은 보검으로 스스로 목을 찔러 자결했다.

운주총관((隕州總管)[108] 사마소난(司馬消難)은 그 아내가 북제의 공주였지만 오히려 북주를 섬겨 북제를 정벌하는데 앞장섰고 그 딸은 북주 정제의 황후가 되었다.

7월에 위지형과 호응하여 함께 난을 일으켰으나 위지형이 자결하여

---

108) 호북안육(湖北安陸)

사태가 불리해지자 남조인 진(陳)으로 달아났고, 다음 달인 8월에는 익주총관(益州總管)[109] 왕겸(王謙)이 뒤늦게 촉 땅에서 반란을 일으켰다.

양견은 량예와 왕의를 장군으로 임명하여 3개월에 걸친 전쟁 끝에 마침내 왕겸을 잡아 죽였다.

천하의 운은 양견에게로 돌아오고 있었다.

반란의 진압에 가장 큰 공을 세웠던 위효관이 72세의 나이로 죽자 더 이상 양견의 적수가 될 장수는 없었다. 더구나 주황실의 마지막 버팀목이었던 주명경후마저 병환으로 서거하자 주황실을 받들 사람이 없었다.

12월 3일. 양견은 팔주국보다 높은 수왕(隨王)이 되어 20군(郡)을 영토로 삼았고 안으로는 상국(相國)이 되어 모든 권력을 오로지 하였다. 이때 검을 차고 전(殿)에 오르는 것이 허용되었고 다음 대에 황제가 되는 예식을 모두 갖추었지만 두 번 사양하고 수국만을 받아들였다.

간사한 이덕림이 양견을 부추겼다.

"오랑캐 선비족인 우문가(宇文哥)[110]는 천운을 다했습니다. 이제는 대왕께서 구정(九鼎)을 받들 때입니다."

노골적으로 정제를 없애고 제위를 찬탈하라는 권고였다.

불감청(不敢請)이언정 고소원(固所願)이라, 얼마나 바라던 일이었던가?

그렇지만 양견이 꺼림칙하게 여기는 것이 있었다. 그것은 어제까지

---

109) 사천(四川)
110) 주 왕실을 말함.

의 우군이었던 처족인 독고씨의 움직임 때문이었다. 독고가문은 곳곳에 요직을 차지하고 있어 막강한 세력을 거머쥐고 있었기 때문에 그들의 허락이나 묵인 없이는 결코 반정을 성공할 수 없었기 때문이었다.

특히 현금(現今) 황제인 정제는 자신의 외손이지만, 독고씨에게도 외손이었기 때문에 아내조차 어떻게 나올지 모르는 일이었다. 독고씨의 눈치를 살피며 날을 보내고 있었다.

환관 하나가 양견의 뜻을 알고 이 사실을 독고가라에게 일러바쳤다. 그러나 독고가라는 오히려 반기는 기색이었다. 그녀 역시 황실의 외척보다는 실질적인 지배자가 되기를 원했던 것이었다.

환관을 통해 가만히 전갈을 보냈다.

"나랏일이 이미 이렇게 되었으니, 당신은 맹수의 등에 올라탄 것과 같습니다. 내릴 수 없으니 반드시 해야 합니다."[111]

독고가라의 밀서를 받은 양견은 거리낄 것이 없었다.

581년 평원왕 23년 2월. 13일 갑자일(甲子日)에 자신의 외손인 어린 정제(靜帝)를 폐하고 선양(禪讓)의 형식을 빌려 나라를 빼앗으니 이때 양견의 나이 마흔 하나였다.

양견은 제(帝)를 칭한 뒤 수왕(隨王)의 이름을 계승하여 국호를 수(隨)라 정하려 하였다.

그때 한 신하가 말했다.

"수(隨)자에는 '쉬어갈 착(辵)'이 있습니다. 이것은 본시 뛴다는 뜻이어서 나라가 안정되지 않습니다."

양견도 불길하게 여겨 수(隨)자에서 착(辵)을 떼고 나라 이름을 수

---

111) 大事已然, 騎獸之勢, 必不得下로써 騎虎之勢의 고사가 됨

(隋)로 다시 고치게 하였다.

양견은 불교를 숭상하고 미신을 신봉했다. 그래서 자신이 황제에 오른 것은 하늘의 뜻이라고 선전했고 각 지방에 명을 내려 상서로운 징조를 올리게 했다.

섬서성에 있던 한 방술사가 다음과 같은 글을 지어 바쳤다.

"폐하께서 태어나던 때에 북쪽 하늘에서 바람이 크게 불고, 뱀의 몸을 지닌 사람이 홍농화음(弘農華陰)[112]에 나타났습니다. 사람들이 말하기를 모두 다 복희(伏羲)[113]씨께서 이 세상에 나타날 것이라고 하였는데 이제 폐하께서 황위를 받았으니 복희씨의 현신(現身)이 틀림없습니다. 하늘이 미리 점지한 바는 모두 이와 같습니다."

양견이 이 글을 보고 기뻐하며 비단 스무 필을 하사하자 전국의 방술사들과 아첨하는 선비들이 찬하여 올린 글이 서른 수레나 되었다.

새로 황제가 된 양견은 연호를 개황(開皇)이라 하고 자신의 아버지인 양충(楊忠)를 추존하여 태조(太祖)라 칭하고 시호를 무원황제(武元皇帝)라고 하며 그 어머니 여고도(呂苦桃)는 원명황후(元明皇后)로 봉하였다.

또 5 아들과 3 딸을 모두 왕과 공주로 봉하여 첫째 아들 양용(楊勇)을 황태자로 세우고, 둘째 양광(楊廣)은 진왕(晋王), 셋째 양준(楊俊)은 진왕(秦王), 넷째 양수(楊秀)는 촉왕(蜀王), 다섯째 양량(楊諒)은 한왕(漢王)에 봉했다.

---

112) 양견의 고향

113) 삼황오제의 하나로 동이족으로써 성이 풍(風)으로 수인씨를 대신하여 왕이 되었고 팔괘를 제작하였으며 도교에서는 동방의 천제라고 일컫는다.

북주 선제의 황후였던 장녀 양여화(楊麗華)는 낙평공주(樂平公主), 차녀 양아오(楊阿五)는 난릉공주(蘭陵公主), 3녀는 광평공주(廣平公主)로 삼았다.

당시 북주의 도읍은 지금의 섬서성 정변현(定邊縣)으로 관중평야 한복판에 자리 잡고 있어 고래(古來)로 수많은 왕조가 이 근처에 도읍을 정했던 곳이었다.

이곳은 신석기시대에는 반파(半坡) 마을로서 시작되었고 서주(西周) 왕조는 서북쪽 근교에 있는 주원(周原)에 도읍을 정했다가 서남쪽 호경(鎬京)으로 옮겼다.

한(漢)나라가 혼란해지자 수도를 낙양에서 지금의 시안으로 도읍을 옮기고 수도의 이름은 '자손들이 영원히 평안하기'를 바라는(欲其子孫長安) 마음에서 장안(長安)[114]이라고 하였다.

이후 오호십육국 시대에 들어서서 전진(前趙)과 전진(前秦)이 도읍을 정했고 서위(西魏)와 북주(北周)가 차례로 도읍을 정하여 왕기(王氣)를 떨쳤는데 문제는 북주의 흔적을 지워버리기를 원했다.

개황 2년 유월에 신도(新都)를 장안 근처에 있는 용수원(龍首原)으로 옮기고 고경과 서역에서 귀화한 토목기술자인 우문개(宇門愷)에게 명하여 공사에 더욱 박차를 가하였다.

그리고 북주의 옛 수도인 장안을 헐어버리고 약간 떨어진 곳에 나라가 크게 흥할 것이란 뜻을 담아 '대흥성'(大興城)'을 새로 짓게 하여 이듬해 3월에 완공하였다.

문제는 장안을 건설할 때 도시 계획을 철저하게 세워서 도로는 바

---

114) 지금의 서안(西安)

둑판처럼 정연하게 배치하고 황실의 주거와 관청가를 미리 조성한 다음, 외곽에 성벽을 쌓았던 것이다.

궁성과 황성의 면적은 모두 9.4km2로 전체 장안성 면적의 1/9에 해당되어 주민용 공간이 매우 컸다. 성곽의 길이는 총 37㎞에 달하고 면적은 84㎢나 되는 거대한 도시로 전성기의 인구는 무려 100만에 이르렀다.

시가지는 바둑판 모양으로 이루어져 110개의 방(坊)으로 나누어져 있으며 황성의 남쪽 정문인 주작문(朱雀門)을 중심으로 너비가 150m가 넘는 주작대로가 남북으로 뻗었다. 이를 중심으로 장안 남북의 중심가가 펼쳐지고 동구와 서구로 양분되어 동시(東市)와 서시(西市)라는 시장을 만들었으며 오늘날 경찰청에 해당하는 금오위(金吾衛)를 좌우에 각각 설치하여 민생 치안에 힘을 썼다.

궁성은 황제가 머무는 태극궁(太極宮)을 중심으로 동궁(東宮)과 액정궁(掖庭宮)이 있었다.

장안성은 크게 번창하여 실크로드의 동쪽 끝으로 멀리 서역과 연결되어 있어 서역 상인들의 발걸음이 끝없이 이어졌고 천하의 진기한 보물들이 다 모였다.

게다가 화려한 궁전과 아름다운 자연경관이 어우러져 천하제일경(天下第一景)을 자랑했다. 문제가 기뻐하여 공사를 지휘했던 신하들에게 관작을 더하고 상을 내렸으며 노역에 참가했던 백성들에게도 쌀과 베를 내려 노고를 치하하였다.

문제는 표면적으로 북주의 계승을 내세웠으나 국가통치를 위한 각종 문물제도는 북제의 것을 채택하였다. 하지만 그는 북위(北魏)의 태무제(太武帝)가 한화정책(漢化政策)을 실시하여 거칠고 조잡한 유목민의 정치체제를 완비한 것을 매우 높이 평가했다. 그래서 남조의 양(梁)[115]과 진(陳)[116]의 문물을 도입함으로써 중앙과 지방의 관제를 확립하고 중앙집권 통치체제를 완비하고자 하였다.

중앙에는 최고 관부인 상서(尙書), 문하(門下), 내사(內史), 비서(秘書), 내시(內侍) 5성(省)을 설치했는데 특히 상서성과 문하성에 국정을 총괄하게 하고, 상서성에는 다시 6부를 두어 이부(吏部), 예부(禮部), 병부(兵部), 도관(都官:刑部), 탁부(度部:戶部), 공부(工部)를 두어 각각 그 사무를 관장하게 하였다.

그리고 따로 어사대(御史臺)와 도수대(都水臺)를 두었고, 태상(太常), 광록(光祿), 위위(衛尉), 종정(宗正), 태복(太僕), 대리(大理), 홍로[鴻露], 사농(司農), 대부(大府), 국자(國子), 장작(將作) 등 11시(寺)를 두었다.

지방제도도 개혁하여 주요한 곳만 남기고 불필요한 곳은 모두 제거하여 6세기 후반까지 남아있던 211개 주(州) 508개 군(郡) 1124개 현(縣)을 대폭 정비하였고 자사(刺史), 태수(太守), 영(令) 등 9품 이상의 지방 관리를 중앙에서 임명하였다.

하지만 주와 군은 통치하는 지역의 넓이가 비슷하였으므로 훗날 군을 폐지하고 현을 주에 직속시켜 주현 양급제로 개편하였고 자사(刺史)가 장악하고 있던 병권(兵權)을 빼앗아 지방행정에서 병제를 분리

---

115) 502-557년
116) 578-589년

하여 서위(西魏)[117]의 군사제도인 8주국(柱國), 12대장군(大將軍), 24군(軍)과 징병을 담당하는 96개의 의동부(儀同府)를 고스란히 받아들여 부병제(府兵制)를 만들었으며, 중앙에서 지방의 관리를 직접 파견하여 중앙집권제를 실시했다.

이러한 지방행정기구의 재편은 방만한 운용으로 말미암은 재정의 과다한 지출을 막고 황제의 통치력을 강화할 수 있었다.

문제는 북주의 황족이나 구세력에 대해서는 철저하게 탄압했지만, 백성들에게는 선정을 펼치기 위해 온 힘을 기울였다. 그래서 생산의 근원이 되는 토지제도를 개혁하여. 북위 때부터 시행되어온 균전제를 보완하여 널리 백성들을 이롭게 하였고, 인보제(隣保制)를 받아들여 500가(家)를 향(鄕), 100가(家)를 이(里), 25가를 여(閭), 5가를 보(保)라 하여 각각 장(長)을 두어 다스려서 호구조사를 정확하게 실시하였다.

또한 모열(貌閱)이라는 북주의 제도를 활용하여 백성의 머릿수를 일일이 확인하고 나이 등의 부정신고를 엄중하게 단속하였으며, 이러한 업적에 힘입어 수가 처음 개국할 때에는 4백만 호밖에 되지 않았으나 대업 5년의 조사에서는 890만 7,549호에 인구는 4,601만 9,956명이나 되었는데 이 인구수는 후일 당나라 초기 때보다도 훨씬 많은 숫자였다.

정치의 안정에도 힘을 쏟아 주의 부활을 뿌리째 뽑으려 하였다. 퇴위한 정제는 처음에는 개공(介公)이라 부르고 1만호의 식읍을 주었지

---

117) 535년부터 556년까지 존립

만 3개월 후인 5월에 자객을 보내어 죽여 버렸고, 황족인 우문(宇文) 씨 일가를 숙청할 때 눈에 가시 같던 조왕(趙王)과 다섯 친왕도 모두 죽여서 화근을 완전히 없앴다.

또 그때까지 귀족들끼리 서로 출세의 발판이 되어온 관리임용법을 바꾸어 정실에 좌우되지 않고 개인의 재덕(才德)에 따라 등용할 수 있는 구품관인법(九品官人法)을 실시함으로써 정치제도도 개혁하였다.

11월에는 서위(西魏)의 육조조서(六條詔書)[118]를 기초한 소작(蘇綽) 의 아들 소위(蘇威)로 하여금 개황 율령(開皇律令)을 만들게 하여 가혹한 형벌을 폐지하고 사형에 해당하는 죄는 81개항을 줄이는 등 민심 잡기에 온힘을 쏟았다.

수 문제는 주무제와는 달리 불교를 크게 장려했는데 그에게는 또 이런 고사가 있다. 그의 집 옆에는 절이 있었는데 양견이 태어날 때 여승이 와서 말했다.

"사내아이가 태어났으면 반드시 귀인이 될 것입니다. 하지만 부모의 품을 떠나지 않으면 소년에 비명횡사하게 될 운이오니 소승에게 맡겨주십시오."

당시에는 전염병이 많아 어린 아이가 죽는 일이 허다하였으므로 양충은 어린 양견을 여승에게 맡겼다.

어느 날 여승이 외출할 일이 있어 친어머니를 불러 양견을 맡겼다. 그런데 여승이 출타한 후 얼마 되지 않아 어머니의 품에 안겨있던 양견의 머리에 뿔이 솟아나고 피부에 비늘이 생겨서 마치 용의 형상과 같았다.

---

118) 1조 먼저 마음을 다스려라. 2조 교화를 두텁게 하라. 3조 토지생산력을 높여라. 4조 현량 을 발탁하라. 5조 옥송을 불쌍히 여겨라. 6조 부역을 균등히 하라.

깜짝 놀란 어머니는 아이를 그만 땅에 떨어뜨렸다.

한편 외출했던 여승은 가슴이 두근거리고 이상한 생각이 들어서 가던 길을 멈추고 황급히 절로 돌아왔다. 그런데 아이가 땅바닥에 떨어져 울고 있었다.

여승이 급히 아이를 안아 일으키면서,

"아뿔싸! 우리 아이를 놀라게 해서 천하를 손에 늦는 시기가 늦어졌구나."

매우 안타까워하였다.

양견은 자라면서 그 인상이 다른 사람과 몹시 달랐다. 하루는 한 대신이 주무제에게 간했다.

"저 자는 반드시 모반할 상입니다."

무제는 이 말을 다만 참소로 듣고 말았는데 양견이 이 말을 전해 듣고 크게 두려워하였다. 이후로 자신의 재능을 숨겨 은인자중하였다.

후일에 황제가 된 양견은 부처가 자신을 천하의 황제로 점지했다고 믿었으며 스스로를 전륜성왕(轉輪聖王)[119]에 비기곤 했다. 그리고 자신을 길러준 여승을 기려 각 주(州)마다 대흥국사(大興國寺)를 세웠다.

그리하여 불교를 크게 장려하고 자신도 귀의하였으며, 용문(龍門) 석굴의 약방동본존과 양현보살, 양현나한 등과 산서성(山西省) 태원(太原) 부근의 천룡산(天龍山) 제 8동굴도 만들었다. 또 산동성(山東省) 제남(濟南)의 불곡사(佛谷寺)나 산동성(山東省) 운문산(雲門山) 석굴의 웅장하고 중후한 보살들은 모두 이때 조성된 것이다.

---

119) 금륜, 은륜, 동륜, 철륜으로 구분되며 분열된 나라를 통합하고 평화로운 나라를 건설하는 인도의 이상적 군주

문제는 매우 성실하고 부지런한 정치가였다. 매일 아침 일찍부터 해가 기울 때까지 정사나 법령을 처리하는데 게을리 하지 않았으며 공로가 있는 자는 반드시 상을 내렸다.

또한 자신에게는 검소함을 생활의 신조로 삼아,

"상아 젓가락은 나라를 망치게 한다."

이렇게 말하고 평소에 수라상(水刺床)을 올리는데도 한 가지 요리를 넘지 못하게 하였다.

이런 일도 있었다.

양견이 황제가 된 뒤에 이질이 걸렸는데 약 처방 중에 호분(胡粉)[120] 한 냥이 필요하였다. 그렇지만 궁중을 다 뒤져도 찾을 수가 없었으며, 또 한 번은 실로 짠 옷깃 하나가 필요했는데 역시 찾지 못했다고 한다.

그래서 관리들도 궁중에서 집무를 볼 때에 능기(綾綺)[121]를 입지 못하게 하였으며 오로지 견포(絹布)[122]만 입게 하였고 후궁들은 스스로 빨래를 하게 하였다.

특히 태자인 용에게는 주의를 주어,

"예로부터 제왕이 사치를 즐기면 그 나라는 반드시 오래가지 못하느니라. 너는 이를 명심하여 근검절약하도록 하라."

항상 이렇게 당부하였으며 궁중의 모든 장식품들은 금이나 옥으로 만들지 못하게 하여 구리나 쇠, 짐승의 뼈로 만든 것들뿐이었다.

반면 백성들에게는 매우 관대한 정책을 베풀었다. 농사와 누에치기

---

120) 조가비를 태워서 만든 하얀 가루약
121) 무늬 있는 비단 옷
122) 무늬 없는 비단 옷

를 장려하고 국가에서 꼭 필요한 일이 아니면 백성들을 함부로 부역시키지 못하게 하며 세금을 가볍게 하였다.

만약 이를 어기는 관리가 있으면 가차 없이 처벌하여 그 죄가 크면 사형까지 처하였다. 따라서 감히 백성을 괴롭히는 탐관오리가 없었다.

문제는 항상 강조했다.

"백성들은 짐이 받들어야 할 하늘이다. 모든 제도는 그들이 마음 놓고 편안하게 살 수 있도록 해야 하며 모든 관리들은 이를 시행하는데 몸과 마음을 바쳐야 할 것이다."

그때까지 시행해 오던 농지제도를 바꾸어 균전제를 실시함으로 생산은 늘리고 요역을 감면하여 백성들을 잘 살게 하였으며 화폐와 도량형을 통일하여 편리하게 하였다.

한편 호적을 정리하여 세수에 누락된 인구를 파악하고 권문세족들의 세금을 높게 책정하여 재정수입을 확대하였다.

그래서 재정을 맡은 관리가 다음과 같은 보고서를 올렸다.

"창고라는 창고는 모조리 꽉 들어차 더 이상 곡식과 가죽을 보관할 곳이 없어 복도와 처마 밑에 쌓아놓을 수밖에 없는 형편입니다."

문제가 조서를 내려 창고를 더 짓도록 하였다. 하지만 얼마 지나지 않아서 다시 보고가 올라왔다.

"새로 창고를 지었는데도 곡식과 가죽을 쌓을 곳이 없습니다."

문제가 이렇게 공표하였다.'

"이제 백성들에게 부(富)를 돌려 줄 때다. 금년의 조세는 면제하여 백성들의 생활에 보탬을 주도록 하라."

당시 물자가 얼마나 풍부했는지 나라가 멸망하고 당나라가 들어선

후 20년 동안에도 이때 쌓아 놓았던 피륙을 계속 사용했을 정도였다.

또 수양제가 대운하를 건설하고 온갖 사치와 향락을 즐기며 고구려 원정을 비롯하여 각종 외정을 할 수 있었던 것도 모두가 문제의 선정 때문이었다고 해도 과언이 아니었다.

수(隋)의 국력이 나날이 발전되어가자 문제의 야심도 더욱 커져갔다. 당시 수의 북방에는 강대한 돌궐(突厥)이 버티고 있었고 대륙의 남쪽에는 진(陳)과 후량(後梁)이 서로 세력을 나누어 가지고 있었다. 양견(楊堅)은 항상 지도를 침상 머리맡에 걸어두고 천하 통일의 꿈을 품었다.

하루는 주연을 베풀어 크게 취한 후 신하들의 마음을 떠 보기 위해서 물었다.

"하늘에는 태양이 하나고 땅에는 천자가 하나일 뿐이다. 진(陳)은 그 주가 늙고 무능하여 민심을 잃었으니 이때 한 장수를 보내어 멸함이 어떠한가?"

좌우에 있던 신하들이 아무도 감히 대꾸하지 못했는데 하간왕(河間 王) 양홍(楊弘)이 반대했다.

"인간의 흥망성쇠란 모두 하늘에 달린 것이어서 모든 일은 때가 있는 법입니다. 신의 어리석은 생각으로는 아직은 진을 정벌할 때가 아닙니다.

진주가 비록 늙었다고 하나 백성들을 돌보고 충신들의 간언을 자주 받아들여 나라가 안정되고 변방의 수비가 튼튼합니다.

또한 예로부터 강남은 넓은 곡창지대와 많은 인구를 가지고 있어 군사력이 매우 강했습니다. 옛날 오(吳)나라와 월(越)나라는 오패(五覇)

의 위용을 자랑하였고, 손권은 장강의 험난함에 기대어 조조의 백만 대군을 물리쳤습니다.

진나라 역시 마군(馬軍)과 보군(步軍), 수군(水軍)을 모두 합하면 수십만이 넘는 군사들을 가지고 있으며, 기라성 같이 용감한 장수들도 수천 명에 이른다고 합니다.

특히 진(陳)의 수군은 장강 삼협의 험난한 수로를 지키고 있으니 이를 도강하려면 많은 배가 필요합니다. 성급하게 서두르다가는 오히려 낭패함이 있을 뿐이니 차근차근 준비하여 저들이 스스로 무너지는 때를 보아서 군사를 일으켜야 합니다."

"진이 비록 강하다고 하나 한 줄기 장강에 의지하고 있을 뿐이다. 우리 군사가 하룻밤 사이에 강을 건너기만 하면 건강은 이미 내 수중에 있는 것이나 다름없다."

문제가 반대하자 장손성이 다시 간했다.

"폐하의 말씀은 진실로 옳습니다. 하지만 싸움을 할 때는 후방에 적을 두지 말라고 하였습니다. 돌궐은 그 군사력이 강대한데 항상 우리의 북방을 노략질하고 있습니다.

이들을 먼저 치지 않고 진을 치려한다면 반드시 우리의 후미를 노릴 것입니다. 그렇게 되면 수도가 위험해져 전국을 통일할 수 없을 뿐만 아니라 근본마저 잃게 됩니다. 정녕 진을 정벌하시려면 돌궐부터 먼저 쳐야 합니다."

문제 역시 무장 출신으로 자부심이 대단한 인물이었다. 기껏 마음을 내어 진을 정벌하려하는데 신하들이 계속해서 반대하고 나서자 비위가 틀어졌다. 얼굴에 노여운 빛을 감추지 못하고 쌀쌀하게 대답했다.

"약한 것을 먼저 취하고 강한 것은 나중에 공략하는 것이 병법의 근본이다. 진은 돌궐보다 병력이 약하다 그러므로 짐이 진을 먼저 공략하려는 것이다."

선약후강(先弱後強)의 전략을 택하여 개황 원년 12월에 벌진조(伐陳詔)[123]를 내렸다.

이때 양홍과 장손성도 행군원수로 거론되었지만 문제는 한 번 반대 의견을 낸 그들을 곱게 여기지 않았다. 일부러 그들을 제외하고 고경(高熲)을 행군원수로 삼고 하약필(賀若弼)과 유인은(劉仁恩)을 부장으로 삼았다.

고경의 아버지 고빈(高賓)은 본래 북제의 사람으로 북주에 귀순한 뒤 독고신의 요좌(僚佐)가 되었다. 고경은 북주가 북제를 토벌할 때 공을 세워 승상부의 장사(長史)가 되었고 양견의 명을 받아 위지형을 토벌했다.

후일에 양견이 수를 건국하여 즉위하자 상서좌복야(尚書左僕射)가 되어 납언(納言)도 겸하였다. 이때 문제는 고경에게 독고(獨孤) 성(姓)을 하사하고 항상 '독고공'이라 하며 이름을 부르지 않았다.

진의 정벌군 대장으로 임명되자 자신의 충성과 용맹을 나타내기 위해서 반드시 공을 세울 것을 다짐하였다. 각 군의 부대장들을 모아놓고 엄히 명령을 내렸다.

"내 명령 없이 전선에서 후퇴하는 자는 지위고하를 막론하고 참한다."

군사들을 세 갈래로 나누어 장강(長江)[124]의 상류와 중류, 하류의 세

---

123) 진을 정벌한다는 황제의 조서.

124) 양자강을 가리키는 것으로 진나라와 수나라의 국경이 됨.

갈래로 진격하여 일시에 도강작전을 시도하였다. 그렇지만 그가 미처 생각하지 못한 것이 있었다.

장강 삼협(三峽)의 칠백 리 수로의 양안에는 산이 연이어 있고 암초가 곳곳에 있었다. 그 가운데 협구의 기협은 삼협 중 가장 험한 곳으로 강물이 소리치며 하늘로 튀고, 소용돌이가 사방에 있다. 또한 급류의 강 중심에는 초석이 있는데 방원 이십 장에 높이가 십장이었다.

기협으로 접어든 수군 전함들이 노를 잃고 닻이 부러져서 대부분 난파되었고, 간신히 소용돌이를 피한 수군전함도 장강의 바닥에 깔아놓은 긴 철쇄(鐵鎖)에 의해 모조리 전복되어 고경의 주력군은 철저하게 패하고 말았다.

하약필은 성격이 경박하고 질투심이 많았다. 진의 정벌군 대장을 고경에게 빼앗기자 주위 사람들에게 이렇게 불평을 늘어놓았다.

"강남을 평정하기란 결코 쉬운 일이 아니다. 행여 평정을 했더라도 나중에 하늘의 새가 사라지면 좋은 활이 창고로 들어가는 꼴을 당하지 않으리라는 보장이 있는가?"

그렇지만 부장에 임명되자 곧장 다시 말을 바꾸었다.

"강남 정벌은 피할 수 없는 숙명과도 같은 일이다. 이번 전쟁에서 참된 나의 능력을 보여주겠다."

유인은과 함께 나머지 전함을 거느리고 장강을 건넜지만 진군의 역습을 받아 대부분 군사만 잃고 쫓겨났다.

문제가 선전관을 보내어 계속 전쟁을 독촉하였지만 양광이나 하약필, 유인은 등은 아무런 성과도 얻지 못하고 강가를 헤맬 뿐이었다.

설상가상으로 이때 변방에서 급보가 날아왔다.

"대규모 돌궐 군사들이 장성을 넘어 침략하고 있습니다."

장손성이 우려한 바와 같이 돌궐의 추장 사발략카한(沙鉢略可汗)[125]이 대규모 군사를 거느리고 수의 변경을 공략해 왔던 것이었다.

북방의 초원을 지배하고 있던 돌궐의 기원에 대해서는 구구한 설이 있으나 오르콘 비문이 해석되면서 흉노의 후예라는 것이 정설로 되었다.

흉노족들은 어릴 때부터 무리를 지어 거친 산야를 쏘다니며 유목생활을 하여 말 타기에 능하고 사납고 날래어 중국 북방을 자주 침범하여 노략질하였다.

특히 정예기병들을 중심으로 바람같이 말을 몰아 적진을 뚫는다든지, 활을 쏘면서 달리는 궁기병들은 천하무적이어서 중국 대륙을 통일했던 진시황도 그들의 침략을 두려워하여 만리장성을 쌓아 그들의 침략을 막으려 하였고 한(漢)나라 원제(元帝)는 그 추장에게 미인[126]을 보내어 달래기도 하였다.

돌궐의 선조는 평량(平涼)의 잡호(雜胡)로서 성은 아사나(阿史那)[127]이다. 북위의 태무제가 북량(北涼)의 저거씨(沮渠氏)를 멸할 때 아사나씨 오백여 호가 몽골 초원의 맹주로 군림하고 있던 전조(前趙)의 황제 유연(劉淵)[128]에게 투항하여 금산(金山)[129]에 살면서 대대로 쇠 만

---

125) 사발략카한(沙鉢略可汗)으로 이름은 섭도(攝圖)

126) 昭君出塞의 고사, 호한야선우(呼韓耶單于)에게 왕소군을 주어 보냄.

127) 튀르크어로 늑대라는 뜻.

128) 흉노의 추장으로 西晉의 惠帝 때 八王의 난이 일어나자 산서지방에서 거병하여 前趙를 세웠다. 이후 흉노, 갈, 선비, 저, 강의 五胡의 16왕국이 흥망성쇠를 거듭하여 오호십육국시대가 시작되었다.

129) 알타이산

드는 일을 했다.[130]

돌궐제국을 건설한 사람들 스스로는 '강력하다.' '성대하다'란 뜻으로 '튀르크(Turk)'라고 불렀지만, 중국 측 기록에서는 돌궐족이 모여 사는 금산의 모양이 원추형 투구와 비슷하고 투구는 속어로 '돌궐(突厥)'라 했기 때문에 이를 따라 돌궐이라 하였다.[131]

돌궐족의 시조에 관해서도 다음과 같은 설화가 있다. 몽골 계통의 북방 유목민족들은 낭생설화(狼生說話)를 공유하고 있다.

오랜 옛날에 돌궐인들은 이웃 부족의 공격을 받아 어린 사내아이 하나만 남겨놓고 모두 살해되었다. 이때 암컷 늑대 한 마리가 그에게 젖을 먹이고 고기를 물어다 주어 키웠다. 이 아이가 커서 다른 암늑대와 결혼해 열 명의 아들을 낳았는데 그 중에 막내아들의 이름이 늑대라는 뜻의 아사나(阿史那)였다. 아사나는 바로 돌궐제국 칸의 조상으로 여겨졌고 돌궐의 아문에는 늑대를 그린 깃발을 꽂아 놓았다.

후일에 아사나부민[132]에 이르러 서위와 비단무역을 하고 힘을 길렀는데 고차(高車)가 유연에 반기를 들자 이를 진압하는 공을 세웠다. 부민은 유연의 카한인 아나괴(阿那壞)의 공주와 결혼을 청하였으나 거절당하자 앙심을 품었다.

서위에 복속하여 장락공주(長樂公主)와 결혼한 뒤 도리어 아나괴를 공격하여 자살하게 하여 유연을 멸망시키고 스스로 이리카한(伊利可汗)으로 칭하고[133] 제국의 중심지를 오르혼강 유역의 '외튀켄'으로 정

---

130) 수서 권 84 돌궐열전

131) 원추형 투구를 두무(兜)라고 하는데 이것이 와전되어 '주서'나 '수서'에서 돌궐로 표기했다는 설

132) 토문카한(土文可汗)

133) 이리는 '일릭'의 한자표기로 '나라를 건설한 사람'이라는 뜻 '가한'은 '칸'으로 '군주'라는 뜻.

하여 돌궐제국을 건국하였다.

남북조 시대의 북조는 대부분 유목 민족이었는데 그들은 이방의 왕실과 통혼을 했다. 당시 외교적 관례로서 신분이 높은 국가에서는 외국 공주를 후궁으로 맞아들였고 신분이 낮으면 황후로 맞아들이는 것이 예사로운 일이었다.

그래서 중국의 공주가 이방에 시집갈 때면 항상 비장하고 슬픔에 가득 차 있었다. 동위의 종실의 공주가 유연의 두병카한(頭兵可汗)에게 시집갔고, 서위의 종실녀는 유연의 동생에게 하가했다. 그들은 각각 두병카한의 딸을 취하여 황후로 삼았는데, 유연카한 또한 한 여자를 동위의 권신에게 하가시켰다.

돌궐은 서위의 사위국가로서 서위를 계승한 북주와도 동맹관계를 유지했다. 그렇지만 북주와 대립관계에 있던 북제도 강력한 돌궐을 자기편으로 끌어들이기 위해서 교류를 원했기 때문에 헌상을 받았다.

부민은 양원왕 때 고구려의 신성을 공격하였으나 대장군 고흘에게 패하고 이듬해 백암성을 다시 공격했지만 천 명이 넘는 전사자만 남기고 쫓겨 가기도 했다.

부민은 이듬해 곧바로 죽었는데 그의 공적은 돌궐 비문에 나타나있다.

"위로 푸른 하늘과 아래로 적갈색 땅이 창조되었을 때, 그 둘 사이에 사람이 창조되었다. 사람들 위에는 나의 조상 부민카한과 이스테미카한이 보위에 앉았다. 그들은 보위에 앉아서 국법을 세우고 바로 잡아 주었다.

사방은 모두 적이었다. 이에 군대를 보내어 모든 종족을 복속시키고, 오만한 자들을 머리 숙이게 하고 힘 있는 자들을 무릎을 꿇게 하였다. 동쪽으로는 카디르칸 산맥[134]에 이르고 서쪽으로는 철문(鐵門)[135])까지 진격하여 돌궐 부족민들을 자리 잡게 하였다. 이 두 경계 사이에서 아무렇게나 흩어져 살았던 콕 투르크(Kok Turk) 인들을 수습하여 다스렸다.

그분들은 현명하고 용감한 군주들이었고 지휘관들도 모두 현명하고 또 용감하였다. 지배층도 부족민들과 더불어 평화와 조화 속에 있었다. 그리하였기 때문에 나라를 그렇게 잘 다스리고 법을 세웠다."

외투켄에서 거행된 이리카한의 장례식에는 중국과 티벳, 비잔틴, 아마르(유연), 거란, 고구려 등 사방의 국가와 종족들이 모두 슬퍼하며 조문 사절을 보내 왔다.

부민의 뒤를 이은 아들 일카한(逸可汗) 아사나콜로(阿史那科羅)도 역시 그해에 요절하고 말았다. 이후 이리카한의 아들이자 콜로의 동생인 아사나사근(阿史那俟斤) 목한(木汗)[136]이 카한을 계승하여 동돌궐이 되고, 부민의 동생이자 목한의 숙부인 이스테미가 서돌궐을 세우고 야부그[137]가 되어 돌궐의 지배권이 분리되고 말았다.

목한카한은 요서지방에 있던 거란을 격파하여 유라시아 동부 초원의 모든 유목민을 지배하는 강대국으로 이룩하였으며 요수를 사이에 두고 고구려와 접경을 이루었다. 또 중국에 대해서는 북주와 북제를 조종하여 나라의 위상을 높였으며 북주와 연합하여 북제의 태원을 약탈했다.[138]

이후 북제와 북주가 돌궐을 상국으로 섬겨 북주의 태조는 목한카한

---

134) 흥안령 산맥
135) 트란스옥사니아
136) 무한카한이라고도 함.
137) Yabgu로 2인자라는 뜻
138) 564년

의 딸을 황후로 맞았다.[139] 이때 서돌궐은 사산조 페르시아의 호스로우 아누시르반 1세와 동맹을 맺고 에프탈[140]을 멸망시킨 후 비단길을 장악하였으며 다시 페르시아 제국을 멸망시키고 번영을 누렸다.

강력한 제국을 이루었던 목한카한이 죽자[141] 그 아들 타발카한(佗鉢可汗)이 등극하여 북방의 패자로 군림했다. 북주의 명황제 세종(世宗)은 그의 동생 조왕(趙王) 우문초(宇文招)의 딸 천금공주(千金公主)를 타발카한에게 바쳤다.

혼담이 무르익어갈 때 타발카한과 세종은 자신의 세력을 뽐내기 위해 경쟁적으로 서로 굳세고 날랜 이를 가려 뽑아 사자로 보냈다.

장손성(長孫晟)은 북위 황제인 탁발씨의 자손으로 자는 계성(季晟)이었고 그의 형 장손치는 훗날 수의 우효위대장군이 되었다. 또 그의 여식은 이세민에게 출가하여 당태종의 비 장손황후가 되고 아들 장손무기는 당 태종 때 재상이 되어 이름을 날리게 된다.

어릴 때부터 성품이 민첩하며 활쏘기를 잘하였고, 굳세고 날렵하기가 남보다 뛰어났다. 18세에 세종의 눈에 띄어 사위상사(司衛上士)가 되었고 천금공주를 전송하는 행차에 부장이 되어 주장인 여남공 우문신경을 따라 타발카한에게로 갔다.

천금공주 일행이 타발카한의 장막에 이르렀을 때였다. 타발카한은 장손성의 인물됨을 알아보았다. 그래서 우문신경을 비롯하여 부하 장수들에게 매우 무례하게 대했지만 유독 장손성만은 귀하게 대접하여

---

139) 565년
140) 투르키스탄과 아프가니스탄을 통일한 민족으로 '강한 민족'이라는 뜻 567년에 서돌궐에 의해 멸망
141) 572년

매번 함께 사냥을 나가면서 한 해가 다가도록 머물게 했다.

한 번은 독수리 두 마리가 날면서 고기를 다투었다. 인하여 두 개의 화살을 장손성에게 주며 쏘아서 이를 잡으라고 명했다. 장손성이 말을 내달려가서 독수리가 서로를 움키려는 것을 보고는 화살 한 대로 두 마리를 꿰어버렸다[142]

타발카한이 기뻐하며,

"나도 한때는 명궁을 자처했지만 그대의 실력을 보니 과연 천하가 넓은 줄 알겠노라."

여러 자제와 귀인들에게 명하여 서로 친구로 삼게 했다.

훗날 양견이 수를 건국하자 장손성이 그의 형 장손치와 함께 수에 귀의했다. 양견이 그를 귀하게 여겨 우대하여 말했다.

"장손성의 무예가 무리에서 뛰어나고, 또 기이한 책략이 많다. 훗날의 명장은 이 사람이 아니겠는가?"

그리고 돌궐과의 여러 가지 문제가 생길 때면 항상 장손성과 더불어 논의했다.

한편 북주는 해마다 제나라와 교전하느라 군사를 동원했기 때문에 항상 타발카한과 화친을 맺으려 애썼다. 해마다 비단을 십만 필이나 보냈으며 돌궐인들에게도 모두 후히 대접하였으니 비단옷을 입고 고기를 먹으며 호화스럽게 사는 자가 수도에만 수천 명이 넘었다.

제나라 역시 돌궐의 침략을 두려워하여 나라 살림을 기울여가면서 증물(贈物)을 보냈으므로 돌궐은 부강하여 중국을 능멸하기를 예사로 하였다.

---

142) 일전쌍조(一箭雙雕)의 고사

북주와 북제를 지배한 타발카한은,

"남쪽에 두 아이들이 효순(孝順)[143]하니 물자가 부족한 것을 걱정하겠는가?"

라고 호언하였다. 그러나 말년에 불교를 맹신하여 불사와 승려의 숫자가 늘어나고 군사력이 약화되어 나라는 급격하게 쇠퇴하기 시작했다.

타발카한이 죽은 후[144] 아들 안로(Anro)와 동생인 다로빈[145]이 왕위를 다투게 되었다. 돌궐에서는 형제상속이 근간이었으므로 타발카한의 동생인 다로빈이 우선 순위였으나 다로빈의 생모가 돌궐인이 아니었기 때문에 왕위가 안로에게 돌아갔기 때문이었다.

당연히 다로빈이 반목하였고 세력에서 밀린 안로는 자신의 종숙부이자 일가한(逸可汗)의 장남인 아사나섭도(阿史那攝圖)[146]에게 왕위를 전했다.

사발략카한(沙鉢略可汗)은 안로에게 제 2카한의 칭호를, 다로빈에게는 아파카한의 칭호를 주었다. 그리고 동생인 처라후를 동면카한(東面可汗), 서돌궐의 이스테미 아들인 타르두카한 점궐(玷厥)을 서면카한(西面可汗), 탐한(貪汗)과 반라(潘那) 등을 소가한으로 삼아 종래의 4분국을 더욱 나누어 정치적 기반을 공고히 다졌다.

타발카한의 처이자 안로의 어머니였던 천금공주는 다시 사발략카한

---

143) 효성스럽고 잘 따른다는 뜻.

144) 581년

145) 아파가한

146) 동돌궐의 카한이 되기 전에 이시바라카한이라고하며 정식 명칭은   이리구로설시파라막하카한(伊利俱盧設始波羅莫何可汗), 종천생대돌궐천하현성천자이리거로설막하사사발략카한(從天生大突厥天下賢聖天子伊利居盧設莫何沙鉢略可汗)으로 일반적으로 사발략카한(沙鉢略可汗)이라고 함.

과 혼인하여 하툰(可敦)[147]이 되었는데 마침 양견이 주를 멸하였다. 천 금공주는 울면서 복수를 청했고 사발략카한은 대노했던 것이었다.

"양견을 잡아 반드시 그 죄를 묻겠다."

안로와 다르빈을 비롯하여 4가한(四可汗) 군사 40만을 모아 공격준 비를 갖추었다.

개황 2년 봄, 수의 주력군이 진(陳)을 공격하느라 장강에서 혼전을 거듭하고 있을 때 사발략카한은 주의 원수를 갚는다는 명분을 내세워 전쟁을 선포했다.

북제(北齊)가 망한 후 수나 돌궐에 복속하지 않고 스스로 자립하여 독자적 세력을 확보하고 있던 영주(營州)[148]자사(刺史) 고보녕(高寶寧)을 앞세워 수(隋)의 임유관(臨楡關)을 함락하고 대거 남침해 왔다.

유주(幽州) 총관(總管) 음수(陰壽)가 산동과 하북, 하남, 등 세 성의 군사를 모아 대항하게 하였으나 한번 전쟁에 패하고 자신도 크게 상처 를 입고 달아났다. 그렇지만 수는 당시 진과의 전쟁으로 주력군을 모 두 장강으로 내려 보냈기 때문에 동원할 수 있는 병력이 거의 없었다.

사발략카한의 군사들이 국경을 넘어 파죽지세로 장안을 향해 진군 해 오자 다급해진 문제는 장강으로 원정 간 군사들을 회군시키려 하 였는데 하간왕 양홍이 반대했다.

"우리가 만약 군사를 돌린다면 진군은 우리의 힘이 다한 줄이 알고 도리어 역습을 할 것입니다. 그렇게 되면 남북으로 적을 맞이하게 되 어 오히려 위험해집니다."

---

147) Qatun. 왕비를 말함
148) 요녕 조양(遼寧 朝陽))

말인즉 옳은 소리여서 양견도 섣불리 진의 국경으로 나가 있는 군사를 불러들일 수 없었다.

문제가 전전긍긍하자 양소가 건의를 올렸다.

"저들의 목적은 재물에 있을 뿐입니다. 어렵겠지만 국고의 재물을 풀어 화친을 제의하고 장강으로 내려간 군사들이 돌아올 때까지라도 시간을 벌어야 합니다."

우경칙은 성미가 불같이 급한 장수였다. 싸우지도 않고 화친부터 하자는 양소의 말에 반대했다.

"화친을 한다고 해도 유리한 조건으로 해야 합니다. 지금 우리가 화친을 청하는 사절을 보낸다면 저들은 엄청나게 많은 배상을 요구해올 것입니다. 한번쯤은 싸워서 승리를 해야 저들의 기세도 꺾을 수 있고 대등한 조건에서 조약을 맺을 수 있을 것입니다."

문제도 젊은 시절에는 전쟁터를 누비던 무장으로 자존심이 강한 사람이었다. 돌궐에 허리를 굽혀 화해를 청할 마음은 눈곱만큼도 없었다. 그 자리에서 우경칙을 대장군으로 삼아 사발략카한의 군사와 싸우게 하였다.

그렇지만 전쟁 결과는 너무나 참담했다. 사발략카한의 군사들은 우경칙의 수군들은 단숨에 깨뜨려버렸고 위수(渭水)까지 쫓아 내려왔던 것이었다.

다급해진 문제가 탄식하며 양소에게 말했다.

"경의 말을 듣지 않은 것이 도리어 화근이 되었다."

위수를 사이에 두고 전쟁은 치열하게 전개되었는데 돌궐군은 수차례나 도강을 시도하였다. 수군들도 결사적으로 방어하여 하루에도 수천 명씩 죽어나갔다.

　견디다 못한 문제가 돌궐에 화친 사절을 보내려 할 때였다. 마침 진으로 원정 갔던 고경(高熲)이 정예기병을 이끌고 밤에도 쉬지 않고 말을 달려 대흥성으로 도착했다.

　고경은 성문 앞에 이르러 갑옷과 투구를 벗고 패전의 죄를 청했는데 문제는 그따위 격식을 받을 여유도 없었다.

　"이번 전쟁은 짐이 판단을 잘못한 것이다. 그대와 사졸들에게는 아무런 책임이 없다."

　이렇게 용서하고 돌궐의 침략을 물리칠 계교를 물었다.

　고경은 진의 원정에서 실패한 죄를 문책 당할까봐 매우 두려워하였는데 뜻밖에도 용서를 받자 돌궐을 물리치고 죄를 만회하고자 하는 마음이 있었다.

　"한 번 전쟁에 패했다고 해서 실망할 필요는 없습니다. 신의 힘이 미력하나마 목숨을 바쳐 저들을 물리치겠습니다."

　물에 빠진 사람이 지푸라기라도 잡는 심정이었다. 문제는 고경을 대장군으로 임명하여 우경칙을 돕게 하였다. 그날 저녁 고경은 집으로 돌아가 세 아들을 불러 놓고 말했다.

　"너희들은 이제 다 컸다. 이 아비가 출정할 것이니 너희들도 모두 나를 따르라."

　이렇게 명령하고 가까운 친척의 자제들도 모두 군사로 편입시키고 사재를 털어 군사들을 모았다. 이 소문이 나자 한꺼번에 3만이나 되는 용사들이 모였다.

　고경은 이들과 관군 5만을 거느리고 위수로 달려 나가자 수군들의 사기가 크게 올랐다. 특히 고경이 모은 용병들의 눈부신 활약으로 사발략카한의 돌궐군은 위수를 건너지 못했다. 그렇지만 서로 간에 결정적인 승패를 가리지 못하여 전쟁은 점점 길어졌다.

수많은 희생자가 속출하고 전황이 위태로워지자 초조해진 문제는 군신들을 닦달하며 계책을 올리게 하였는데 양홍이 다시 말했다.

"폐하께서는 어찌하여 장손성을 불러들이지 않으십니까?"

장손성은 진의 정벌을 반대한 후로 양견의 눈에 벗어나서 조정에 출입을 하지 못하고 근신하고 있었다. 양견이 무릎을 치면서 탄식했다.

"아차, 내가 큰 실수를 범했구나."

급히 사람을 보내어 정중하게 장손성을 불렀다. 장손성이 숙배를 올리고 말했다.

"사발략카한이 사납다고 해도 크게 걱정할 일이 못 됩니다."

양견이 물었다.

"경은 무슨 묘책을 가지고 있소?"

"병법에 이르기를 멀리 있는 이와 우정을 나누어 가까이 있는 자를 족치며, 강한 자를 배척하고 약한 자는 끌어들임으로써 적들을 물리친다고 하였습니다.

서돌궐의 타르두는 욕심이 많은 인물입니다. 그렇지만 그의 조상인 이스테미는 부민의 동생이기 때문에 야부그일 뿐입니다. 이 기회에 사신을 보내어 많은 재물을 보내고 진정한 카한으로 인정한다고 부추기면 결국 자립을 하려 할 것입니다."

문제가 기뻐하며 무릎을 쳤다.

"오왕 합려(闔閭)에게 손무(孫武)[149]가 있었다면 짐의 곁에는 그대가 있다."

이렇게 칭찬하고 즉시 타르두에게 사람을 보내어 많은 금은보화를 주면서 간청했다.

"그대는 아이태산(阿爾泰山) 서쪽에서 리해(里海)까지 지배하였으니 진정한 돌궐의 대칸입니다. 이번에 도와주신다면 우리도 대칸께서 동돌궐을 지배할 수 있도록 도와주겠습니다."

야부그의 지위에 대해 항상 열등의식을 지니고 있던 타르두는 카한의 지위에 욕심을 내어 수의 유인책에 넘어갔다.

"아사나섭도는 카한의 자리를 찬탈하여 정통성을 잃었다. 나야말로 진정한 돌궐의 카한이다."

서돌궐의 여러 대신들을 모아놓고 사발략카한의 지위를 인정하지 않겠다고 선포했다.

수는 이민족에 대해서는 철저하게 이이제이의 계책을 사용했다. 그래서 돌궐의 카한들을 서로 이간시켜 내홍을 조장함으로써 쇠약하게 하는데 성공했고, 남하멸진의 후유증도 없애고자 하였다.

이 같은 계략의 성공으로 동돌궐과 서돌궐은 서로 원수가 되어 다투다가 계속 분열되고 쇠약해져서 마침내 역사의 뒤안길로 공멸(共滅)당하는 운명을 겪게 되었다.

한편 타르두는 사발략카한의 보복을 두려워했다. 평소 친하게 지내던 돌궐의 후방에 있는 복골(僕骨)과 동라(東羅)[150]에게 군사와 무기를

---

149) 오왕(吳王) 합려(闔閭)를 섬겨 초(楚), 제(齊), 진(晉)나라를 굴복시킨 장수.
150) 유목민족의 이름. 박고와 동흘라를 말함.

나누어주며 반란을 일으키게 하자 사발략카한의 군대는 사분오열되
어 물러날 수밖에 없었다.

　이듬해 4월에 사발략카한은 다시 대군을 모아 수로 침공해왔다. 문
제는 조서를 내려 양상(楊爽)을 행군 원수로 삼고 군사를 일곱 갈래로
나누어 반격을 시작하였다.

　양상(楊爽)은 장수 넷을 거느리고 삭주(朔州)로 나가서 백도(白道)
에서 사발략카한의 부대와 마주쳤다.

　양상은 총관 이충(李充)의 건의를 받아들여 정예기병 오천을 거느
리고 돌연히 습격하여서 천여 명의 군사를 죽였다. 사발략카한은 숲
속으로 도망간 후 다시 무리를 모아 무위(武威)와 금성(金城), 천수(天
水), 연안(延安) 등지로 나아가 한바탕 약탈을 자행하고 물러났다.

　하간왕(河間王) 양홍(楊弘)은 수만 명을 거느리고 영주(靈州)에서 돌
궐(突厥)의 다른 부대를 격파하여 수천 명을 섬멸했고 유주(幽州) 총관
음수(陰壽)는 보병과 기병 수만 명을 이끌고 호용새(虎龍塞)로 나가서
고보녕(高寶寧)의 군사를 격파하였다. 고보녕은 부상을 당하여 거란
(契丹)으로 도망가다가 부하의 손에 죽고 말았으며 이로써 수나라 군
사들은 화룡(和龍) 지역인 요녕의 조양(遼寧朝陽)을 모두 점령하였다.

　진주(秦州) 총관 두영정(竇榮定)은 보병과 기병 3만을 거느리고 량
주(凉州)로 진격하여 다르빈의 군대와 마주쳤다. 두영정은 처음에는
용감한 창병을 내세워 다르빈의 기병을 무찔렀지만 다르빈이 계곡을
등에 지고 배수진을 쳐서 마지막 항전을 계속하자 도리어 크게 패하
고 말았다.

옛날 천금공주가 타발카한에게 시집갈 때 호위무장으로 따라갔던 장손성은 타발카한의 동생이었던 다르빈과도 절친하게 지냈다.

양군이 서로 대치하여 두영정이 곤경에 빠지자 장손성(長孫晟)이 나섰다.

"다르빈은 타발카한의 동생으로 카한의 직위를 계승해야 하지만 그 어미가 돌궐인이 아니어서 빼앗기고 말았으니 원통한 마음을 품고 있을 것입니다. 그는 성품이 교격하고 시기심이 많은 인물이니 자신의 지위를 인정해주고 얼마간의 재물을 보내어 구슬린다면 힘들이지 않고 회유할 수 있습니다."

두영정이 기뻐하며 말했다.

"모든 공은 이제 그대에게 달렸소."

그날 저녁 장손성은 하인 두 명만 데리고 술과 고기를 가지고 다르빈의 진영으로 찾아갔다.

"돌궐의 진정한 카한은 당신입니다. 어찌하여 사발략의 밑에서 굴욕을 당하시는 것입니까? 만약 카한께서 봉기하신다면 우리들은 군마를 보내어 도우겠습니다."

이에 다르빈은 깃발을 바치고 수에 귀순해버렸다.[151]

이 사실을 알게 된 사발략카한은 격노했다. 다르빈의 아장(牙帳)을 습격하고 그의 어머니를 죽였는데 다르빈은 용케 몸을 피하여 서돌궐로 달아나 타르두카한(達頭可汗)에게 의지했다. 이때 다르빈의 많은 휘하 부족장들은 수로 귀화하여 이른바 항호장수(降胡將帥)[152]가 되었다.

---

151) 582년
152) 투항한 오랑캐 장수라는 뜻

다르빈은 원한을 잊지 못하여 타르두카한를 선동하여 사발략카한을 공격하게 하였고 이때부터 돌궐에서는 사카한의 난이 본격적으로 시작되어 사분오열되고 말았다.

서기 584년, 아파카한 다르빈과 타르두카한의 연합군이 사발략가한의 주력군을 깨뜨리고 동면가한(東面家汗)[153]의 영지까지 진격했다.

돌궐족들은 반역자나 대항하는 자들에게 매우 가혹하여 용서란 없었다. 포대에 넣어 수만 마리의 말로 짓밟아 죽이거나 허리를 꺾어 죽이며, 기름 솥에 삶아 죽이는 등 잔혹한 형벌을 가했으므로 사발략카한은 타르두에게 항복할 수가 없었다.

투중(套中)지방 박도천(白道川)[154]으로 도망쳐서 수(隋)에 투항하고 번(藩)[155]이라 칭하자 동돌궐은 쇠퇴해졌다.

반면 서돌궐의 타르두는 점점 세력을 확장해 나갔다. 실크로드 교역권의 가장 강력한 경쟁자였던 사산조 페르시아를 몰락시키고 막대한 부를 축적하고는 이를 바탕으로 엄청난 군사와 국력을 길러 명실 공히 패왕(霸王)을 자처하며 주변국을 압박하였으니 그 오만한 기개는 이를 데 없었다.

당시 타르두카한이 비잔틴의 모리키오스 황제에게 보낸 서신의 서두에는 이렇게 적혀 있다.

"전 세계 일곱 인종의 총 사령관이요 '일곱 기후대의 통치자인 대카한이 로마 황제에게 명하노라."

---

153) 사발략카한의 동생 처라후(處羅侯), 막하카한이 됨.
154) 오늘날 오르도스(Ordos)지방으로 호화호특평원(呼和浩特平原)
155) 변방의 신하라는 뜻.

한편 사발략카한이 타르투카한에게 쫓겨 투항해 오자 문제는 처음에는 그 사신을 쫓아내려고 하였다.

고경이 간했다.

"폐하! 잠깐 돌려 생각해보십시오. 나라 간의 외교문제란 매우 복잡한 것이어서 어제의 원수가 오늘의 우방국이 되는 것은 흔히 있는 일입니다.

지금 돌궐의 정세를 살펴보면 사발략카한이 무너지면 타르두가 방대한 영토를 통일하게 됩니다. 그렇게 되면 타르두는 호랑이가 날개를 단 격이 되어 사나운 칼날을 들이대려 할 것입니다. 다행히 동돌궐의 사발략카한이 스스로 무릎을 꿇고 복속하기를 청해오니 이를 응원해주는 척하면서 서로를 계속 싸우게 하는 것이 좋을 것입니다."

중국은 흉맹한 돌궐에 대해서는 철저하게 이이제이의 전략으로 서로 간에 분열을 조장하였다. 그리고 투항하면 순무하고 대항하면 토벌하는 식으로 그들의 전투력을 약화시켰다.

그런데 문제가 지난날의 은원에 얽매여 사발략카한을 내치려하자 고경이 걱정한 것이었다. 문제가 그런 고경의 마음을 모를 리 없었다.

"경이 나에게 큰 깨우침을 주었다."

마음을 바꾸어 우경칙(宇敬勅)을 사자로 보내어 돌궐의 카한은 중국 황제와 부자관계라 규정짓고 사발략카한과 군신관계를 확인했다. 그리고 동돌궐의 민족들은 중국말을 받아들이고 우리의 의복과 관습을 취하게 하였다.

사발략카한은 고민에 빠졌다. 아무리 곤경에 빠졌다고 하더라도 내부의 반발도 생각하지 않을 수 없었던 것이었다. 조심스레 국서를 보내어 답신했다.

"우리들은 수의 신하가 되어 조공하기로 결정하고 명마를 바치기로 하였습니다. 하지만 돌궐의 말이나 관습은 우리의 심장과 같은 것이라서 백성들이 매우 민감하게 반대하고 있습니다. 우리말을 버리고 중국 의관을 입고 중국 관습을 취하기는 어려우니 부디 헤아려 주십시오."

문제도 억지 주장을 계속하여 사발략카한을 내칠 수는 없었다. 그러나 청을 들어주는 대신 옛날 그를 충동질하여 수를 침공하게 했던 하툰 천금공주를 우롱하여 대의공주(大義公主)란 명칭을 내렸다.

훗날 진을 정벌한 후에는 진의 후주 진숙보가 사용하던 병풍을 내렸는데, 대의공주는 이것이 자신을 희롱하는 것임을 알고 깊은 한을 품었다.

그래서 다음과 같은 시를 지어 '원시(怨詩)'라고 제목을 붙이고 병풍 위에 써두었는데 이 때문에 수 문제의 노여움을 사서 암살을 당할 줄은 몰랐다.

盛衰等朝暮	성쇠등조모
世道若浮萍	세도약부평
榮華實難守	영화실난수
池臺終自平	지대종자평
富貴今何在	부귀금하재
空事寫丹靑	공사사단청
杯酒恒無樂	배주항무악
弦歌詎有聲	현가거유성
余本皇家子	여본황가자
漂流入虜廷	표류입로정
一朝睹成敗	일조도성패

懷抱忽縱橫	회포홀종횡
古來共如此	고래공여차
非我獨申名	비아독신명
唯有明君曲	유유명군곡
偏傷遠嫁情	편상원가정

흥하고 망하는 것은 아침과 저녁과 같고

권세란 본디 부평초와 같다.

영화는 진실로 지키기 어려우니

연못과 누대만 온종일 평화로울 뿐이다.

부귀가 이제 어디 있느뇨?

단청을 아름답게 새기는 것도 부질없는 일이다.

술잔을 기울여도 즐거움이 없고

악기의 줄을 뜯고 노래를 불러도 소리가 도리어 멈추는구나.

나는 본시 황실의 자손으로

볼모가 되어 떠돌고 있거니

하루아침에 성패를 보게 되는구나.

가슴에 품은 마음은 홀연히 종횡으로 흩어지니

예나 지금이나 모두 이와 같다.

나 홀로 아무런 명분도 펼칠 수가 없고

오로지 명군의 노래만 있을 지니

멀리 시집온 쓸쓸한 마음을 편벽되게 상할 뿐이다.

사발략카한을 번왕으로 삼은 문제는 서돌궐의 타르두가 세력을 확장해 나가는 것에 두려움을 느꼈다. 사발략카한을 앞세워 우경칙을 대장으로 삼고 서돌궐의 변방을 공략하였다.

타르두는 대노했다.

"개나 돼지보다 못한 놈이로다. 은혜를 원수로 갚는 놈은 반드시 피의 보복을 당해야 한다."

지난날에 수가 위급할 때 동돌궐을 쳐서 도와주었던 타르두는 그 후에 문제가 아무런 보상도 해 주지 않자 매우 괘씸하게 여기고 있었다. 그러던 차에 이번에는 거꾸로 사발략카한을 도와 오히려 자신의 영토를 공격해 오자 끓어오르는 분노를 참을 수가 없었던 것이었다.

빼어난 용장 보칸(Boqan)[156]을 보내어 우경칙의 군사를 대파한 뒤여세를 몰아 장안 북쪽 50 리까지 진격해왔다. 다급해진 문제는 장안 수비병까지 징발하여 보칸의 군사를 막게 했지만 번번이 패전하였기 때문에 언제 방어선이 무너질지 모르는 형편이었다.

궁지에 몰린 문제는 타르두에게 용서를 구하고 화친을 청하는 사신을 보내었는데 타르두가 호락호락하게 요구를 들어줄 리가 없었다. 전일의 죄를 물어 엄청난 공물과 함께 칭신(稱臣)할 것을 요구했다.

고경이 분격하여 나섰다.

"폐하께서는 천명을 받들어 제위에 오르시고 사해의 백성을 보살펴 인의를 베풀었으니, 성덕(聖德)은 사해에 고루 미치고, 효덕(孝德)[157]은 하늘과 짝하여 드러났습니다.

---

156) 훗날 크리미아의 침공하고 보스포로스를 함락하여 비잔틴 제국의 북쪽을 정벌한 장수.
157) 성덕과 효덕은 모두 임금의 성스러운 덕을 열거한 것이다.

하오나 무지하고 포악한 타르두는 전쟁과 파괴를 일삼으면서 이리나 시랑이 같은 발톱을 드러내어 우리 변방을 예사로 침범하고 있으니 이를 징벌하지 아니하고 내버려 둔다면 훗날 장안까지 내주어야 할 판입니다.

신이 비록 재주 없사오나 폐하께 받은 두터운 은혜를 잊지 못하였더니 이제 명령만 내린다면 신명을 다 바쳐 이를 토벌하여 천하에 옳고 그름을 밝히고 폐하의 위명을 바로 세우겠습니다."

자존심이 강한 문제로서는 칭신보다 전쟁을 택하는 것이 옳다고 여겼다. 고경을 표기장군(驃騎將軍) 행군대총관(行軍大摠管) 보국대장군(輔國大將軍)으로 임명한 뒤 부월(斧鉞)[158]을 내려 전군의 지휘권을 맡겼다.

출정 전에 고경은 샤발략카한에게 한 사람을 보냈다.

"우리가 대군을 이끌고 보칸을 칠 터이니 그대는 서돌궐의 수도로 진격하라."

샤발략카한은 타르두에 대한 원한을 잊을 수가 없었다. 이 기회에 그를 잡아 복수도 하고 나라도 빼앗을 작정으로 고경의 제의를 받아들였고 수도를 공격당한 보칸은 회군하지 않을 수 없었다.

고경은 군사를 몰아 보칸의 후미를 치면서 매섭게 추격하자 전세는 순식간에 뒤집혔다.

승전보를 받은 문제는 이번에야 말로 확실하게 본때를 보여주리라 생각했다.

"이번에야말로 타르두를 잡아 화근의 뿌리를 뽑겠다."

---

158) 출정하는 장수에게 내리는 도끼로 군사의 전권을 맡기는 것을 말함.

전령을 보내어 이렇게 주문했지만 전황은 문제의 뜻대로 돌아가지 않았다.

보칸은 뛰어난 명장이었다.

후퇴하면서도 길목마다 군사를 배치하여 수군들의 진격을 저지하는 한편 밤만 되면 기습공격을 가하여 큰 타격을 주었다. 이때 신출귀몰하는 돌궐 기마병들은 수군들에게 두려움의 대상이었다.

돌궐 기마병들에게는 전선이 없었다. 시도 때도 없이 바람처럼 나타나서 선봉이든 중군이든 후군이든 할 것 없이 닥치는 대로 공격하여 수군 진채를 삽시간에 휩쓸곤 하였다.

반면 보병으로 주력군이 편성된 수군들로서는 주로 한 밤중을 이용하여 반달칼을 휘두르며 질풍처럼 돌격해오는 돌궐의 기마병들을 도저히 따라 잡을 수가 없었다. 이 때문에 밤중에 조그만 소리만 들려도 수군들은 오금이 저려 정신을 차리지 못했다.

더군다나 날은 10월을 넘었기 때문에 산과 골짜기는 눈과 얼음으로 꽁꽁 얼었고 군량과 마초의 보급도 여의치 않았다. 전황이 어려워지자 고경은 추격을 멈추고 군사들을 진채 안에 주둔시킨 후에 수비에만 치중하게 했다.

"수군의 진영에는 굶어죽고 얼어 죽는 자들이 속출하고 있습니다."

보칸의 정찰병들이 이렇게 보고하자 보칸이 껄껄 웃으며 부하들에게 호언장담했다.

"이곳은 수군들의 무덤이 될 것이다."

주위에 흩어져 있던 모든 군사들을 총집결시키고 대규모 공격을 감행했다. 용맹한 보칸 군사들의 맹공을 당하지 못한 수군 장수들은 모두 퇴각하자고 주장하자 고경이 상방검(尙方劍)을 내 보이면서 장수들을 위협했다.

"우리에게 물러설 곳은 없다. 전하께서 이 검을 내리실 때 명을 거역하는 자는 즉석에서 참하라고 하셨다. 이제부터 퇴각을 입에 담는 자는 이 검에 죽을 것이다."

상방검이란 한나라 시대에 주운(朱雲)이 당대의 권신이었던 태부(太傅) 장우(張禹)를 간신으로 지목하여 탄핵하면서 상방(尙方)에 보관하던 좋은 칼을 하사받아 참수(斬首)할 것을 청했던 고사(故事)에서 유래된 칼로 훗날에 이르러 전쟁이 발발하면 부월과 함께 내려 장수의 명을 따르지 않는 자들을 즉석에서 처벌할 수 있는 권한을 내린 검으로 이용되었다.

단호한 고경의 뜻을 꺾을 수 있는 사람은 아무도 없었다. 어쩔 수 없이 다시 싸움터로 나섰지만 전쟁이 시작되자마자 참담하게 패하고 말았다. 당황한 고경은 전군을 투입하여 결사 항전하였으나 며칠 만에 절반 이상의 병력을 잃었다.

고경은 어쩔 수 없이 퇴각 명령을 내렸지만 보칸은 그마저도 용납하지 않았다. 군사를 여러 갈래로 나누어 사방으로 통하는 길을 모두 막아버렸기 때문에 퇴로를 완전히 끊긴 고경은 진퇴양난에 빠지고 말았다.

보칸이 명했다.

"투항병이든 부상병이든 가릴 것 없다. 모조리 죽여라."

명을 받은 돌궐 군사들은 눈에 보이는 족족 인정사정없이 죽이고 그 시체는 나무나 창에 매달아 두었는데 길이가 십 리가 넘었다. 간신히 목숨을 구한 수군들은 돌궐군의 모습이 멀찌감치 나타나기만 하더라도 혼비백산하여 산이나 계곡을 향하여 달아나기 바빴다.

이때 총관 유인은의 활약은 눈부셨다. 일곱 군데의 부상을 입고 온 몸에 피를 철철 흘리면서도 군사들의 선두에 서서 포위망을 뚫는데 성공했다. 이 싸움에서 고경은 주천까지 도망쳐서야 간신히 추격을 따돌릴 수가 있었다. 하지만 군사를 수습하고 헤아려 보니 10만이 넘는 대군은 3만으로 줄어있었고 그나마 대부분 부상병들이었다.

승세를 탄 보칸의 군사들은 밤과 낮을 가리지 않고 무시로 공격을 가하였고 그럴 때마다 수군은 퇴각을 거듭했다. 그런데 뜻밖의 행운이 찾아왔다.

박도천에 있던 사발략카한이 원통함을 이기지 못하고 마음 속 깊이 병이 들어 쓸쓸하게 죽은 것이었다.

동부지역의 소가한이었던 사발략카한의 아우 처라후(處羅侯)는 용맹하고 야심이 큰 인물이었다. 형의 뒤를 이어서 카한의 위를 계승하여 막하카한(莫何可汗)이 되었다.

막하카한은 어린 시절부터 전쟁터에 따라다닌 용맹하고 전략에 밝은 장수였다. 형 사발략카한의 원수를 갚겠다고 천명하고 군사를 일으켜 바람처럼 빠르게 돌진하여 서돌궐을 공격하고 아파가한 다르빈을 붙잡았다.

"네놈의 죄는 하늘도 알고 땅도 안다."

그리고 다섯 가지 죄목을 열거한 후 만군 앞에 끌어내어 처형하려 하자 천호장 수밀이 간했다.

"아파가한은 목한카한의 아들이요 타발카한의 동생으로 가까운 친족입니다. 목숨만은 살려주십시오."

막하카한은 단호하게 말했다.

"교활하고 사악한 다르빈은 배신을 밥 먹듯 하여 그 해독이 구천에 사무쳤다. 많은 백성들이 그 원한을 잊지 못하고 있는데 어찌 용서할 수가 있으랴."

목만 내어 놓고 땅에다 파묻은 뒤 3천 필의 말을 몰아 목을 짓밟아 부러뜨려 죽였다.

이때 막하카한은 수밀도 천호장의 지위를 빼앗고 내쫓자 많은 부하 장수들이 말했다.

"수밀은 큰 잘못이 없습니다."

막하카한이 대답했다.

"그것은 나도 안다. 하지만 원수를 모르는 자는 은혜도 모르게 마련이다. 그래서 나는 사사로운 정 때문에 은원도 구별하지 못하는 수밀과 같은 자에게 중책을 맡기지 않을 것이다."

한편 막하카한의 공세에 위급함을 느낀 타르두가 보칸에게 회군을 명하자 고경도 군사를 물려 돌아왔다.

문제는 이 전쟁을 크게 승리한 것으로 선전하였다. 그리고 군사들이 돌아오는 길목에 많은 백성들을 동원하여 술과 음식을 대접하고 환호하게 하며 개선군으로서 맞이하게 하였다.

고경은 전쟁 도중에 돌궐군의 화살에 맞았는데 문제가 그 상처에 손수 약을 발라주며,

"이 상처들은 짐에 대한 충성심의 증거로다."

이렇게 치하하고 고경의 영웅적 활동을 크게 선전하였다. 또 논공행상을 벌여 장수는 물론 하급 군졸들까지도 모두 포상하였고 특히 고

경에게는 구석(九錫)[159]에 버금가는 하사품을 내려 거마(車馬)와 의복(衣服), 납폐(納幣), 궁시(弓矢)를 내렸다.

이처럼 돌궐과의 전쟁이 치열하게 전개되는 와중에 진나라와의 전쟁도 교착 상태에 빠져있었기 때문에 양견은 매우 곤란한 처지에 놓여 있었다.

그렇지만 하늘의 운은 양견에게 손짓을 하고 있었다. 마침 눈에 가시 같던 진 선제가 병환으로 서거한 것이었다. 명분을 얻은 양견은 즉시 장강(長江) 유역에 파견했던 군사들에게 회군을 명하였다.

"이웃 나라의 어려움을 틈타서 전쟁을 일으키는 것은 인군의 도리가 아니다."

한금호와 하약필 등은 이때에도 회군을 반대하였는데 청하공(淸河公) 양소(楊素)가 글을 올려 반박했다.

"홍곡(鴻鵠)의 높고 큰 뜻을 연작(燕雀)의 무리들이 어찌 알 수가 있으랴. 비천한 곳에서 몸을 굽히고 유리한 곳에서 오히려 물러서는 것은 진실로 성군의 모범이라, 폐하께서는 욕됨을 청하여 오히려 복을 구하시려는 것이다."

문제가 기뻐하며 칭찬했다.

"백아(伯牙)에게는 종자기(鍾子期)가 있고, 관중(管仲)에게는 포숙(鮑叔)이 있다고 하였는데 진실로 짐의 뜻을 알아주는 사람은 오로지 청하공 뿐이로다."

---

159) 천자가 공이 많은 제후나 대신에게 주는 아홉 가지 물품으로 거마(車馬), 의복(衣服), 악칙(樂則), 주호(朱戶), 호분(虎賁), 궁시(弓矢), 부월(斧鉞), 울창주(鬱鬯酒)를 말함.

양소도 역시 북주의 권신 출신으로 일찍이 독고가문의 사람이었으나 양견이 북주의 선제(宣帝)를 퇴위시킬 때 이덕림과 더불어 앞장서서 수의 건국공신이 되었다.

하지만 음험하고도 간악하기로 소문나 있어 문제는 그에게 중책을 맡기지 않았다.

이에 대하여 서운한 마음을 품은 그는 둘째인 진왕 양광의 심복이 되어 온갖 간교를 부려 태자 용(勇)을 폐하고 양제를 세우는데 큰 공을 세우기도 하였다.

하지만 양제 역시 사람을 믿지 않은 성격이어서 양소를 깊이 신임하지 않았다. 그래서 훗날 그가 죽었다는 소리를 듣자,

"만약 지금 죽지 않았다면 내 손에 주살되었을 것이다."

라고 공공연히 떠들었다. 이처럼 양소는 배신과 아첨의 양극단을 오락가락한 인물이었다.

그의 아들 양현감도 약삭빠른 기회주의자였다.

양제가 고구려 이차 정벌을 나설 때 난을 일으켜 결국은 멸문지화를 당하고 말았는데, 수 역시 그 사건으로 말미암아 전국적으로 반란이 일어나 멸망의 길을 걷고 말았으니 세상사란 알 수 없는 일이었다.

군사를 회군시킨 문제는 돌궐의 침략에 대비해야 했다. 이에 앞서 남쪽의 진과 화해는 필수적인 일이었기 때문에 대규모 조문(弔問) 사절을 보내고 변경을 침략했던 일을 사과하며, 따로 조서(弔書)를 보냈는데 그 말미에 '양견 돈수(楊堅 頓首)'라 하였다.

그 뜻은 '양견이 머리를 조아려 절한다.' 라는 것으로 신하의 예를 나타낸 것이었다.

선제에 이어 진의 후주(後主)로 등극한 진숙보(陳叔寶)[160]는 어리석은 인물이었다. 양견의 음흉한 속셈은 전혀 알아차리지 못하고 다만 '돈수'라는 표현에만 기뻤다.

교만하게 답서를 보내면서 으스대었다.

"네가 다스리는 곳은 편안한가? 이곳 천하(宇宙)는 태평하다."

이것을 본 문제가 크게 불쾌하게 여겨 신하들에게 보였다.

중국에서는 주공(周公)[161] 이후로 예(禮)를 매우 중하게 여겨 일정한 법적인 의미와 계급성까지 부여했다. 그리하여 전장제도(典章制度)와 종법등급(宗法等級)의 명분을 세우고 정치, 경제, 사회, 문화, 군사 등 모든 분야에서 예의 규범을 중시하였는데 진의 황제가 수의 황제에게 이처럼 모욕적인 글을 보내는 것은 참을 수 없는 굴욕이었던 것이었다.

양소가 바닥에 머리를 부딪치며 눈물을 흘리고 말했다.

"군주께서 욕보임을 당하도록 하였으니 신하된 자는 죽어야 마땅합니다."

이렇게 죄주기를 청하자,

"이것이 비단 어찌 신하들의 잘못이겠는가."

문제는 이렇게 대답하고 신하들을 물리쳤다.

양견에게 이런 편지를 보낸 진의 후주는 자성양공으로 자(字)는 원수(元秀), 이름을 숙보라고 했는데 태자로 있을 때부터 강총이라는 총신과 함께 밤낮으로 술을 마셨다.

---

160) 진의 마지막 황제
161) 古公亶父를 말함.

제위에 오르자마자 나랏일은 뒤로 젖혀두고 서화(書畵)의 교묘함을 좋아하고 화훼(花卉)의 완상을 즐기며 여색을 밝히는 등 사치와 방탕에 빠졌다. 그리고 조상에게 제사를 올릴 때에도 나타나지 않았으며 신하들이 문서를 들고 올 때에도 숙보는 총비 장여화를 끌어안은 채 결재를 처리하곤 했다.

충신 장화가 간하려 하자 그의 절친한 친구였던 여충숙(呂忠肅)이 말렸다.

"비간은 주왕을 간하다가 심장을 도려내는 형벌을 당하였네. 암군에게는 충언이 들리지 않으니 화를 자초하지 마시게."

장화가 말했다.

"폐하는 주왕이 아니며 나도 비간이 아닐세. 잠시 여화란 계집에 빠져 총명함을 잃었으나 충심으로 간한다면 반드시 성군이 되실 것이네."

이렇게 고집을 피우고 숙보에게 간했다.

"하나라 걸왕(桀王)과 은나라 주왕(紂王)은 향락과 사치를 위해서 백성들을 괴롭히고 천하의 귀신을 업신여겨 하늘이 화를 주어 나라를 잃고 자손마저 끊기게 되었습니다.

하지만 은나라 성탕(成湯)과 주나라 문왕(文王)은 백성을 사랑하고 귀신을 섬겨 하늘이 복을 내려 천자에 이르고 제후들이 섬겼습니다. 모름지기 폐하께서는 성탕과 문왕의 도를 본받으시기를 바랍니다."

그러나 이러한 장화의 생각은 완전히 어긋나고 말았다. 자리에 비스듬히 기대어 먼 산만 두리번거리면서 바라보다가 장화의 말이 끝나자마자 빈정거리듯 말했다.

"내가 들으니 초나라 장왕은 즉위한 후 3년 동안 주연을 끊이지 않았다가 3년이 지나자 일시에 나라를 바로잡고 천하를 재패하여 영웅이 되었다고 한다. 나는 그를 본받고자 한다."

오히려 더 큰 역사를 벌여 높이가 수십 장이나 되고 수십 채가 이어진 커다란 누각을 세 채나 지었다. 누각은 모두 침수향과 전단향이라는 귀한 나무로 짓고, 금과 진주, 비취 등으로 장식했다. 또 구슬로 만든 발에다 보물로 수놓은 장막을 쳤으며, 옷과 기구는 모두 진귀하고 화려한 것들뿐이었다.

또 누각 아래에는 돌을 쌓아 산을 만들고 물을 끌어들여 연못을 만들었으며, 그 사이에는 가지가지 진귀한 꽃을 심었다.

진숙보는 임춘각에 거처하면서, 귀비 장려화(張麗華)는 결기각에, 해총비(偕寵妃)와 공귀빈(孔貴賓)은 망선각에 있게 하고 누각과 누각 사이에 복도를 놓아 서로 왕래했다.

또한 여도사(女道士) 원대사(袁大捨)를 사랑하여 그 남편을 죽이고 여러 사람들이 보는 앞에서 정사를 즐겼으며 이때 신음소리를 크게 내게 하기 위해 조그만 가죽 채찍으로 원대사의 등을 때리기도 했다.

여도사(女道士) 원대사(袁大捨)는 간신 공범(孔範)과 왕차(王瑳) 등과 더불어 문사(文士)들과 함께 글을 올려 진숙보를 만대의 성군으로 추켜세우며 날마다 주연을 열었는데 이 주연에서 모시는 자를 압객(狎客)이라 하였다.

진숙보의 행동은 더욱 괴이해져서 초청된 압객들과 주연에 참석한 여러 기녀들을 모두 발가벗긴 뒤 서로 난교를 하게하고 자신도 흥이 오르면 역시 뛰어나가 아무 여인과 맞잡고 온갖 음탕한 놀이를 벌였는데 장려화와 해총비, 공귀빈 등 많은 귀빈과 후궁들은 그 모습을 보고 박수를 치며 웃었다.

진숙보는 압객과 함께 시가를 지어 함께 노래하기도 했는데 그 중에서 옥수후정화(玉樹後庭花)라는 노래가 유명하다.

麗宇芳林對高閣　여우방림대고각
新粧艶質本傾城　신장염질본경성
映戶凝嬌乍不進　영호응교사부진
出游含態送相迎　출유함태송상영
妖姬瞼似花含露　요희검사화함로
玉樹流光照後庭　옥수유관조후정

화려한 집과 꽃과 숲은 높은 누각을 대하고
새로 단장한 아름다운 몸매는 성을 기우릴 지경이로다.
문을 비친 엉긴 교태에 짐짓 움직이지 않으니
휘장을 나와 머금은 교태는 보내며 서로 맞이하네.
아름다운 여인의 뺨은 꽃이 이슬을 머금음과 같고
아름다운 나무는 빛을 흘리어 뒤 정원을 비추네.

여러 가인들이 악공의 반주에 맞추어 이 노래를 부르면 진숙보는 여러 귀빈들과 함께 덩실덩실 춤을 주기도 했다.

진숙보가 주색에 빠져 정사를 돌보지 않자 장화가 다시 상소를 올렸다.

"은나라 주왕은 달기란 요녀에게 빠져 북리(北里)의 무(舞)와 미미

(靡靡)의 악(樂)[162]으로 나라를 망쳤습니다. 폐하께서 황제에 오르신 지 5년이 되었건만 선조의 창업의 고통은 잊으시고 주색에 빠져 정사를 돌보지 않고 있습니다. 조상에 제사지낼 때에는 한 번도 모습을 나타내지 않으면서 여자 고르는 일에는 반드시 얼굴을 보이시니 그럴 수는 없습니다.

그리하여 충성스런 신하는 조정을 멀리하고 간사한 무리가 조정에 들끓습니다. 지금이라도 폐하께서 이를 바로잡지 않으신다면 오래가지 않아 나라가 황폐해질 것입니다."

귀비 장려화는 장화가 자신을 달기에 비유한 사실을 알고 매우 분개하였다. 진숙보에게 울면서 간했다.

"임금을 능멸하고 제 나라가 망하는 것을 축원하는 자는 역적임에 틀림없습니다."

진숙보는 이미 이성을 잃은 상태였다. 길길이 화를 내며 장화를 잡아들이고 여러 군신들이 보는 데서 주살하게 하였다. 장사가 칼을 들어 목을 베려하자 장화가 말했다.

"옛날 오왕 부차는 오자서를 죽이고 그의 시신을 말가죽 자루에 넣어 강물에 던져버렸으나 10년도 채 못 되어 나라를 잃고 그도 죽고 말았다. 나는 그것을 염려할 뿐이다."

장화가 죽은 이후로 진숙보에게 충언을 하는 신하가 없게 되어 진나라는 마침내 멸망하게 되었다.

581년 평원왕 23년 2월, 그날은 마침 보름이 가까워 달이 밝았는데

---

162) 은나라 주왕이 만들었다는 춤과 음악

수많은 유성이 떨어져 마치 비가 내리는 것 같았다. 마침 평원왕이 후원을 거닐다가 이 광경을 보았다.

다음날 일관을 불러 물었다.

"지난밤에 삼벌육성(參伐六星) 사이에서 유성이 빗발치듯 떨어졌으니 이것은 무슨 조화인가?"

일관이 송구스러운 듯 연신 머리를 조아리며 말했다.

"천하의 움직임에는 반드시 전조(前兆)가 나타난다고 합니다. 삼벌육성이란 백호를 의미하는 별들로 방향으로는 서쪽을 가리키는데 그곳에서 수많은 유성이 나타난 것은 장차 서쪽에서 변고가 일어날 기미를 보인 것입니다."

평원왕 즉위 3년에도 이변이 있었다.

따뜻한 봄날 새벽 일찍이 서궁(西宮) 누각 위에 밝은 빛이 나타나더니, 붉은 빛을 띤 기이한 새 한 마리가 누각 위에 높이 올라 일곱 번 크게 울었다. 사람들이 놀라 달려 나오자 그 새는 멀리 남쪽 하늘을 향해 날아갔다.

그때 일관은,

"봉황(鳳凰)이 도를 깨치면 온 몸이 붉게 물들어 주작(朱雀)이 됩니다. 주작이란 남방의 수호자로서 강한 양기를 지니며 오행의 화(火)를 상징하니 계절로는 여름입니다.

주작(朱雀)이 몸을 드러내었으니 이번 여름에는 재난이 있지 않을까 두렵습니다. 천신에 제사를 지내어 복을 구하십시오."

이렇게 말했다. 그렇지만 대부분의 중신들은,

"날짜를 받아 귀신을 섬기고 점괘를 믿으며 제사를 좋아하면 나라가 망한다고 하였습니다."

라고 반대하여 결국 일관의 말을 물리쳤다.

그런데 과연 그해 유월에 억수같은 비가 내려 닷새 동안 그치지 않더니 대동강 물이 넘치는 대홍수가 나서 평양성이 반 넘게 물에 잠겼다.

물이 빠진 평양성은 전쟁터를 방불케 하였고 가족을 잃은 수재민들의 울부짖음은 이레 동안이나 그치지 아니하였다.

평원왕은 그때의 일을 크게 후회하고 일관의 신통한 예언력을 깊이 신임하였는데 이제 다시 변고가 일어날 것이라는 말을 듣자 놀라지 않을 수 없었다. 대책을 세우지 못하고 깊이 고민하고 있었는데 며칠 지나지 않아서 서쪽 변방에서 전령이 달려와 고하였다.

"주의 양견이 그 임금을 폐하고 스스로 나라를 세워 수라고 했다 합니다."

평원왕이 탄복하여 말했다.

"하늘의 가르침에는 틀림이 없다."

고유는 주나라 시절에 고구려가 제(齊)와 화친하고 주(周)를 적대시함으로써 배산의 화를 자초하였다고 생각하고 있었다. 그래서 수와 화친하기를 간절히 바라고 표를 올렸다.

"나라를 다스리고 지키는 데는 천하의 형세를 돌아보지 않을 수 없습니다. 우리나라는 서쪽으로 중국을 접하고 북쪽으로는 돌궐과 거란, 남으로는 백제와 신라에 둘러싸여 있어 전쟁의 위험이 가시지 않았습니다.

다행히 지금 북쪽의 거란과 돌궐은 그 세력이 미미하여 우려할 바가 없고 남으로는 백제왕 명농(明禮)[163]이 전사한 후 신라와 불구대천의

---

163) 백제 聖王

원수가 되어 서로 다투니 우리 변방은 오히려 편안합니다.

하나 서국의 대륙에는 제와 주가 모두 망하고 수(隋)가 서서 천하를 호령하고 있으니 정세가 심상치 않습니다. 다행히 수왕 양견은 덕이 있어 백성들을 사랑하기를 자신을 돌봄과 같이 한다고 하였으니 우리도 사신을 보내어 건국을 축하하고 양국의 평화를 도모해야 합니다."

왕이 신하들에게 고유가 올린 표문을 읽어 주었는데 서부살이 연자유가 발끈하고 나섰다.

"수주가 된 양견은 원래 선비족 장군가의 출신으로 두 얼굴을 가진 자입니다. 겉으로는 온화한 척하며 널리 인애를 선전하지만 실상은 성품이 여우와 같이 교활하고, 이리와 승냥이처럼 잔혹하여 사위와 외손마저 서슴지 않고 죽인 자이니 화친의 상대가 되지 못합니다."

연자유의 말을 듣자 왕의 얼굴에는 어두운 기색이 감돌았다.

"그렇다면 이제 막 새로 선 수(隋)가 주(周)보다도 더 위험한 적이 될 것이라는 말인가?"

"신이 듣기로는 양견의 사촌인 양책은 배산 전투에서 온달 장군에게 전사하였다고 합니다. 단정할 수는 없지마는 선린관계는 힘들 것으로 생각됩니다. 이러한 형편에 우리가 먼저 사신을 보낸다면 오히려 얕잡아볼 것입니다.

하오나 양견이 이제 막 나라를 세워 아직도 주실(周室)에 충성하는 사람들의 인심을 모으지 못하고 있습니다. 이런 기회에 북으로는 돌궐과 내통하고 거란과 말갈군사를 앞세워 평정해 버린다면 중원의 넓은 땅을 차지할 수 있을 뿐만 아니라 만세의 근심을 덜 수 있을 것입니다."

전쟁 이야기가 나오자 조정 대신들은 크게 술렁거리기 시작했다. 그렇지만 주와의 전쟁으로 한바탕 홍역을 치룬 평원왕은 전쟁을 일으키는데 큰 부담을 느끼고 있었다.

"인군은 전쟁을 즐겨하지 않는 법이다. 더구나 주와의 전쟁 이후로 백성들의 살림이 몹시 피폐해져 있다. 국경에 정예 군사를 배치하여 엄중히 경계하고 저들의 동향을 지켜보리라."

회의를 마치고 돌아오는 길에 연자유가 크게 탄식했다.

"참으로 안타까운 일이로다. 기회는 올 때 붙잡지 않으면 오히려 화가 되는 법인 것을 왜 모르는 것인가."

그날로 도성을 빠져나가 자신의 영지인 서부로 가 버렸다.

그 해 7월에 서쪽에서 비구름이 몰려와 때 아닌 서리와 우박이 내려 곡식을 크게 해하더니 가을에는 흉년이 들어 기근이 생겼다.

왕이 일관에게 묻자 대답하기를,

"전일에 유성이 떨어져 징조를 보인 것은 하늘에서 재해가 일어나 많은 백성들이 굶주려 죽게 될 것을 염려함이었습니다. 지금이라도 천제께 제사를 올리고 정성을 보이심이 좋겠습니다."

라고 하였다.

왕이 극중부를 축단도감(築壇都監)으로 삼아 제사를 준비하게 하였다. 그러자 북부욕살 고전이 아뢰었다.

"나라에 큰 일이 있을 때면 대왕과 문무 대신들이 국동대혈(國東大穴)[164]로 친히 납시어 천제께 고하셨습니다. 지금도 마땅히 그 곳에서 제사를 올려야 합니다."

---

164) 國東大穴은 大穴, 隨神, 隨穴, 神穴이라고도 하며 國內城(집안현 현성)에서 동쪽으로 17km 떨어진 높은 산 중턱에 자리 잡고 있으며 대혈 남쪽 40m에 압록강이 있다.

고구려 시조 추모성제는 천손(天孫)인 해모수의 아들을 칭하였다. 그래서 국초(國初)부터 나라에 큰 일이 있을 때면 국내성에서 얼마 떨어지지 않은 국동대혈에서 천제께 제사를 지내왔던 것이다. 평원왕이 그 말을 받아들여 친히 국동대혈에 행행하여 제사를 올렸다.

제사가 끝나자 왕이 교서를 내려 말했다.

"나라에 흉년이 들어 굶어 죽는 백성들이 길거리에 널렸는데 젊은 이들은 변방에서 수(守)자리를 지키느라 나라 안에 일할 사람이 없다. 수와 화친을 맺어 전쟁의 화근을 없애고, 변방 군사들을 모두 고향으로 돌려보내어 생업에 힘쓰게 할 것이다."

전국에 대사령을 내려 이사(二死)[165]를 제외한 모든 죄인들을 다 풀어주고, 농상(農桑)을 장려하였다. 이와 함께 국고(國庫)를 활짝 열어 사궁(四窮)[166]을 구휼하고 세금과 부역을 줄여 백성을 위무하고 수와의 외교를 정상화하기 위해서 건국을 치하하는 사신을 보냈다.[167]

한편 진으로 대규모 군대를 출정시킨 수 문제는 뜻하지 않은 돌궐의 침략을 받아 나라가 혼란스러웠다. 이때 고구려에서 친선 사신이 오자 다행으로 여겼다.

좌광록대부 배온을 반접사로 임명하여 대흥성 30 리 밖에까지 나아가 고구려 사신을 맞아들였다. 이때 예를 다하여 아름다운 여인과 향기로운 술을 내렸고 날마다 주연을 베풀어 고구려 사신들이 수 조정의 여러 가지 내부 사정을 염탐할 수 없도록 하였다.

---

165) 사형수를 말함.
166) 鰥寡孤獨을 말함.
167) 평원왕 23년 12월

제 5 장

창려 전투

돌궐(突厥)의 침략을 물리친 문제는 진숙보가 장화를 죽였다는 소식을 듣고 중신들에게 물었다.

"짐이 듣기로는 진의 조정에는 장화가 있고 장강에는 래호아가 있어 나라를 지킨다고 들었다. 그런데 진주(主)가 우매하고 황음무도하여 장화를 죽였다고 하니 이는 필시 나라가 망할 징조가 아니더냐?"

곽주자사(郭州刺史) 최중방(崔仲方)이 말했다.

"우리 군사들은 육전에는 강하나 수전에는 익숙지 못합니다. 그래서 전날 장강의 험한 수로에서 진나라 수군에게 길을 막혔기 때문에 어려움을 겪었던 것입니다. 만약 진을 정벌하실 의향이라면 강력한 주사(舟師)를 먼저 마련해야 해야 합니다."

진의 정벌에 참가했던 고경(高穎)도 말을 거들었다. 그는 진과의 전쟁에서 크게 패했기 때문에 이번에는 이른바 먼저 이기고 난 뒤에 전쟁을 한다는 선승후전(先勝後戰)의 전략을 취하는 것이 좋다고 생각했다.

"강북 지방의 땅은 추워서 가을 추수가 늦지만, 강남 지방은 논의

벼들이 일찍 익습니다. 저들이 수확을 하려는 때에 맞추어 군사들을 조금 징집하고, 저들을 엄습할 것이라고 소문을 내십시오. 저들은 반드시 군사를 대거 소집하여 진을 치고 방어할 것이니 수확시기를 놓치게 될 것입니다.

이렇게 두세 차례 하고 나면 저들은 우리의 소문을 예사로 여기게 될 것이 분명합니다. 그러면 우리가 대거 군사를 모은다고 해도 도리어 믿지 않을 것이고 저들이 머뭇거릴 때에 우리 군사들이 강을 건너 육지에 올라 가 싸운다면 우리 병사들의 사기가 크게 치솟을 것입니다.

또 강남은 토질이 박하여 집들은 흔히 띠와 대나무로 짓고 모든 물건들은 땅속에 움을 파고 감추어두지 않습니다. 만약 은밀히 첩자들 파견하여 바람이 불 때에 불을 지르고 저들이 수리하기를 기다렸다가 또 다시 불을 지른다면, 몇 년이 지나지 않아 저들이 쓸 재물들은 전부 소진되고 말 것입니다.

그런 연후에 천기(天機)를 틈타서 대군을 일으킨다면 반드시 진숙보를 사로잡을 수 있을 것입니다.”

문제는 고경과 최중방의 멸진계책을 채납하여 장기적으로 준비하였다. 군비증강에 힘을 기울고 전국의 군사를 모으게 하였지만 대흥성 공사를 위해서 많은 백성들이 동원되었기 때문에 군사를 동원할 여력이 없었다.

여러 성의 자사들에게 징병을 재촉하여 모은 군사의 수가 가까스로 40만이 넘었다. 하지만 진의 군사도 50만 가까이 되었기 때문에 아무래도 병력 수가 부족하게 생각되었다.

양소가 간했다.

"날랜 호랑이가 토끼를 잡을 때에도 모든 힘을 다한다고 합니다. 진왕이 비록 포악하고 무능하다고 하나 충신열사들이 아직도 많이 남아 있으니 도모하기 어렵습니다. 마땅히 창려군(昌黎郡)[168)에 있는 정예 병들도 모두 불러 들여야 합니다."

창려는 난하와 장성이 만나는 곳에 위치하고 있어 아주 중요한 군사 요충지였다. 그곳은 원래 고죽국(孤竹國)의 땅으로써 동이족들의 터전이었으나 한나라 시절에 무제가 위만조선을 멸망시키고[169) 그곳에 나라군(樂浪郡) 수성현(遂城縣), 조선현(朝鮮縣) 등을 두었다.

그 후 B.C 75년에 요동군(遼東郡)이 동진한 후에는 요서군(遼西郡) 영지현(令支縣), 비여현(肥如縣) 세 현을 두어 일시적으로 한족의 영토가 되었다.

그러나 고구려 모본왕(慕本王)이 말갈을 비롯한 여러 맥족(貊族)을 앞세우고 고토(故土) 수복에 나섰다. 대군을 보내어 북평(北平), 어양(漁陽), 상곡(上谷), 태원(太原) 등을 모두 함락하고 난하 서쪽인 요서(遼西)까지 진격했다.

요동태수 채동(蔡彤) 등이 견디지 못하고 머리를 풀고 수레에 몸을 묶어 성 밖으로 나와 항복을 청하자 모본왕이 이들을 받아들여 모두 신토(臣土)로 삼았다.

그 뒤 초(楚)를 멸하고 중원을 재패한 한(漢)이 호시탐탐 요서(遼西) 땅을 노리자 태조무열왕이 이를 몹시 염려하였다. 융무(隆武) 5년 10

---

168) 영락현(永樂縣) 신창현(新昌縣)지역을 말함.

169) B.C 108

여개의 성을 쌓아 방비하게 하였으나 팽창하는 한나라 세력을 막을
수 없었다.

얼마 가지 못하고 다시 한에게 빼앗겼는데 광개토대왕 때에 이르러
후연(後燕)의 유주(幽州)을 비롯하여 백제의 요서 분국도 공략하여 그
땅을 모두 병합했다.[170]

그 후 위(魏), 진(晋), 모용선비(慕容鮮卑), 연(燕), 전연(前燕), 전진
(前秦), 후연(後燕), 북연(北燕) 등이 차례로 난하 유역을 차지하였다.

북위(北魏)는 연화(延和) 원년[171]에 이 땅을 차지하여 평주(平州) 소
속으로 삼고 요서군(遼西郡)과 북평군(北平郡:)을 두었는데 백제의 개
로왕 때 빼앗기고 말았다.[172]

그렇지만 고구려 안장왕이 이 땅을 백제로부터 되찾았고, 북위(北
魏)가 유안정, 취덕흥의 반란을 진압할 때[173] 요서도 함께 병합하였다.
그리고 영희(永熙) 2년에는 남영주(南營州)를 두었는데 그 후 북제(北
齊)가 그곳에 창려군(昌黎郡)을 두었다.

이후 북주가 북제를 멸하고 영토로 삼았으며 수가 북주를 이어 나라
를 세웠기 때문에 수의 영토가 되어 있었다. 하지만 창려는 동이족과
한족, 선비족 등이 서로 다투어 수없이 주인이 바뀌었기 때문에 수문
제도 이 땅을 지키기 위해 2십만이 넘는 군사를 주둔시켜야 했다.

창려는 이처럼 중요한 전략적 요충지였기 때문에 진을 정벌하기 위
한 동원령에서는 제외시켰는데 양소는 그곳의 군사들까지도 징발하

---

170) A.D 400년

171) A.D 432년

172) A.D 463년

173) A.D 524-529년

자고 주장한 것이었다.

몇 몇 신하들은 창려의 중요성 때문에 양소의 말에 반대하였지만 별다른 대책이 없는 문제로서는 그의 말을 따를 수밖에 없었다.

조서를 내려 영락현과 신창현에 주둔해 있는 수나라 군사들을 장강 쪽으로 이동시켜 진(陳)을 치기 위한 준비를 갖추었다. 그리고 엄청난 군비를 담당하기 위해서 호구조사를 대대적으로 실시하여 호구를 정확히 파악하고 등재하게 하였다.

그 결과 160여만 명이 호적부에 새로 등재됨으로써 당시까지 파악된 장정의 수가 40만 명에 불과하던 것이 2백만 명으로 크게 증가하게 되어 그에 따른 국가의 조세 및 용역의 수도 급증하게 되었다.

창려에서 군사를 징발한 문제는 양소(楊素)를 신주(信州) 총관으로 보내어 주사(舟師)를 준비시켰다.

이때 양소(楊素)는 진의 청룡전선을 격파하기 위하여 오아(五牙)라는 큰 배를 만들었다.

오아전선은 높이가 10장이고 너비가 40장이며 전후 좌우로 여섯 개 높이 50여자나 되는 돛대를 세웠는데 상하가 5층이어서 '오아'라 불렀다.

배 안에는 팔백 명을 수용하고 배 위에는 수백 대의 강노기(强弩機)를 설치했으며 뱃머리는 철갑으로 둘러 적선과 부딪치더라도 부서지지 않게 하였다.

또한 전후좌우에는 높이 5장의 박간(拍竿)이 6개 있었고 끝에는 수 톤이나 되는 철퇴가 달려 있어 이를 쏘면 적선을 부수어 침몰시키거나 전복시킬 수 있었다.

뿐만 아니라 군사 1백 명이 탈 수 있는 중형 황룡전선(黃龍戰船)을 수천 척 건조하고 물품수송이나 군사운송, 기습 등을 위한 '평승(平乘)', '책함(責艦)'등 소형 선박도 수만 척을 건조하는 한편 포석기, 파성추, 운제, 소차, 호교 등 공성에 필요한 각종 병기를 군선에 실어 육지전 준비도 갖추게 하였다.

양소(楊素)는 배를 만들 때 생기는 폐료를 일부러 물에 던져 떠내려가게 하여 진(陳)나라 사람들을 놀래게 하고 진(陳)나라 군심을 와해시켰다.

문제는 진을 정벌하기 위해 고경의 멸진책을 차근차근 시행했다. 그래서 강남에서 수확할 계절에는 군사를 모아 공격하는 척하며 농사를 망치게 하였으며 끊임없이 진군(陳軍)을 마비시키고 미혹시켰다. 또한 사람을 진(陳)의 국경에 들여보내서 그들의 물자 저장 등을 파괴하였다.

또 선성후실(先聲後實)의 수법을 취하여 수(隋)는 장강의 수비군에게 명하여 매번 군사 이동할 때마다 평야에 크게 깃발을 올리고 텐트를 치며 때때로 강기슭에서 수렵하여 인마가 떠들썩하면서 도강하는 척하였다.

진군(陳軍)들이 군사를 끌고 와서 수비하자 군사를 거두게 하였는데 이렇게 여러 번 반복하니 진군(陳軍)들은 차차 놀라지도 않고 별로 방비도 하지 않았다.

하약필(賀若弼)은 군대의 늙은 말들을 강남에 팔고 배들을 사왔는데 일부러 좋은 배는 감추고 낡은 배들만 강변에 내 놓아서 진군(陳軍)들로 하여금 수군(隋軍)들은 배가 없어 도강하기 어렵겠다고 오해하게 하였다.

이렇게 여러모로 파괴하고 진군(陳軍)을 피로하게 하고 오해하게 하는 등의 수법을 몇 년간 계속하였다.

한편 돌궐과의 전쟁이 끝난 지 얼마 지나지 않아서였다. 창려에서 급한 파발이 달려왔다.

"대규모 고구려 군사들이 쳐들어 왔습니다."

창려를 지키던 수군들이 돌궐과의 전투에 징발되어 나간 틈을 타서 고구려 평원왕이 온달에게 명하여 북위(北魏)때 빼앗긴 이 지방을 수복하게 한 것이었다.

유주(幽州) 총관 음수(陰壽)가 태원(太原)과 상곡(上谷) 이남에 있는 1만 오천 명의 병사를 모아 당산(唐山) 아래에서 진을 치고 싸웠으나 한번 전투에 수천 명의 군사를 잃고 달아났다. 이 보고를 받은 문제는 불같이 화를 내었다.

유사에 명을 내려 당장 잡아들이게 하고 처벌하려 하자 마침 돌궐 원정에서 돌아와 있던 고경이 변명해 주었다.

"그렇게 꾸짖을 일만은 아닙니다. 온달은 잔인하기가 독사보다 더하고 용맹하기로는 야차보다 사납다고 합니다. 처음부터 음수 정도로는 당해내기 어려운 일이었습니다."

하긴 그 말도 옳았다.

주 무제를 따라 배산 전투에 참전한 적이 있던 문제도 온달의 용맹에 대하여 익히 알고 있던 터여서 음수만 탓할 수 없는 노릇이었다. 양소를 대장으로 삼고 왕경칙을 부장으로 삼아 대규모 정예병을 보내어 토벌하려 하였다.

이때에도 고경이 참견했다.

"양소는 책략은 있으나 모질고 잔인하여 군사들의 신망을 잃었고, 왕경칙은 용기는 있으나 책략이 부족합니다. 하나 왕웅(王雄)은 사려가 깊고 병법에 밝아 장수로 쓸 만합니다."

문제는 고경의 말을 받아들여 왕웅을 대장으로 삼고 다음과 같은 조서를 내렸다.

"궁벽한 동쪽 바다에 치우친 소이(小夷)[174]가 조그만 군사를 믿고 예의를 잃은 적이 한 두 번이 아니었다. 그때마다 짐은 올바른 왕도로써 타일러 인도하였지만 간교하고 사악한 뱀이나 여우와 같은 마음을 버리지 못하여 은의(恩義)를 배반하고 변방을 자주 어지럽히며 또 백성들을 제멋대로 죽이는 등 그 죄악을 일일이 헤아릴 수가 없다.

천인이 공노하면 하늘이 주벌한다고 한다. 짐은 만백성의 어버이로서 어찌 이와 같은 잔혹한 행위를 보고만 있을 수 있겠는가? 3군을 동원하여 방패를 나란히 하고 창날을 가지런히 세워서 패악한 자를 토벌하고 천하에 올바른 도가 있음을 알릴 것이다."

왕웅이 진군하여 해하 근처에 이르렀을 때였다. 선봉장 팽차구가 먼저 손규의 군사와 만났다. 팽차구는 제법 용맹은 있었으나 사람됨이 교만하여 다른 사람들을 깔보는 버릇이 있었다. 손규의 군사들이 많지 않은 것을 보고 주저 없이 총공격을 감행하여 한바탕 결전을 벌였다.

손규의 군사들도 거세게 반격을 가했으나 시간이 갈수록 불리해지

---

174) 고구려를 말함.

자 결국에는 달아났다. 그렇지만 날이 어두워졌기 때문에 팽차구는 추격하지는 못했다.

"별 것 아닌 놈들이로다."

어렵지 않게 승리한 팽차구는 자만심이 넘쳤다. 약간의 경계병만 세워두고 모두들 푹 쉬게 하였다. 그리고 밤이 이슥해지도록 부하 장수들과 함께 술자리를 벌였는데 부장 장저가 말했다.

"오늘 같이 좋은 날 여자가 없어서야 되겠습니까?"

"어디서 여자를 구한단 말인가?"

장저가 음흉하게 웃었다.

"주위에는 부락이 많습니다. 군졸 몇 명만 보낸다면 얼마든지 반반한 계집들을 모아올 수 있습니다."

"행여 대장군께서 아시는 날이면 어쩔려구 그래?"

"여긴 전쟁터입니다. 들킬 리도 없지만 만약 들킨다고 하더라도 몇몇 군사들의 노략질로 치부해버리면 그만입니다."

팽차구는 귀가 솔깃해졌다. 군사를 풀어 인근 부락에서 여자들을 잡아오게 하여 술판을 질펀하게 벌였다.

이때 한 여인이 앙칼지게 반항을 하자 술에 취한 장저가 벌떡 일어서서 발길로 차며 소리쳤다.

"이런 건방진 년. 당장 끌고나가 처형해 버려라!"

팽차구가 께름칙하게 여겨 말했다.

"그렇다고 죽이는 것은 너무 지나친 처사가 아닌가?"

"무슨 말씀을 그렇게 하십니까. 우리는 목숨을 걸고 싸우고 있지 않습니까? 그런데 그 년들은 헤픈 웃음과 몸뚱이로 잠시 우리를 즐겁게 해 주지도 하지 못한다면 죽어 마땅합니다."

말도 되지 않는 소리로 횡설수설했지만 대취한 팽차구는 그럴 듯하게 여겼다.

"좋아, 좋아. 오늘은 이 년들을 데리고 실컷 놀아도 좋다."

여러 장수들에게 여자들을 나누어주고는 자신도 한 여인을 꿰어 차고 비틀거리며 막사로 돌아갔다.

이튿날 새벽, 아직 날도 밝지 않았을 무렵에 갑자기 함성소리가 일어났다.

"큰일 났습니다. 적군의 기습입니다."

막사를 지키는 군관이 다급하게 깨웠지만 그때까지 술에서 깨지 않은 팽차구는 헛소리만 해 대었다.

"뭐야 이놈아. 새벽부터 무슨 지랄이냐! 보고할 게 있으면 나중에 보고하라."

"적군이 왔단 말입니다. 진채가 온통 불바다입니다."

군관이 재차 소리치자 그제야 팽차구가 정신이 들었다. 자리에서 벌떡 일어나 보니 옆에는 알몸의 여인 하나가 오돌 오돌 떨고 있었다.

순간 팽차구는 어젯밤의 일이 생각났다. 여인을 힐끔 쳐다보고는 애꿎은 군관만 나무랐다.

"이놈아! 뭘 쳐다보고 있는 게냐. 썩 꺼지지 못할까."

이렇게 군관을 쫓아 보내고 옷을 주섬주섬 걸치고는 막사 밖으로 나가는 순간 수십 명의 고구려 군사들이 무더기로 쏟아져 들어왔다.

깜짝 놀란 팽차구가 뒷걸음질 치면서 칼을 뽑아 들었으나 어느새 뒤로 돌아온 고구려 군의 창에 맞아 그 자리에 고꾸라지고 말았다.

손규 앞으로 끌려 온 팽차구는 갑자기 비굴해졌다. 머리를 조아리고 울먹이며 사정했다.

"고향에는 노모와 어린 자식들이 있습니다. 제발 목숨만 살려주십시오."

간절하게 목숨을 구걸하였으나 손규가 팽차구의 면상을 걸어차면서 꾸짖었다.

"참으로 역겨운 놈이로다. 사필귀정(事必歸正)이요 결자해지(結者解之)라고 하였으니 마땅히 너희들은 죄의 댓가를 받아야 한다."

부하들에게 명하여 인근 부락들의 남자들에게 팽차구와 함께 붙잡혀 온 그의 장수들을 내어 주게 하였다. 이에 아내와 딸들을 빼앗긴 주민들은 돌과 몽둥이로 쳐서 죽였다.

한편 간신히 목숨을 구한 장저는 왕웅에게 가서 거짓으로 고했다.

"팽차구가 무능하여 적의 야습을 받아 죽었습니다."

그렇지만 먼저 도망쳐 온 팽차구의 병사들이 장저의 죄를 낱낱이 고해바쳤기 때문에 왕웅은 도리어 화를 내었다.

"네놈의 죄는 네가 잘 알 것이다."

그 자리에서 목을 베어 죽였다.

이때 전령 하나가 헐레벌떡 달려와서 고했다.

"총관 배준 장군도 전사했습니다."

손규가 팽차구를 공격할 때, 강이식도 배준의 진채를 들이쳐서 일거에 섬멸해버린 것이었다. 연이어 두 장수가 죽자 왕웅은 정신이 아뜩해졌다. 군사들의 사기는 땅에 떨어졌고 모두 다 두려운 기색을 감추지 못했다. 왕웅이 특단의 조치를 내리지 않을 수 없었다.

"별도로 명령이 있을 때까지 누구도 군문을 나가서 싸워서는 안 된다."

이렇게 명령을 내리고 군사들을 한데 모아 보루와 목책를 지켜서 더 이상 나오지 않았다.

왕웅의 작전은 주효하였다.

10월의 요동 추위는 칼끝과 같이 매서웠다. 강물은 꽁꽁 얼어붙어 식수조차 구하기 힘들었고 살을 에는 강풍 때문에 한걸음 나가기도 힘들었다. 게다가 시간이 흐를수록 군량과 마초가 부족하여 원정 온 고구려 군사들로서는 견디기 어려운 형편에 이르렀다.

다급해진 온달은 하루라도 빨리 승부를 내기 위해서 매일 같이 수나라 진영 바로 앞에까지 군사들을 보내어 북과 꽹가리를 치면서 싸움을 돋우었다.

"비겁한 왕웅아! 무서우면 달아나라."

"수나라 겁쟁이들아. 사내라면 정정당당하게 나와 싸우자."

온갖 야유와 차마 입에 담지 못할 욕설까지 퍼부어 대었으나 왕웅은 전혀 개의치 않고 요지부동으로 일관할 뿐이었다.

그러던 어느 날 관(關)을 지키던 장수가 와서 고했다.

"온달이 사자를 보내 왔습니다."

왕웅이 그를 불러들였는데 온달이 고운 비단 보자기에 싸인 아름다운 함(函)을 보냈다. 부하 장수들이 열어보자 그 속에는 치마, 저고리 한 벌과 다음과 같은 글귀가 있었다.

"수장 왕웅은 보아라. 두려움에 떠는 너희들이 가련하여 우리 군사들이 보내는 선물이다. 네가 이것들을 갈아입고 달아난다면 추격하지 않겠노라."

고래(古來)로 중국에서는 사내를 여자로 빗대는 것을 가장 치욕으로 여겼다. 온달은 왕웅을 격노하게 하여 전쟁터로 끌어낼 작정이었지만 왕웅은 도리어 껄껄 웃으며 따끈한 술 한 잔을 내어오게 한 뒤 온달의 사자에게 주면서 말했다.

"참으로 고마운 일이요. 그대로 전하시오. 이 옷은 잘 간직하였다가 필요할 때가 되면 되돌려 주겠소."

왕웅의 부장 방적(方積)은 성격이 불같이 급하고 살아있는 황소의 뿔을 뽑아 죽일 만큼 힘이 장사였다. 평소에 60근이 넘는 큰 철퇴를 한 손으로 휘두르면서 '가련(可憐)'이라고 부르고 다녔는데 어떤 사람이 이상하게 여겼다.

"철퇴의 이름이 하필이면 왜 '가련'입니까?"

이렇게 묻자 방적은 태연자약하게 무시무시한 철퇴의 침을 어루만지면서 호언장담하곤 하였다.

"나의 철퇴는 피를 먹어야 사는 데 지금은 전쟁이 없어 허기조차 채우지 못하니 그래서 '가련'이라는 것이다."

이렇듯 자존심이 강한 방적으로서는 여자로 취급당하는 수모는 도저히 참을 수가 없는 것이었다.

"우리는 군사가 저들보다 몇 배나 많다. 그런데도 이따위 목책 뒤에 숨어서 온갖 치욕을 당할 수 있단 말인가?"

휘하의 군사들을 이끌고 목책 문을 열고 나가려 하였다. 왕웅이 이 사실을 알고 급히 사람을 보내어 경고했다.

"나의 명이 없이는 군사를 움직이지 말라."

방적도 분기를 감추지 못하고 대들듯이 말했다,

"개미를 죽였다고 용감하다고 하지 아니하고, 깃털을 들었다고 해서 힘이 장사라고 하지 아니합니다. 온달은 일개 용장에 불과한데 수만 군사로써도 도리어 우롱 당하고 있으니 장차 어찌 폐하를 뵐 수 있단 말입니까?"

씩씩거렸으나 왕웅이 단호하게 말했다.

"훌륭한 장수는 먼저 불패의 태세를 갖추어 놓고 적이 무너지기를 기다린다고 한다. 온달은 예사로운 장수가 아니다. 조급한 마음으로 승부를 다투려 해서는 안 된다."

그 말은 오히려 방적의 심사를 건드렸다.

"고경 장군은 사나운 돌궐을 상대로 적진 깊숙이 진격하여 달두를 무찔렀습니다. 우리는 적들보다 훌륭하고 강한 무기를 가지고 있고 군사 또한 훨씬 많습니다. 그런데도 목책과 보루 뒤에 몸을 숨기고 자리나 지키려 한다면 나중에 무슨 면목으로 폐하를 보려 하십니까."

누구나 남에게 빗대어 빈정거리거나 비꼬면 화가 나기 마련이다. 방적이 고경에 빗대어 자신을 비꼬자 왕웅도 비위가 틀어졌다.

"이런 건방진 놈이 감히 나를 우습게 보는구나."

크게 괘씸한 생각이 들었다.

"좋다. 너의 출정을 허락이야 하겠지만 만약에 지고 온다면 군법대로 처리할 것이다."

이렇게 으름장을 놓자 방적도 오기(傲氣)가 생겼다. 주위에 있던 장수들을 둘러보며,

"내가 적장의 머리를 깨뜨려 가져올 것이니 그때는 내가 군사를 지

휘할 것이오. 장군들은 오늘 일의 증인이 되어 주시오."

이렇게 큰 소리치고 의기양양하게 고구려 진영 앞으로 나아가서 외쳤다.

"나는 수나라 장수 방적이다. 온달은 썩 나와서 나와 함께 승부를 겨루어 보자."

온달이 크게 노하여 나가려 하자 손규가 간했다.

"저따위 하찮은 놈에게 장군께서 나가실 필요가 없습니다. 소장이 한 번 나아가 단칼에 목을 베어 버리겠습니다."

그 말에 노기가 풀어진 온달이 말했다.

"그럼 네가 나가서 요망한 저 혓바닥을 가져오라."

명을 받은 손규가 뛰쳐나가 창을 날리자 방적도 조금도 밀리지 않고 철퇴를 휘두르며 맞섰다. 그러나 두 장수의 무술 실력이 백중지세여서 도무지 승부가 나지 않았다.

손에 땀을 쥐게 하는 전투가 계속되어 창과 철퇴가 백여 합이 넘게 엇갈리자 문득 온달이 징을 쳐서 손규를 불러 들였다. 방적이 추격하려 하였으나 때마침 수나라 진영에서도 퇴각을 알리는 징소리가 울렸다.

방적은 어쩔 수 없이 철퇴를 내려놓으며 말했다.

"이놈, 오늘은 운이 좋은 줄 알아라. 다음에 만나면 반드시 네놈의 머리를 짓이겨 놓겠다."

손규가 웃으며 대답했다.

"언제든지 오너라. 우리는 조국을 위하여 피와 영혼을 바칠 준비가 되어있다."

이윽고 손규가 돌아오자 강이식이 말했다.

"소장이 보건대 방적이란 자는 비록 조그만 용맹은 지니고 있으나 머리는 텅텅 비어있는 일개 무장에 불과합니다. 왕웅이란 자는 제법 신중하여 다루기 어렵지만, 저런 자를 슬슬 부추겨 제멋대로 날뛰게 한다면 스스로 전체 군대를 망치게 될 것입니다."

온달도 껄껄 웃으며 말했다.

"옳게 보았다. 나의 생각도 너와 같다. 내일은 네가 나가서 저 자를 상대해 보아라."

한편 왕웅의 진영으로 돌아간 방적은 화부터 내었다.

"적장을 죽일 수 있었는데 왜 불러 들이셨소?"

이렇게 따졌지만 왕웅은 잘라 말했다.

"장수가 자신의 용맹을 자랑하여 무모한 싸움을 멈추지 않는다면 자칫 전체 군대를 위험에 빠뜨리게 된다. 퇴각하는 적장을 추격하는 것은 위험을 자초하는 일이다."

홧김에 방적을 내보냈던 왕웅은 꺼림칙한 마음을 버리지 못했는데 갑자기 온달이 손규를 불러들이자 계략을 두려워한 것이었다. 그러나 방적은 엉뚱하게도 왕웅이 자신의 공을 시기하여 일부러 방해한다고 생각했다.

"쓸데없는 걱정은 마십시오. 만약 적장을 잡지 못하면 내 목을 바칠 것이니 앞으로는 싸움이 끝나도록 절대로 참견하여 불러들이지 마십시오."

노기등등하게 소리치고 자신의 군막으로 돌아가 버렸다. 그리고는 다음날 날이 밝기가 무섭게 왕웅의 허락도 받지 않고 고구려 진채 앞으로 다가와서 온갖 욕설을 퍼부으며 싸움을 걸었다.

이때 강이식이 크게 소리치며 달려 나갔다.

"적장은 시끄럽게 떠들지만 말고 내 창을 받아라."

엉뚱하게도 젊은 장수 하나가 나오자 방적은 불쾌한 빛을 감추지 못했다.

"어제 그 놈은 어딜 가고 넌 또 웬 놈이냐. 온달은 조무래기 장수들을 내보내지 말고 직접 나오도록 하라."

강이식이 비웃듯이 웃으며 말했다.

"우리 장군님께서 어찌 하찮은 네놈과 상대하겠느냐. 나는 일개 창잡이 장수에 불과하지만 만약 나의 창을 견디어 낸다면 그때에는 나오실 것이다."

모욕을 당한 방적은 얼굴이 시뻘겋게 변했다.

"이런 버르장머리 없는 놈. 어린놈이라고 해서 봐 주지는 않겠다. 네놈의 못된 주둥아리부터 짓이겨 놓겠다."

단매에 때려죽일 듯이 무섭게 철퇴를 휘둘렀다.

그러나 강이식도 만만하지 않았다. 화려한 창술을 뽐내며 역공을 펼치자 방적이 도리어 밀리는 듯하였다. 화도 나고 초조해진 방적이 더욱 힘을 내어 악착같이 대들자 그제야 강이식도 힘이 부친 듯 말머리를 돌려 달아났다.

"이놈, 게 섯거라."

방적은 저승 끝까지라도 따라갈 듯한 기세로 맹렬하게 추격했으나 고구려 진채 가까이 다가가서 수많은 화살이 날아오자 뒤도 돌아보지 않고 돌아가 버렸다.

방적이 의기양양하게 진채로 돌아갔을 때였다. 갑자기 여러 장사들이 달려와 포박해 버렸다. 왕웅이 좌우 장사들을 시켜 잡아들이게 한 것이었다.

"이게 무슨 짓이요?"

방적이 격노하여 따졌지만 왕웅이 큰 소리로 나무랐다.

"네놈이 아직도 네 죄를 모른단 말이냐. 나의 군령을 어기고도 무사할 줄 알았단 말인가?"

총관 차성이 나서며 간청했다.

"방장군은 비록 명령을 어겼으나 공도 없지 않으니 이번만 용서해 주십시오."

"부디 방장군을 용서해 주시기 바랍니다."

이번에는 사공무가 나서서 용서를 구하자 여러 장수들도 따라 청했기 때문에 왕웅이 못이기는 체 풀어주었다.

그러나 방적은 왕웅에게 앙심을 품었다. 자신의 막사로 돌아오자마자 몰래 장안으로 사람을 보내어 참소했다.

"왕웅은 겁이 많아 전쟁은 하지도 않고 군수물자나 **빼돌리면서** 시간만 보내고 있습니다. 그러나 나는 두 차례나 고구려 장수를 물리치고 공을 세웠습니다. 왕웅은 그런 나를 시기하여 오히려 벌주려 하고 있으니 이러고도 어찌 싸울 수가 있겠습니까?"

양소는 창려 토벌 전쟁에 참전하지 못하게 된 것을 분하게 여기고 있었다. 그래서 왕웅에 대하여 적대감을 가지고 있었는데 방적의 이러한 보고를 받자 기뻐했다. 왕웅의 비리 사실을 부풀려 고하자 전황을 잘 알지 못하는 문제는 왕웅을 소환하고 대신 방적에게 군사를 맡겼다.

왕웅은 자신의 군막으로 돌아와 온달이 보내온 치마와 저고리를 꺼내어 불태우며 한숨을 쉬었다.

"조금만 더 기다렸다면 적장에게 이것을 되돌려 보낼 수 있었을 텐데, 방적이 그놈이 다 망쳤구나."

한편 대장의 인(印)을 받게 된 방적은 의기양양하였다.

"이제야 내 뜻대로 전쟁을 할 수 있게 되었다. 온달은 죽은 목숨과 같다."

장수들을 모아 놓고 이렇게 큰소리치고는 모든 작전을 왕웅과 반대로 했다.

왕웅은 군사들을 한곳에 모으고 수비에 전력을 기울였으나 방적은 군사를 두 갈래로 나누어 높고 험한 산기슭을 마주하여 두 개의 진채를 치고 하나는 왕두채(旺荳寨)라고 하고, 나머지 하나는 영봉채(英鋒寨)라 하고는 총관 차성과 사공무에게 각각 지키게 하였다.

그리고 밤이 되기를 기다려 손수 정예 군사를 이끌고 온달의 진채를 급습했다. 이때 소매와 바지는 모두 끈으로 묶고 군사들의 입에는 매를 물리고 말에는 모두 재갈을 물려 소리가 나지 않게 은밀히 다가갔다.

고요한 막사에는 이따금 불어오는 바람에 횃불만 일렁이고 있었고 그 앞에는 몇 명 안 되는 고구려 초병들이 꾸벅꾸벅 졸면서 쪼그려 앉아 있었다. 방적은 회심의 미소를 지었다. 철퇴 손잡이를 손목에 단단히 감고 한달음에 내달아 막사 앞에 있는 고구려 군을 향해 힘껏 내질렀다.

순간 '풀썩'하는 소리와 함께 허수아비 하나가 맥없이 쓰러졌다. 방적은 머리가 하얗게 변했다.

"아뿔싸, 속았구나."

두려움이 몰려오자 가슴이 떨려 정신을 차릴 수 없었다. 황급히 말머리를 돌려, 오던 길을 되돌아 나갔는데 갑자기 함성 소리가 요란하게 일어나면서 화살이 비 오듯 쏟아졌다. 악에 받친 방적은 소리를 지르면서 군사들을 격려했다.

"겁낼 것 없다. 적들은 얼마 되지 않는다."

신속하게 방진을 구축하고 큰 방패로 벽을 쌓아 화살을 막아내고는 장창을 든 군사를 앞세워 고구려 군의 포위를 뚫게 했다. 그러나 그것도 잠시였다.

이번에는 사방에서 불덩이가 날아오자 애써 만든 방진은 허무하게 무너지고 말았고 그 많던 군사들은 어디로 사라졌는지 보이지 않았다. 화염이 천지에 가득하게 퍼지자 매캐한 연기 때문에 목이 막히고 눈물이 줄줄 흘렀다. 방적의 머릿속에는 오로지 이 말 밖에는 생각이 나지 않았다.

"삼십육계주위상책"(三十六計走爲上策)[175]."

구사일생으로 살아남은 군사들만 이끌고 달아나 해가 뜰 즈음에야 왕두채 앞에 이르렀다. 겨우 한숨을 돌린 방적이 문 앞으로 나아가자 앞에 선 기수가 먼저 소리쳤다.

"빨리 문을 열어라. 대장군께서 오셨다."

그때였다. 갑자기 요란한 소리가 들리면서 엄청난 바윗덩어리와 통나무가 눈사태가 난 것처럼 굴러 떨어졌다. 방적은 혼비백산하였다. 화살이 미치지 않는 2백 보 정도 물러나서 진채를 올려다보니 강이식이 누각에 올라와 보자기에 싼 물건을 내던졌다.

---

175) 병법 삼십육계중에서 달아나는 것이 상책이다.

"옛다. 이것은 네 놈에게 주는 선물이다. 이놈은 끝끝내 반항하다가 이 꼴이 되었다. 네놈도 빨리 무릎을 꿇고 투항하면 이렇게는 되지 않으리라."

방적이 보따리를 끌러보니 그 속에 있는 것은 아직도 피가 마르지 않는 차성의 목이 틀림없었다.

"이런 괘씸한 놈."

마음 같아서는 당장이라도 뛰어나가 한바탕 싸움을 벌이고 싶었지만 뒤쫓아 오는 고구려 군사의 추격을 따돌리는 일이 더 급했다.

다시 말머리를 돌려 영봉채로 달아났다. 마침 서쪽 하늘에 노을이 곱게 물든 저녁때가 다 되었는데 진채 앞에 펄럭이는 고구려 군의 깃발을 보자 방적은 돌장승이라도 된 듯 그 자리에서 뻣뻣하게 굳어 버렸다.

영봉채 역시 고구려 군의 수중에 떨어진 것이었다. 눈앞이 캄캄해진 방적은 달아날 엄두도 내지 못하고 멍청한 눈으로 깃발만 바라보고 있었는데 이때 진채의 문이 열리면서 황금빛 찬란한 도금동엽갑주(塗金銅葉甲胄)를 걸친 팔척장신의 한 장수가 검은 색 휘(麾)를 앞세우고 밖으로 나왔다.

방적은 한 눈에 그가 온달임을 알아보았다. 가슴 속에서 울컥 치밀어 오르는 분노를 억제하지 못하고 적개심에 가득 찬 눈초리로 온달을 노려보자 온달 옆에 있던 젊은 장수 하나가 꾸짖고 나섰다.

"무엄한 놈. 목이 땅에 떨어지기 전에 당장 말에서 내려와 꿇지 못할까?"

우렁찬 목소리가 귓전에 쩌렁쩌렁하게 울렸다. 방적은 오기가 생겼다.

"나는 수나라의 대장군이다. 천하고 보잘 것 없는 놈이 어찌 이토록 무례하단 말인가?"

억지로 위엄을 갖추고 대꾸해보았지만 그의 목소리는 이미 주눅이 들어 가늘게 떨리고 있었다. 저녁 햇살이 정면으로 비쳐서 눈조차 제대로 뜰 수 없었다.

방적이 눈을 찡그리며 뒷걸음질 치자 온달이 껄껄 웃으며 응수했다.

"허허허, 네놈이 누구든 간에 참으로 비굴하고 추잡스런 놈이 틀림없다. 양견이나 너희들은 모두 본래 주의 신하로 우문씨를 섬겼거늘 이제 네놈의 주인을 배반하고 양견을 섬기고 있으니 너 같은 놈이야말로 비루하고 간교한 양견의 개가 아니더냐?"

차마 입에 담지도 못할 욕으로 모욕을 당한 방적은 얼굴색이 변하여 소리쳤다.

"네놈의 혓바닥을 뽑아 놓겠다."

무서운 기세로 내달려 철퇴를 날렸으나 온달의 상대로는 역부족이었다. 찬바람을 가르는 벽천월도를 피하여 삼십여 합을 간신히 견뎠으나 마침내 창에 맞아 말에서 떨어졌다.

뜨거운 피가 분수처럼 치솟고 격렬한 통증이 엄습했다. 중상을 입은 방적은 본능적으로 뒷걸음질 치면서 가쁜 숨을 몰아쉬고 있었는데 온달은 문득 창을 거두고 말했다.

"나는 아직 나의 창을 서른 여 합이나 넘게 받아내는 자를 찾아보지 못했다. 비록 적장이지만 네놈의 용기가 가상하다. 투항한다면 목숨을 살려 두리라."

방적은 고개를 들어 온달을 우러러 보았다. 검은 눈썹에 무섭게 부릅뜬 눈은 지옥의 염라대왕이라도 나타난 것처럼 보였다. 떨리는 마음은 어쩔 수 없었지만 자신도 모르는 반항심이 치솟았다.

허리 뒤에 숨겨둔 작은 칼을 재빨리 뽑아들고 온달을 향하여 비호처럼 몸을 날렸다.

"개수작 말라. 지옥에나 함께 가자."

갑작스런 역습에 주위에 있던 모든 장수들이 크게 놀랐지만 정작 온달은 태연했다. 미리 짐작이라도 하고 있은 듯 순식간에 허리를 비틀어 칼날을 피하고는 번개처럼 창을 돌려 방적의 오른 손을 잘랐다.

"으악!"

처절한 비명 소리와 함께 잘려나간 방적의 손이 펄쩍펄쩍 뛰고 있었다. 방적은 잘린 손목을 붙잡고 울부짖었다.

"장부가 어찌 치욕을 당하리오!"

가까이 있는 절벽으로 달려가 몸을 던져 죽었다.

어느덧 전쟁이 끝나자 해는 이미 서산 아래로 떨어져 어둠이 깔리고 있었다. 바람결에 실려 온 피비린내는 산천을 진동하고 수군들의 시체는 산처럼 쌓여 있었다.

문득 어디서 나타났는지 수많은 까마귀 떼가 군무(群舞)를 펼치며 하늘 높이 빙빙 원을 그리고 있었다.

이 전쟁으로 수는 결국 창려군(昌旅郡)에서 쫓겨나 동쪽 방어선을 계(薊)[176] 방면으로 정하고 그곳에서 고구려와 경계를 그었다.[177]

---

176) 북경 동쪽지역을 이름

177) 583년

방적이 죽고 수군들이 쫓겨 돌아오자 문제는 홧병이 나서 잠을 이룰 수 없었다.

"에잇, 식충 같은 놈들을 믿고 어떻게 천하의 대사를 도모한단 말인가."

펄펄 뛰면서 좌우 군신들을 꾸짖었으나 모두들 고개만 조아리고 식은땀만 흘릴 따름이었다.

마침 그때 고경이 상처가 회복되어 조정에 나왔다. 그는 왕웅을 천거하였기 때문에 문제는 불쾌히 여겨 물었다.

"짐은 제위에 오른 후 양과 진을 멸하고 돌궐을 물리쳐 천하를 호령하였다. 그런데 동쪽 변방에 있는 조그만 고구려에게는 도리어 창려의 요충지를 빼앗겼으니 이것은 도대체 어찌된 영문이란 말인가? 왕웅이란 놈은 수만의 군사를 가지고도 오히려 대사를 망쳐 놓았으니 마땅히 그 목을 베어 죄를 알려야 할 것이다."

고경이 식은땀을 흘리면서 감히 대답하지 못하고 쩔쩔 매기만 하자 대리소경 유술이 변명하고 나섰다.

"이번 패전의 책임은 왕웅에게 있는 것이 아니라 방덕에게 있습니다. 온달은 매우 뛰어난 장수인데도 방덕이 자신의 용맹만 믿고 교만하게 날뛰었기 때문입니다."

유술은 인물이 매우 준수하고 글재주도 뛰어나서 문제가 둘째 딸 난릉공주를 주어 사위로 삼고 총애하였다. 화가 조금 풀어져서 유술에게 물었다.

"너는 정녕 지금이라도 왕웅을 다시 보내면 창려를 되찾을 수 있다고 생각하는가?"

"전쟁이란 반드시 군사가 많거나 힘이 있다고 이기는 것이 아닙니다. 그래서 싸우기 전에 반드시 이해와 득실을 충분히 검토하여 승산을 따져보아야 합니다."

"그렇다면 고구려와의 싸움은 승산이 없다는 뜻인가?"

"예로부터 전쟁에 이기려한다면 다섯 가지 근본과 일곱 가지 책략[178]을 따라야 한다고 합니다. 그런데 우리에게는 세 가지 불리한 점이 있으니 어렵다고 할 수밖에 없습니다."

고구려를 조그만 소국으로 여기고 있던 양견은 대국인 수가 고구려보다 불리한 것이 있다는 유술의 말을 듣자 몹시 불쾌해졌다. 노기어린 목소리로 물었다.

"대체 그 세 가지란 무엇인가 듣기나 하리라."

"첫째는 고구려는 나라가 오래되어 충성을 바치는 신하들이 많습니다. 게다가 성이 튼튼하고 용맹한 장수들이 많으니 싸워서 이긴다고 하더라도 반드시 많은 시간이 걸릴 것입니다.

둘째로는 돌궐과 싸운 지 얼마 되지 아니하여 장수들은 지쳐있고 국고가 텅텅 비어있기 때문에 고구려와 전쟁에 드는 막대한 전비를 감당하기 어렵습니다.

마지막으로는 서돌궐의 타르두가 아직도 강성하여 변방을 노리고 있고, 진(陳)과 량(梁)[179]이 우리의 후방을 호시탐탐 노리고 있으니 이를 경계하지 않을 수 없습니다.

장부가 큰일을 이루어 내는 데는 10년도 오히려 짧다고 합니다. 먼

---

178) 孫子兵法 計篇 第一

179) 후량을 말함

저 인재를 모으고 국고를 넉넉히 하여 출정 준비를 철저하게 세운 연후에 정벌을 하신다 해도 늦지 않습니다."

말이야 옳은 말이었으나 문제는 기분이 상했다. 역정을 내면서 애매한 군신들만 나무랐다.

"고작 계략을 꾸민다는 소리가 겨우 시간이나 질질 끌자는 것이더냐?"

고경이 얼굴빛을 고치고 문제 앞에 나아가 말했다.

"너무 노여워 마십시오. 어리석은 소신이 한마디만 여쭙겠습니다. 전쟁이란 일으키면 반드시 승리해야 하기 때문에 현명한 군주는 화가 난다고 무조건 전쟁을 일으키지 않습니다. 신의 계책을 따르신다면 폐하께서는 분명 창려는 물론이요 고구려도 빼앗을 수 있습니다."

문제가 시큰둥하게 되받았다.

"경이 생각한 그 대단한 계책이란 게 무엇이냐?"

"전쟁에서 승리하려면 준비하지 않은 적을 공격해야 하고 의도하지 않은 곳으로 기습해야 합니다. 우리가 창려를 공격당한 것도 바로 이것입니다. 따라서 먼저 고구려에 사신을 보내어 그간의 일을 모두 정리하고 화친부터 해야 합니다."

"허허, 참, 고작 화친을 하자는 게 필승의 전략인가?"

"사나운 맹수가 먹이를 노릴 때에도 한꺼번에 달려들지 않습니다. 먼저 적을 안심시켜 경계심을 허문 다음에 기회를 엿보자는 것입니다."

"지금은 나라의 창고마다 곡식과 피륙이 가득하고 충성스런 신하와 백성들이 모두 명을 기다리고 있다. 더 무엇을 기다릴 것인가?"

"물론 폐하의 말씀은 옳습니다. 하지만 지금 관중을 둘러보면 비록 땅이 넓고 기름지다하나 홍수(洪水)나 한발(旱魃) 등 자연재해가 자주 있어 해마다 생산이 고르지 못합니다. 하지만 인구는 많고 도시는 번창하여 관동지방의 농산물이 오지 않으면 큰일입니다.

그러나 관동과 관중은 길이 멀고 험하여 마차가 서로 비켜 지나갈 수 있는 길조차 얼마 되지 않습니다. 물자의 흐름이란 사람의 몸속을 도는 피와 같아서 이를 원활하게 하지 못하면 큰 병폐가 발생하는 것입니다.

그런데 황하와 장안을 뱃길로 이을 수 있다면 곡창 지대인 강회(江淮)에서 나는 수만 섬의 곡식을 한꺼번에 운반할 수 있어 국고를 든든히 할 수 있습니다. 그런 연후에 전국에서 용사를 모아 크게 군사를 일으킨다면 고구려는 이미 폐하의 수중에 들어있는 것이나 다름없습니다."

문제는 슬그머니 관심이 쏠렸다.

"운하를 만든다?"

"그렇습니다. 천하의 강에는 많은 운하들이 만들어져 있습니다. 이들을 새로 파고 물길을 잇는다면 큰 노력을 들이지 않고도 천하의 운송로를 만들 수 있습니다."

중국에는 옛날부터 황하와 회수, 회수와 양자강을 잇는 운하가 만들어져 있었고 이들 운하로부터 황하와 위수를 거쳐 장안에 이르는 수로가 개통되어 있었다. 그렇지만 위수에는 모래가 많아 배가 다니기 어려웠는데 특히 위진남북조의 분열에 의해 이들 수로(水路)는 보통 막혀 있었다.

중원 지방에는 홍구(鴻溝)와 백구(白溝)가 유명하였다. 홍구는 낙양과 정주 사이로써 황하의 물을 남쪽으로 끌어들여 위지, 태강, 회양을 거쳐 회하로 들어가는데 초한전투 이후로 초한이 이를 경계로 나뉘어졌기 때문에 더욱 유명하게 되었다.

백구는 삼국시대 때 조조가 하북 임장 일대의 원상을 정벌하기 위해 만든 군사목적의 운하였다. 조조는 고양제를 쌓아 태행산의 물을 막고 기수가 황하로 들어가지 못하게 하고 동쪽으로 흐르게 하여 군량 수송의 통로로 삼았다.

훗날 양제가 고구려 정벌을 위하여 개착한 영제거의 전신이 되었고 송나라 때에는 어하(御河), 명나라 때에는 위하(衛河)로 불리었다.

고경은 이 중에서 위수(渭水)의 물을 끌어들여 수도인 장안에서 동관(潼關)까지 운하를 새로 개착하자는 것이었다.

하지만 당시 수에서는 대흥성 축조를 비롯하여 여러 가지 공사가 많아 나라 재정이 어려웠는데 또다시 대 운하 공사를 벌이는 일에 대해서 검소한 문제로서는 부담이 되었다.

망설이는 눈치를 보이자 고경이 열을 올려 설득했다.

"명분이야 만들면 됩니다. 국가에 큰 공도 없으면서 면세의 혜택을 누려오던 사람들이 많습니다. 이들을 자세히 파악하여 과세대상으로 편성시키십시오.

그렇게 되면 백성들의 여론은 오히려 좋게 될 것이고 국가의 세수(稅收)를 크게 증대시킬 수 있으니 일석이조의 효과를 얻을 수 있습니다. 또 소금과 술을 자유로이 판매하게 하여 경제를 살린다면 모든 백성들이 폐하의 덕을 칭송하게 될 것입니다."

고경의 말을 듣자 문제가 만족한 듯 껄껄 웃으며 말했다.

"그대야 말로 진정 짐의 와룡(臥龍)[180]이로다."

태상경(太常卿) 우문개는 토목과 건축에 조예가 깊어 대흥성 공사를 성공리에 마친 인물이었다. 문제는 우문개에게 다시 운하공사의 총책임을 맡기고 일백 만병의 인부들을 끌어 모아 수만 리 각처에서 수레와 목재 등을 징발하게 하였다.[181]

이것이 바로 광통거(廣通渠) 대운하 공사로 위수(渭水)의 물을 끌어들여 수도인 장안에서 동관(潼關)까지 3백여 리 수도권을 관통하는 대 역사(役事)를 실시했다.

---

180) 촉나라 시절의 제갈공명을 말함.

181) 584년

제 6 장

위험한 사신

온달이 창려를 되찾고 개선하자, 그의 명성은 전국에 널리 알려졌다. 배산 대첩과 창려 수복의 전쟁 이야기는 사람들의 입을 통하여 전설이 되어 젊고 패기만만한 청년무사들의 가슴을 뛰게 하였고, 온달의 용맹은 살아있는 신화가 되었다.

평원왕은 전쟁으로 피폐된 백성들의 생활을 안정시키는데 모든 힘을 기울였다. 조세를 비롯하여 긴급하지 아니한 부역은 모두 없애버리고 농상(農桑)을 장려하였다.

또한 사궁(四窮)[182]을 비롯한 어려운 백성들에게는 국고를 열어 쌀과 베를 나누어 주는 한편, 관리들이 백성을 수탈하는 것을 방지하기 위하여 감찰을 엄히 하였다.

이러한 노력으로 나라는 안정을 되찾고 백성들은 생업에 전념하여 태평성대가 이어졌다.

4월에 수에서 사신이 와서 양국의 화친을 청하자 왕이 허락하여 국경을 열고 무역 상인들을 출입하게 하였다. 하지만 겨울이 되어 찬바

---

182) 환(鰥), 과(寡), 고(孤), 독(獨)을 말함.

람이 불자 왕은 갑자기 큰 병이 들어 자리에서 일어나지 못했다.

왕은 요양을 위하여 별궁으로 떠나면서 태자에게 모든 정무를 맡겼는데 마침 이때 수에서 다시 사신을 보내어 하례를 해 왔다. 이에 태자가 대로 소실경우를 사신의 수장으로 삼아 답사로 보내어 수나라의 형편을 샅샅이 살펴보게 하였다.

소실경우가 돌아와 보고했다.

"수나라에서는 수도인 장안에서 황하의 동관까지 3백여 리의 물길을 여는 광통거(廣通渠) 공사에 한창입니다."

뜬금없는 대운하 소식에 조정 중신들은 모두 다 어리둥절할 뿐이었다. 이때 강이식이 말했다.

"신이 생각하기로는 장안에서 황하로 이어지는 대운하 공사에는 두 가지 정치적 의미가 있습니다. 첫째는 지방에서 생산되는 많은 물자들을 손쉽게 장안까지 나를 수 있습니다. 둘째로는 황하를 따라 군사들과 군수물자를 이동하면 곧장 서해로 다다르게 되니 그렇게 되면 창려는 물론이요 자칫 우리 본토까지 위험해질 수 있습니다."

강이식의 설명을 듣자 태자는 놀라지 않을 수 없었다. 중신들과 더불어 대책을 논할 때 강이식이 다시 말을 이었다.

"수는 창려를 빼앗긴 이후로 앙앙불락하고 있을 것입니다. 이번에 북방의 오랑캐인 돌궐을 정벌하였으니 다음에는 반드시 우리에게 창칼을 들이댈 것입니다. 어차피 피할 수 없는 전쟁이라면 선수를 쳐야 합니다."

태자가 물었다.

"수는 큰 나라다. 병법에도 '작은 것으로 큰 것을 치지 않는다.'고 하였는데 어찌하여 전쟁을 일으킬 수 있겠는가?"

손규가 나서서 말했다.

"조조의 백만 대군도 적벽(赤壁)에서 궤멸되었고, 부견(苻堅)의 백만 대군도 비수(淝水)에서 대패하였습니다. 전쟁의 승패란 군사의 다과(多寡)로만 결정되는 것이 아닙니다.

아직 소장들의 창검이 녹슬지 않았고 목숨을 아끼지 않는 충성스런 장수와 용맹한 군사들이 명령만 기다리고 있습니다."

젊은 장수들이 다투어 전쟁을 주장하자 대대로 고유가 못마땅한 듯 크게 한 번 기침을 하고 일어났다.

"전쟁이란 정치의 한 방법에 불과합니다. 우리는 장수대왕 이후로 서쪽은 지켜 중국과 화친하고, 남쪽은 백제와 신라를 토벌하여 영토를 넓혀 왔습니다.

이것은 선대의 중요한 정책으로 이제 갑자기 이 정책을 바꾼다면 아래로는 백제와 신라의 표적이 되고 위로는 중국의 원수가 되어 사방으로 적에게 둘러싸이게 될 것입니다.

게다가 지금은 장안성(長安城) 천도(遷都)가 임박하여 나라 안의 일들이 태산처럼 많은데 어쩌자고 전쟁을 일으켜 내우외환을 자초하려 하십니까?"

하긴 그 말도 일리는 있었다. 선왕인 양원대왕 때 짓기 시작했던 장안성 공사가 거의 완성단계에 있어 마무리 공사가 한창이었다. 그래서 도읍(都邑) 이전 문제로 매우 바쁜 것은 사실이었기 때문이었다.

고유는 이러한 천도 문제를 빌미로 젊은 무장들의 의견을 묵살하려 하였던 것이었다.

그렇지만 태자는 고유의 말을 듣는 둥 마는 둥하면서 온달에게 의견을 묻자 온달이 대답했다.

"대신이란 자들은 입으로는 항상 나라를 앞세우고 백성을 위하는 척 하지만 실제로는 자기들의 이익 밖에는 생각하지 않습니다.

그래서 대왕의 앞에 서면 낯빛을 공손하게 꾸며 아첨을 다하며, 권력 있는 자를 따라다니며 적당하게 빌붙어 다니면서, 백성들 앞에서는 거만하고 으스대기만 할 뿐입니다.

그런 자들은 말 뒤집기를 밥 먹듯 하여 일관성이 없으므로 가만히 듣고 있으면 정신만 혼란해질 뿐이어서 일일이 헤아릴 필요조차 없습니다.

천하의 대사를 결정하는 것은 오로지 대왕께서만 하시는 일인데 지금은 대왕께서 모든 것을 태자께 일임하셨습니다. 옳다고 생각하시는 일이면 태자께서 결정하시면 됩니다."

단호한 온달의 말에 아무도 대꾸하는 자가 없었다. 태자가 기뻐하며 말했다.

"나도 장군의 뜻과 같다."

좌우에 명하여 군사를 소집하고 훈련을 강화하게 하였다. 이러한 명령에 제일 먼저 반발한 것은 고유였다. 심복인 해구와 함께 머리를 맞대고 의논할 때 해구가 말했다.

"사실상 이 모든 일들은 온달의 뜻대로 돌아가게 됩니다. 빨리 서두르지 않으면 돌이킬 수 없게 됩니다."

"대왕께서는 온달을 깊이 신임하고 있는데 과연 우리말을 들어나 주기라도 할 것 같은가?"

"효선부인이 있지 않습니까? 자고로 사랑하는 여인에게 이기는 남자는 없다고 합니다. 효선부인이 간청을 드리면 일은 쉽게 풀릴 수 있습니다."

효선부인이란 평원왕의 후실로 고유의 조카딸이었다. 고유가 무릎을 치면서 좋아하고 곧바로 효선부인을 찾아가 온달을 헐뜯었다.

"전쟁을 즐겨하는 장군치고 큰 인물이 없습니다. 그래서 예로부터 명군이요, 명장이라는 사람들은 모두가 군사 행동을 신중히 한 것입니다. 지금 온달 장군은 무소불위의 힘을 휘둘러 공연한 트집을 잡아 수와 전쟁을 일으키려 합니다.

신하의 권세가 크면 나라가 위태롭다 하였습니다. 이번 전쟁을 막지 않는다면 조정에는 온달을 따르는 무리들로 들끓게 될 것이니 그렇게 되면 대왕마저도 종이호랑이가 되고 말 것입니다."

고구려에서는 전통적으로 상가(相加)와 대로(對盧), 패자(沛者) 등으로 나누어 권한을 분리시켰는데 차대왕(次大王)[183] 때 연나부(椽那部) 조의(皀衣) 명림답부(明臨荅夫)가 반란을 일으켜 좌보(左輔) 어지류(菸支留)와 더불어 나이가 77세나 된 왕제(王弟) 백고(伯固)[184]를 옹립한 후 스스로 국상(國相)이 되어 국권을 전횡하기도 하였다.

당시 온달은 대로와 태대형을 겸하여 군권은 물론이요 막강한 정치적 권력을 모두 장악하고 있었기 때문에 고유 등이 이 일에 넌지시 빗대어 말한 것이었다.

효선부인이 고유의 뜻을 알아채고 왕에게 간했다.

"신첩은 정치에 대해서는 자세히 모르지만 대대로의 말씀도 전혀 일 리가 없는 것은 아닙니다. 장안성 천도도 얼마 남지 않았고 또 폐하의 몸도 완전히 쾌차하지 않은 터에 이웃 나라와 전쟁을 하는 것은

---

183) 고구려 7대 황제로서 대조대제(大祖大帝)의 친동생이었다.

184) 신대왕(新大王)

결코 좋은 일은 아닙니다.

태자는 아직 젊고 혈기방장 하여 사려가 깊지 못한 점이 있습니다. 신첩이 생각해도 태자의 이번 조처는 너무 성급한 느낌이 있습니다. 모름지기 가르침을 내려서 깨우치게 해야 합니다.”

병석에 오래 누워 마음이 약해진 평원왕은 애첩의 말을 거절하지 못했다.

다음날 태자를 불러 불쾌한 어조로 명령을 내렸다.

“군주란 덕을 행하며 백성들을 편안하게 다스리는 것이 소임이다. 군사를 모으고 훈련하는 일은 막대한 자금이 소요되는데 항간의 소문만 믿고 함부로 군비를 증강하여 백성들로 하여금 고통에 시달리게 해서는 안 된다.

다시 한 번 중국에 사신을 보내어 저들의 사정을 소상하게 살펴본 뒤에 결정해도 늦지 않으리라.”

왕명이 떨어지자 태자로서는 시행하지 않을 수 없었다. 하릴없이 물러나와 칙서를 가지고 갈 사신을 구했는데 항간에 ‘이번에 수에 사신으로 가면 돌아오지 못 한다.’ 라는 이상한 소문이 나돌았기 때문에 나서는 자가 없었다.

이때 강이식이 분연히 나섰다.

“집안이 어려우면 어진 아내가 필요하고, 나라가 어려우면 목숨을 바칠 충신이 있어야 한다.[185] 내 비록 재주 없으나 마땅히 사신 가기를 청하리라.”

이렇게 자원하고 나섰다.

---

185) 가빈사현처 국난사양상(家貧思賢妻 國難思良相)

그렇지만 강이식을 탐탁지 않게 여기고 있던 해구는 고유를 찾아가 말했다.

"강이식은 온달과 한 통속입니다. 수에 사신을 갔다 온다고 해도 소실 영감네의 보고와 다르지 않을 것이니 그를 보내어서는 안 됩니다."

"그렇다고 무슨 명분으로 반대할 수 있겠나?"

"강이식은 창려에서 수군과 직접 싸운 장수여서 수의 입장으로서는 원수와 같은 인물입니다. 그런 그를 사신으로 보내면 도리어 일을 망치게 된다고 주장하면 됩니다."

듣고 보니 그럴듯한 말이었다. 고유와 해구 등의 반대에 부딪힌 태자는 다시 사신을 구할 수밖에 없었다. 그러나 마땅한 인물이 없어 차일피일 미루던 차에 서부의 변방에 있던 연자유가 이 소리를 들었다.

"내 나이 이미 지천명(知天命)[186]을 넘었으니 무엇을 두려워하리오."

곧바로 평양으로 달려와 자청하여 사신이 되었다.

그날 저녁 연자유는 비장한 마음으로 아들 연태조를 불렀다.

"이번에는 내가 수에 사신으로 가게 되었다."

연태조가 깜짝 놀라 물었다.

"지금과 같은 때에 수에 들어가는 것은 자칫 죽을 수도 있습니다. 그런데 하필 아버지께서 가시려 합니까?"

"우리 가문은 대대로 국은(國恩)을 입었다. 더구나 영지가 중국과 접하였으니 이번 사신은 내가 적임자가 아니겠는가?"

말을 마치고 벽장 속에 넣어 두었던 환두대도 한 자루를 꺼냈다. 칼 손잡이에는 금으로 도금하고 봉황 무늬가 새겨있어 보기에도 예사롭지 않

---

186) 50세를 말함.

은 물건이었다. 연자유가 한참동안 칼집을 쓰다듬더니 검을 뽑아 들었다.

'스르릉'

맑은 쇳소리가 나면서 시퍼런 칼날이 빛났다. 검신에는 황룡 무늬가 선명하고 아래에는 깨알 같은 글씨로 진충보국(盡忠保國) 네 글자가 뚜렷이 새겨져 있었다.

"이 보검은 우리 가문에서 대대로 내려오는 가보(家寶)로서 옛날 너의 고조부께서 우산성(牛山城)을 점령하고[187] 문자명왕(文咨明王)으로부터 하사받은 것이다."

여기에 쓰인 진충보국이란 글자는 충성을 다하여 나라를 지킨다는 것이다. 만의 하나라도 내가 돌아오지 않는다면 이 칼로 수를 멸하여 아비의 원수를 갚으라.

연태조가 재배(再拜)한 후에 칼을 받들고 맹세했다.

"만약 이번에 아버지께서 수에 들어가 해를 입는다면 맹세코 이 검으로 적의 궁궐을 쑥대밭으로 만들고 그 후손들의 씨를 영원히 말려 버리겠습니다."

평원왕 26년, 연자유가 수행원 몇 명만을 거느리고 수의 국경에 이르렀을 때는 4월도 중순이 지나 날씨가 꽤나 더웠다. 임유관을 지키던 장수가 급히 장안으로 파발을 띄워 이 사실을 알리자 문제가 불쾌하게 말했다.

"참으로 뻔뻔스런 놈들이로다. 제 놈들이 스스로 사지로 찾아오는 것이 아닌가?"

---

187) 문자명제 6년 8월

얼마 전에 창려 땅을 빼앗긴 분노가 다시 치밀어 올랐던 것이었다.
양소가 거들고 나섰다.

"이번에 오는 사신들은 필시 흉계를 품고 있을 것입니다."

"흉계라니?"

"소문에 의하면 지금 사신으로 오는 자는 우리와 국경을 맞대고 있는 서부 욕살 연자유라는 자입니다. 그런 자가 사신의 수장으로 오는 것을 보면 무언가 꿍꿍이속이 있을 것입니다."

듣고 보니 그럴듯한 소리였다.

문제는 연자유의 기(氣)부터 꺾어놓을 요량으로 건장한 장사 일천 명을 뽑아 대흥성 성문 앞에서부터 십 보마다 한 명씩 세워 놓았다. 그리고 궁궐 앞 넓은 뜰에 펄펄 끓는 기름 솥을 준비해 놓고 연자유 일행을 맞아들였다.

하지만 연자유는 태연자약하게 문제 앞에 나아가 가지고 온 국서(國書)를 꺼내어 읽었다.

"예로부터 중국과 우리나라는 동서(東西)를 나누어 갈라 천하를 평안케 하였다. 그런데 지금은 그대가 주(周)를 이어받아 새로운 법을 세우고[188] 백성들을 위무하니 천하의 예속(禮俗)이 아름답고 민생이 안정되어 삼령(三靈)[189]이 평안함을 받들게 되며 덕이 육합(六合)에 미치니 이는 백성들의 흥복이라 할만하다.

그러나 광통거란 공사를 시작하여 물길로 군수물자를 나르고 창고마다 미속을 쌓아 두며 몰래 군사훈련을 강화하는 뜻은 필시 숨은 의

---

188) 개황율령을 말함.
189) 천(天) 지(地) 인(人)을 말함

도가 있는 것이라고 할 수밖에 없다.

예로부터 전쟁이란 나라 간에 오해에서 비롯된 일이 많았다. 이제 나의 간곡한 뜻을 전하고 지금이라도 오해 있는 일은 거두고 양국 간의 평화를 도모하기 바란다."

말로는 평화를 내세웠으나 사실 선전포고와 같은 것이었다. 문제가 대노하여 얼굴에 핏기가 가셨다. 손을 부들부들 떨면서 하마터면 쥐고 있던 홀(笏)을 떨어뜨릴 뻔하였다.

이러한 모습을 지켜보고 있던 수나라 군신들도 어쩔 줄 몰라 하였다. 성미 급한 우경칙이 먼저 큰소리로 말했다.

"무엄한 놈. 어느 안전이라고 이토록 방약 무례한가?"

그만한 반발쯤은 이미 예상하고 있던 연자유였다. 얼굴빛 하나 바꾸지 아니하고 반박했다.

"나는 우리 대왕의 국서(國書)를 가지고 온 이웃 나라의 사신이다. 너희들은 입으로는 예법을 존중한다고 하면서 어찌 사신을 핍박함이 이와 같은가?"

조작이 따졌다.

"창려는 본시 수성패현(遂城廢縣)으로 연나라의 무수(武遂)의 땅이었다. 북제 이후로 우리 땅에 편입되어 변방으로 삼았는데 너희들은 간교한 꾀를 내어 우리의 군사가 장강으로 물러간 틈을 타서 그 땅을 침공하였다. 그리고도 이제 와서는 양국 간의 평화를 운운하고 또 만승천자를 욕되게 하였으니 정녕 살아서 돌아가길 원하는가?"

"창려 땅은 본시 고조선 이래로 우리 백성들이 살고 있었다. 이제야말로 그들은 자신들의 조상을 바로 되찾은 것이다."

우경칙이 발끈하고 나섰다.

"저렇게 발칙한 자는 살려둘 수 없습니다. 당장 펄펄 끓는 기름 솥에 처 넣어 삶아 죽여야 합니다."

여러 신하들도 너도 나도 일어서서 모두 한마디씩 을러대었으나 연자유는 한마디도 지지 않고 꼬빡꼬빡 대꾸했다. 그런 연자유의 모습을 보면서 문제는 속으로 거듭 감탄하지 않을 수 없었다. 위엄을 갖추고 물었다.

"그대는 끓는 기름 솥이 두렵지 아니한가?"

연자유가 비로소 예를 갖추고 대답했다.

"폐하께서 하문하시니 바른대로 말하겠습니다. 신이 살고 죽는 것은 폐하께 매인 일이어서 신이 두려워하거나 두려워하지 않는 것이 무슨 의미가 있겠습니까? 하나 진실은 언제나 따르는 사람이 있고 정의는 언젠가는 이긴다고 하니 신은 다만 그 말을 믿을 따름입니다."

문제가 껄껄 웃었다.

"하하하. 짐이 오래 전부터 고구려국 서부 욕살의 명성을 들었는데 오늘 만나보니 과연 명불허전임을 알았노라."

연자유를 물러가 쉬도록 하였다.

그렇지만 연자유가 조정 밖으로 나가자마자 안색을 바꾸어 한참동안 말이 없었다. 변덕이 심한 문제였기 때문에 신하들은 그 마음을 알지 못해 전전긍긍하였다.

양소가 눈치를 살피면서 말했다.

"이번 일은 절대로 용서해서는 안 됩니다. 사신은 마땅히 참수하여 경계로 삼고, 대군을 징발하여 고구려왕을 잡아 그 죄를 다스려 천하에 본보기를 보여야 할 것입니다."

슬쩍 마음을 떠보면서 처벌할 것을 주장했지만 문제는 역시 잠자코 듣기만 할 뿐 역시 말이 없었다. 침묵이 계속되자 말할 수 없는 불안감이 좌중을 엄습했다.

고경이 마지못해 나아가 입을 열었다.

"신이 듣기로는 고구려 군신들은 광통거 공사가 저들에게 위협이 되리라고 생각하여 변방에 병력을 집결시키고 전쟁 준비에 열을 올리고 있다고 합니다. 이번에 서부살이가 사신으로 온 것도 필시 이와 무관하지 않을 것으로 짐작됩니다.

고구려는 수 십 만의 정예 군사를 가지고 있는데다 신라와 백제와 더불어 싸움이 그치지 않아 전쟁 경험이 많습니다. 태공께서도 '준비된 자와는 싸우지 않는다.'라고 경계하였으니 신이 생각하기로는 고구려와의 전쟁은 이롭지 못합니다.

지금 서부살이를 처벌하는 것은 작은 일이지만 만약 고구려와 전쟁이 일어난다면 그것은 큰일입니다. 신은 이런 일을 걱정하는 것입니다."

문제가 고개를 돌려 왕웅에게 물었다.

"경의 생각은 어떠한가?"

"병법에 이르기를 사방에 적을 두지 말라고 하였습니다. 우리 후방에는 량과 진이 아직도 건재해 있습니다. 이런 처지에 동방의 강대국인 고구려와 싸우는 것은 좋지 않습니다. 호랑이가 사냥을 하기 전에 발톱을 감추듯 오히려 사신들에게 후의를 베풀어 의심을 풀어주는 것이 더 좋을 것입니다."

일전에 창려에서 온달과 싸워본 경험이 있는 왕웅은 고구려와의 분쟁을 적극 반대했다. 문제는 마침내 결심한 듯 옥좌에서 벌떡 일어나 이렇게 말했다.

"성현이 이르기를 혈기의 성냄은 군자의 도리가 아니라 하였다. 짐이 천명을 받들어 천계(天階)[190]에 올랐으니 동방의 일개 번국과 다투려 하겠는가. 잔치를 크게 베풀어 후히 대접하게 하라."

치서시어사(治書侍御史) 유욱(柳彧)을 반접사(伴接使)로 임명하고 접대하게 하고 대흥성에서 크게 잔치를 열어 연자유 일행을 위로하였다.[191]

이것은 파격적인 처사였다.

당시 중국 황제는 자신을 천하의 중심으로 생각했기 때문에 변방의 나라에서 왕이 내조(來朝)한다 하더라도 보통은 객관에 머무르게 하고 대신을 보내어 영접하게 하였다.

그런데 일개 사신에 불과한 연자유를 자신의 궁전인 대흥성(大興城)의 대흥전(大興殿)으로 초대하여 친히 잔치를 베풀게 한 것이었다. 중국의 천자가 이와 같은 환대를 한 것은 고금에 드문 파격적인 처사로써 중국사서와 삼국사기에도 이 사실이 기록되어 있다.

뿐만 아니라 연자유 일행이 돌아갈 즈음에 준마 열 필을 비롯하여 많은 비단을 선물로 보내어 정성을 더하였다.

문제의 둘째 아들 진왕(晋王) 양광(楊廣)[192]은 어릴 적부터 총기가 있었다. 10세에 관고금서전(觀古今書傳)을 줄줄 내려 읽어 문제의 칭

---

190) 황제의 위를 말함
191) 삼국사기 고구려본기 평원왕26년 4월
192) 훗날의 양제, 일명 양영(楊英)이라고도 함.

찬을 크게 얻었고 12살에는 진왕으로 책봉 받아 북변의 방비를 맡는 등 어릴 적부터 군문에 종사하여 군사의 일에 밝았다.

연자유가 장안을 떠날 즈음에 이 이야기를 전해 듣고 수하 일백 명을 불러 모아 큰소리쳤다.

"부황(父皇)께서는 용서했을지 몰라도 나의 칼은 피할 수 없을 것이다."

군사를 내어 몰래 뒤쫓아 죽여 없애려 하였다. 그러나 수하의 군관 하나가 황명을 어기는 것을 두려워하여 몰래 금군(禁軍)에 발고하였다.

문제가 깜짝 놀라 행참군(行參軍) 이군재(李君才)를 보내어 양광을 불러들였다.

"네가 감히 짐의 뜻을 거역하는 것이냐?"

"저들을 이대로 돌려보낸다면 만고의 웃음거리가 될 것입니다."

"진실로 용기 있는 자는 함부로 분노를 나타 내지 않는다. 짐은 모든 것은 다 생각해 두었으니 짐의 명령이 없이는 결코 경거망동하지 말라."

지엄한 황제의 분부라 양광이 어쩔 수 없었다. 밤늦게 처소로 돌아오는데 마침 보름달이 크고 둥글었다.

양광이 갑자기 말을 멈추고 뒤따르던 부하들에게 장담하였다.

"저 달을 두고 맹세하건대 언젠가 고구려는 내 손에 의하여 망하게 될 것이다."

장안에 갔던 연자유가 무사히 돌아오자 평원왕이 물었다.

"수왕의 인물됨은 어떠하던가?"

"이마가 좁고 눈이 가늘며, 턱이 뾰족하고 입가에 가는 주름이 많아

간웅(奸雄)의 상이 틀림없습니다."

"광통거란 도대체 무엇인가?"

"광통거는 장안에서 동관까지 물길을 잇는 대운하로써 이 공사를 위하여 오가는 거리는 각처에서 오는 공사 물자들로 끊임없이 붐볐고, 동원된 인부들은 수십만은 되어 보였습니다. 수의 관리들이 말하기를 풍부한 회남의 곡식을 장안으로 쉽사리 옮기기 위함이라고 하지만 만약에 전쟁이 일어난다면 막대한 병장기나 군수물자들을 장안에서 황하까지 순식간에 나를 수 있을 것이어서 경계하지 않을 수 없습니다."

이러한 연자유의 설명은 훗날 양제가 영제거를 완공함으로써 분명한 사실로 드러났다. 양제는 막대한 군사와 물자들을 광통거를 이용하여 장안에서 황하로 잇고 다시 영제거를 이용하여 탁군에 집결할 수 있었던 것이었다.

평원왕의 얼굴에는 수심이 가뜩 서렸다. 신하들에게 여러 계책을 올리게 하였는데 온달이 나섰다.

"영명한 사람은 재난이 일어나기 전에 먼저 알아차리고, 명석한 사람은 위험이 드러나기 전에 먼저 그것을 대비한다고 하였습니다. 그러므로 옛날의 현인들은 항상 유비무환(有備無患)을 강조하였으니 우리도 수나라의 침략에 미리 대비해 두는 것이 좋을 듯싶습니다."

"당장이라도 변방의 군대와 군비를 늘이고 전쟁 준비를 해야 한다는 뜻인가?"

"전쟁이란 반드시 전차와 기병을 달리고 천군만마를 일으켜 적진을 짓밟는 것만은 아닙니다. 미리 주변 상황을 유리하게 만들어 싸우기 전에 승리해야 합니다. 그러기 위해서는 다음과 같은 두 가지 계책을 생각할 수 있습니다."

"두 가지 계책이라?"

"그렇습니다. 첫 번째 계책은 수의 남쪽에 강성하게 버티고 있는 진(陳)을 이용하는 것입니다. 수주는 전일 진나라를 크게 공격한 바가 있어 서로 원수가 되어 있습니다. 우리는 진과 동맹을 체결하고 수의 앞뒤를 견제하여 수의 군사력을 양분시키면 됩니다.

두 번째 계책으로는 여러 가지 무기를 개량하여 군사력을 강화하고 30만 정도의 상비군을 양성하여 유사시에 대비하게 합니다. 그런 연후에 마지막으로 단단대령(單單大嶺)을 연결하여 장성을 쌓아 변방을 튼튼히 한다면 저들의 침략을 걱정하지 않아도 됩니다."

단단대령이란 오늘날 길림에서 무순을 지나서 동북 만주를 길게 가로지르는 길림합달령(吉林合達嶺)과 천산산맥(天山山脈) 산줄기를 말하는 것으로 중국의 침략을 대비하기 위한 고구려의 중요한 방어선이었다.

온달은 이 두 산맥을 연결하여 산줄기를 따라 성을 쌓고 또 산줄기가 없는 곳에서는 평지성을 쌓아 발해만까지 연결하는 대규모 천리장성을 만들자고 주장한 것이었다.

그해 9월 평원왕은 진나라에 사신을 보내어 군사협정을 맺으려 하였다.[193] 그러나 진의 후주 진숙보는 지나치게 교만한데다가 사치와 향락에 빠져 정사를 돌보지 않았다.

신하들 또한 마찬가지여서 중앙에 있는 관리들은 매관매직에 혈안이 되었고 지방에 있는 관리들은 백성들을 수탈하는 데만 관심이 있을 뿐이었다. 백성들의 원망소리는 하늘을 찌르고 폭정에 못이긴 백

193) 이때는 평원왕 27년으로 연자유가 돌아온 다음해이다.

성들은 산골짜기로 도망가 도적들이 들끓었다.

나라꼴이 이러하니 고구려의 청이 받아들여질 리가 없었다. 고구려의 제의를 거절하여 밀사를 돌려보냈다.

사신이 돌아와 말했다.

"진은 멀지 않아 망하게 될 것이니 더 이상 수교하실 필요가 없습니다."

왕이 물었다.

"수가 나라를 기울여 진을 쳤으나 오히려 실패하고 말았다. 그런데 어찌 진이 망한다고 단언하는가."

"당시의 진주(陳主)는 백성을 돌보기를 자식과 같이 하였습니다. 하지만 지금의 왕은 혼미하여 정사에 뜻을 잃고 방탕함에 빠져 있고 나라에는 재난이 끊이지 않으며 굶주림과 부역에 지친 백성들은 길거리에서 방황하고 있으니 그러고도 어떤 나라가 오래 갈 수 있겠습니까?"

진과의 군사협정이 물 건너 간 상황이어서 평원왕은 자체적으로 군비확장을 꾀하지 않을 수 없었다. 그런데 당시에는 수도를 장안성으로 천도(遷都)하는 공사가 한창이었기 때문에, 많은 자금이 소요되는 천리장성을 쌓거나 30만 대병을 유지한다는 것은 큰 부담이었다.

급한 대로 3만 정도 되는 호분군(虎賁軍)[194]의 수를 10만으로 늘리고 훈련을 강화하는 한편 온달을 장안성(長安城) 공사의 책임자로 맡겨 이듬해 봄에 완공하였다.

때마침 왜왕(倭王)이 조공을 바치고 불법(佛法)을 구했다. 평원왕은 당시 명망이 높던 고승 혜편(惠便)을 보내어 그들을 교화하였는데 이때에 이르러 고구려의 위명은 널리 바다 건너 왜까지 떨치게 되었다.

194) 왕성의 호위나 황제의 경호를 맡는 군사.

평양성 전도

제 7 장

대륙의 통일

586년 정월 당항강(黨項羌)이 수에 투항했다. 문제가 사신을 보내어 많은 재물과 함께 역서(曆書)를 내리어 교화하였는데 10월에는 토곡혼(吐谷渾)도 항복을 청해왔다.

평소 철륜왕[195]을 자처하던 문제는 기어이 진(陳)을 병합하고 대륙을 통일하려는 뜻을 품었다. 그렇지만 강성한 서돌궐이 호시탐탐 노리고 있었으므로 안심할 수는 없었다.

고경을 장성 수리의 책임자로 맡겨 장정 10만 명을 동원하여 20일 만에 공사를 끝내고 산양독(山陽瀆)을 개수하여 군사와 군량을 실어 나를 수 있게 하였다.

산양독(山陽瀆)이란 양주(揚州)와 초주(楚州) 사이에서 양자강(揚子江)과 회하(懷河)를 연결하는 오래된 운하로써 동진이 남북조로 분열된 후 길이 막히어 배가 오고가지 못하여 쓸모없이 버려져 있었다. 문제는 이것을 다시 고쳐 진의 공격에 사용하려는 것이었다.

---

195) 쇠수레를 굴리는 사륜왕의 한 분으로 남섬부주(南贍部洲)를 다스리는 염부제(閻浮提)를 칭함. 천하를 평정한다는 의미도 지니고 있음.

그러던 중 뜻하지 않은 사건이 생겼다.

동돌궐의 패자인 사발략카한(沙鉢略可汗)이 죽자 권력 싸움에 승리한 서돌궐도 잠잠해졌다.

문제가 고경에게 물었다.

"북쪽의 위협이 없어졌으니 이제 다시 진을 공략하는 것이 어떠한가?"

"천하의 형세를 살펴보면 량과 진이 서로 버티어 서서 솥의 세발처럼 천하를 삼분(三分)하고 있습니다. 하오나 이제 량은 황제가 우매하고 백성들의 신망을 잃었으니 나라의 기운이 다했습니다. 진을 치기전에 량을 병합한다면 진의 운명은 바람 앞의 등불과 같습니다."

량은 후량(後梁)을 가리키는 것으로, 남조(南朝)의 양(梁)이 진(陳) 무제(武帝) 패선(覇先)에게 나라를 빼앗긴 후 그 자손들이 망명하여 세운 나라로 호북성(湖北省)의 강릉(江陵)에 도읍을 두고 형주 지역을 차지하고 있었다.

그런데 영명하던 명제(明帝)가 죽은 뒤 국력이 급격히 기울어 수의 보호국 정도로 쇠약해 있었다.

중국의 통일!

문제의 가슴 속에는 야심이 꿈틀거렸다. 천하를 통일하여 철륜왕이 되겠다던 그의 꿈이 한발자국 현실로 이루어지는 순간이었다.

문제는 수를 세운 후 주의 황족인 우문씨는 물론이고 황족들과 혼맥으로 얽혀있던 다른 많은 여러 귀족들도 반대하는 자가 많았다. 문제는 이들을 가차 없이 처단했는데 이들의 원한과 반발을 밖으로 돌리기 위해서도 전쟁은 어쩌면 필연의 선택일지도 몰랐다.

후량(後梁)의 군주 효정제 소종에게 사람을 보내어 장안으로 입조하라는 명령을 내렸다. 그것은 사실상 복속을 의미하는 것이어서 소종이 선선히 응할 리가 없었다.

분연히 말했다.

"내가 살아 있는 한 굴복하지는 않으리라."

문제의 지시를 거부하고 강남을 지배하던 진(陳)에게 구원을 청했다.

587년 고경은 훈련된 수의 5만 대군을 이끌고 진숙보가 보낸 1만 군사를 단숨에 깨뜨리고 강릉으로 진격했다. 크게 놀란 소종은 감히 나와 싸울 생각을 하지 못하고 성문을 굳게 닫고 지킬 뿐이었다.

고경은 큰 방패와 창을 든 군사들을 성 앞에 세우고 전차대와 기병대를 성 멀리 배치하여 적의 성 안팎의 연락을 완전히 차단하여 모든 물자를 끊었다.

성안에는 물과 식량이 떨어져 굶어 죽는 자가 길거리에 즐비했다. 성을 지키던 군사들은 몰래 빠져나가 투항하는 자가 부지기수로 날로 늘어났다.

량의 우무후대장군이었던 등소에게는 주향이라는 애첩이 있었다. 호색한이었던 소종은 그녀의 미모를 탐내어 환관을 보내 궁으로 불러들여 겁탈하고 말았다.

주향은 이를 수치스럽게 여겨 자결해 버렸고 등소가 이 사실을 알고 원한을 품었다. 그러던 차에 고경이 이끄는 수군이 들이닥치자 곧장 사람을 보내어 투항 의사를 밝혔다.

"내일 아침 묘시에 북쪽 성문으로 진격하시면 성문을 열어 두겠습니다."

고경이 기뻐하고 이를 허락했다.

다음날 아침 약속한 시간에 등소가 성문을 열어젖히자 고경이 5백 명의 정예병을 이끌고 성으로 들어갔다. 이때 후량의 수비병들은 모두 다 우두커니 서서 구경만 하고 있었다.

성안 곳곳에 수군들이 들이닥치자 소종은 높은 누대로 달아나서 간히게 되었다. 고경이 사람을 보내어 투항을 권유하자 소종은 눈물을 뿌리며 말했다.

"왕의 후손은 치욕을 당할 수는 없다."

울면서 붙드는 비빈과 환관을 뿌리치고 가슴에 품고 있던 단검을 꺼내 스스로 자결해버리자 개황 7년 9월 후량은 영원히 망하고 말았다.[196]

후량을 어렵지 않게 평정한 문제는 마침내 진으로 창끝을 돌렸다. 군비 확장과 병사들의 훈련을 더욱 강화하고 이듬해인 개황 8년 3월, 벌진조(伐陳詔)를 내려 진의 정벌을 선포했다.

"나는 천하 백성들의 부모로서 고작 한 줄기 옷의 띠와 같은 물[197]인 양자강 때문에 도탄에서 신음하는 진나라 백성들을 구원하지 않을 수 없다."

진왕(晉王) 양광(楊廣), 진왕(秦王) 양준(楊俊), 청하공(淸河公) 양소(楊素) 등을 행군 원수로 삼았는데 이때 양광에게 절도(節度)를 주어 군을 통괄하게 하였다.

그리고 고경(高熲)을 장사(長史)로 명하여 행군총관 90여 명과 함께

---

196) 587년

197) 원문에 '일의대수(一衣帶水)'라고 표현했음.

수륙군 51만 8천명을 일으켰다.

문제는 무력으로만 진을 정벌하려는 것은 아니었다. 정벌의 당위성을 밝히기 위해 진조(陳朝) 후주(后主) 진숙보(陳叔寶)의 죄목을 20가지를 열거하고 전단을 30만장이나 만들어 강남에 뿌려 인심을 거두어들였다.

진의 후주도 전혀 귀가 없는 것이 아니어서 풍문으로 이 소문을 들었다. 하지만 이미 부패할 대로 부패한 진으로서는 그만한 군사를 모을 수도 없었거니와 민심조차 떠났기 때문에 싸울 형편도 못되었다.

궁여지책으로 산기시랑(散騎侍郎) 왕완(王琬)과 산기상시(散騎常侍) 허선심(許善心)을 사신으로 보내어 수 문제에게 용서를 빌고자 한 것은 10월 23일이었다.

그러나 이미 출정을 결심한 문제는 그들을 객관에 억류시키고 닷새 후인 10월 28일 태묘(太廟)에 제사를 지내어 조상에 고한 후 출정을 명했다.

한편 왕완과 허선심이 구금되어 돌아오지 않자 진나라 신민들이 모두 두려움에 떨었다. 이렇게 되자 진숙보는 오히려 거만해져서 큰 소리로 떠들었다.

"왕자의 기운은 여기에 있다. 수나라 따위가 무엇을 어찌한단 말이냐?"

간신 공범이 맞장구쳤다.

"양자강은 하늘이 우리에게 주신 천혜의 참호입니다. 저들이 이 참호를 어떻게 날아서 건너오겠습니까? 신은 항상 벼슬이 낮은 것이 불만입니다. 만약 수나라가 강을 건너오거든 이번 기회에 저를 태위로 삼아 주십시오."

진숙보가 흡족해하며 공범을 태위로 삼아 장강 유역에 많은 군사를
배치하여 수의 침공에 대비하게 하였다. 그렇지만 공범은 문사 출신
으로 병법을 알지 못했다. 화려한 갑옷을 입고 군중을 돌아다니면서
뽐내기만 좋아할 뿐 저녁마다 잔치를 열고 주색에 빠졌다.

반면 수군(隋軍)의 총사령관이 된 양광은 부하들에게 말했다.

"준비를 너무 많이 하게 되면 나태해지지만, 자주 보면 의심하지 않
게 된다."

'만천과해(瞞天過海).'

하늘을 가리고 바다를 건넌다는 뜻으로 양광이 진(陳)을 공략하기
위해 사용한 계략이었다.

이것은 훗날 병법(兵法) 36계의 승전계(勝戰計) 중에서도 첫 번째가
되어 더욱 유명하게 되었다.

그리고 군사들로 하여금 매일 같이 장강에 나아가 깃발을 들고 왔다
갔다 하며 수선을 피우자 공범은 처음에는 조금 긴장을 하였다.

첩자를 풀어 정탐하게 하였는데 어이없게도 수군 경비병의 근무교
대 행사라는 것이었다. 그래도 미심쩍어 경계를 늦추지 않았으나 한
달이 가고 반년이 지나자 공범은 점점 예사로 듣고 무시하게 되었다.

양광의 군사들이 장안을 출발하여 장강으로 한참 진군하고 있을 무
렵인 11월 23일 문제는 친히 풍익(馮翊)[198]으로 가서 고향의 사당에
제사를 지내고 승리를 기원했다.

내사령(內事令) 이덕림은 문제가 수를 세울 때 그의 앞잡이 노릇을

198) 문제의 고향

하여 깊이 신임을 받은 자였다. 그런데 때마침 병이 나서 수행하지 못했는데 문제가 이를 섭섭하게 여겼다. 동주(同州)에서 칙서를 내려 그를 불러,

"이제 짐은 진을 토벌하려 한다. 그대의 생각은 어떠한가?"

이덕림이 간사하게 웃으며 대답했다.

"신은 전에 열병식에 참가하였습니다. 그때 군사들은 의기양양하였고 얼굴에는 모두 자신감이 넘치고 있었습니다. 진은 이미 폐하의 발 아래 있는 것과 마찬가지입니다."

문제가 기뻐하며 장안으로 돌아와서 말채찍으로 남쪽 하늘을 가리키며,

"남쪽의 진(陳)이 평정되면 일곱 가지 보물로써 너를 장식해 주어 효산 이동(以東)의 사대부들 중에서 네가 가장 존귀하게 해 주겠다."

이렇게 약속을 하였다.

12월에 51만 8천이나 되는 대병이 장강 상류와 중류, 하류에서 8로로 나누어 집결하자 동으로는 창해(滄海)에서 서로는 파촉(巴蜀)에 이르기까지 깃발과 배들이 수십 리에 연이었다.

평소 풍류를 좋아하는 양광은 글 잘하는 이를 뽑아 이 장관을 노래하게 하였는데,

"천자의 대군은 동으로 창해에 이르고 서로는 파촉을 가로막는데 깃발과 배가 마주 웃으면서 수천 리에 가로 누웠더라"

라고 찬했다.

진조(陳朝)의 강을 지키던 연안 수비군이 다급함을 알리자 조정의 중신들은 아연실색했는데 진후주(陳後主)는 도리어 아무 일도 없는

듯이 말했다.

"옛적에 제병(齊兵)이 세 번 왔고, 주병(周兵)도 두 번 왔지만 모두 다 장강의 귀신이 되지 않았느냐? 이번에 수군(隋軍)이 온다고 다를 게 무어란 말이냐?"

평소처럼 귀비(貴妃) 장려화(張麗華)를 무릎에 올려놓고 시를 읊고 술 마시기를 그치지 않았다.

원회(元會)[199]을 경축하기 위하여 뜻밖에도 강서구강(江西九江)과 강소진강(江蘇鎭江)을 지키고 있는 두 아들에게 전선(戰船)을 이끌고 건강(建康)으로 돌아오게 명하여 장강 방어선을 더욱 약하게 하였다.

양광과 양준은 군사를 8갈래로 나누고 먼저 장강 상류를 공략하여 연안의 각 성들로 진격하기로 하였다. 이에 양광은 참전할만한 장수들을 고르느라 하약필에게 물었다.

"양소나 한금호, 사만세 이 세 사람은 모두가 하나같이 훌륭한 장수들이다. 그들의 장단점은 무엇이라 보는가?"

평소 질투심이 많고 자만심이 강한 하약필은 주저 없이 대답했다.

"양소는 용맹스럽지만 지모가 없고 한금호는 전투에 능하지만 병사들을 잘 이끌지 못합니다. 사만세는 말만 잘 탈 뿐 다른 재주는 없습니다."

양광이 다시 물었다.

"그럼 누구를 대장으로 삼을 만하겠는가?"

이에 하약필은 큰 절을 올리며 말했다.

"이 사람이 곧 전하의 눈에 들 것입니다"

---

199) 춘절(春節)을 말함.

양광은 하약필의 인물됨이 교격함을 알고 특별히 중용하지 않았다.

진왕(秦王) 양준(楊俊) 부대는 양양(襄陽)에서 출정하고, 청하공 양소(楊素) 부대는 영안(永安)에서 나오며, 형주(荊州) 자사(刺史) 유인은(劉仁恩)은 강릉(江陵)을 나섰다.

이 세 갈래 군사는 양준(楊俊)의 지휘 하에 곧장 강하(江夏)로 진격하여 장강 상류에 있는 진군(陳軍)들이 동쪽으로 구원 오는 것을 막게 하였다.

양광(楊廣)은 군사를 다섯 갈래로 나누어 양읍공 하약필(賀若弼) 부대는 광릉(廣陵), 신의공 한금호(韓擒虎)는 여강(廬江), 기주(圻州) 자사(刺史) 의양공 왕세적(王世積)은 기춘(圻春), 청주(靑州) 총관 낙총공 연영(燕榮)은 동해(東海)를 떠나게 하여 진의 수도(首都) 건강(建康)을 향하여 진격하기로 했다.

"춘절(春節)이 되면 진군들은 대부분 고향으로 돌아가서 남은 군사들도 대부분 기강이 해이해져 있을 것이다. 우리 군사들은 이때 도강할 것이다."

양광의 예상은 적중했다.

수군은 군사를 여러 부대로 나뉘어 도강을 했지만 강을 지키는 진군들은 대부분 없었고 남은 군사들도 대낮부터 술에 취하여 즐겁게 설을 보내느라고 경비병마저도 거의 없었다.

게다가 장강을 지키던 진나라 군사들은 양광의 군사들이 강을 반이나 넘어 왔지만, 경비병의 근무교대 행사로 알고 멀건이 구경만 하고 있었다.

하약필(賀若弼)은 광릉(廣陵)에서 군사를 거느리고 남으로 도강하였는데 진군(陳軍)들은 대부분 설을 지내기 위하여 인근 민가로 내려가 있었기 때문에 아예 발견조차 못하였다.

한금호(韓擒虎)는 횡강(橫江)에서 밤을 이용하여 도강하여 채석(采石)을 습격하였다. 이때 진(陳)의 수비군들은 모두 술에 취해 있어서 수군들이 공격해 오자 모두 투항해버려 피 한 방울 흘리지 않고 점령하였다.

8로로 진격한 수나라 군사들이 일거에 장강을 건너자 병인일 2일에 채석의 수주(戍主) 서자건(徐子建)이 건강으로 파발을 띄워 변고를 알렸다.

그때에야 진숙보(陳叔寶)는 사태의 엄중성을 깨닫고 벌벌 떨면서 어찌할 바를 몰랐다. 중령군 노광달이 간했다.

"빨리 칙서를 내려 군사를 모아야 합니다."

이에 정월 4일 무진일 진숙보는 다음과 같은 조서를 내렸다.

"개와 양 같은 놈들이 업신여기고 방종하여 경기(京畿)의 근교를 침범하고 도둑질하였는데 벌과 전갈[200]은 독을 가지고 있으니 의당 적시에 쓸어내고 평정해야 한다. 짐이 친히 육사(六師)를 거느리고 팔방을 끝까지 깨끗이 떨쳐버려야 하니, 안팎으로 경계를 엄중히 하라."

표기장군 소마가, 호군장군 번의, 중령군 노광달을 나란히 도독으로 삼고 사공 사마소난과 상주자사 시문경을 대감군으로 삼았으며, 남예주자사 번맹(樊猛)에게 명하여 주사(舟師)를 거느리고 백하(白下)를 떠나게 하고 산기상시 고문주(皐文奏)의 군사들은 남예주(南豫州)를 지키게 하였다.

이때 사기를 올리기 위해 상을 주는 규정을 거듭 만들고 승려, 비구

---

200) 수군을 말함.

니, 도사까지도 모두 잡아서 종군하게 하였다.

강을 건넌 양광(楊廣)은 수춘(壽春)에서 육합(六合) 남쪽의 도엽산 (桃葉山)으로 주둔하자 번맹과 좌위장군 장원손이 청룡선 80척을 이끌고 백하에서 주둔하고 양광의 군사를 막았다.

초이렛날에 한금호(韓擒虎)는 고숙(姑熟)을 점령하고 강을 따라 곧장 내려와서 양광의 총관 두언(杜彦)과 합세하여 2만 군사가 신림(新林)[201]에 주둔했다.

동시에 수(隋) 행군 총관 우문술(宇文述)도 군사 3만을 거느리고 강을 건너 석두(石頭)[202]를 점령하여서 건강(建康)에 대한 포위태세를 형성하였다.

한금호는 남쪽 길에서 전진할 때 하약필(賀若弼) 부대는 북쪽 길을 진격하고 있었다. 하약필은 초엿새 경오일에 경구(京口)를 점령하고 남예주자사 황각을 사로잡았다.

이때 하약필은 엄중하게 명을 내려 백성들을 티끌만큼도 범하지 않았고 민간에서 술은 산 군사도 즉시 목 베었다. 또한 포로 6천명 모두 풀어주고 양식을 주어 위로하고 칙서를 주어 길을 나누어 가며 유시 (諭示)[203]를 알리도록 했다.

이튿날 한금호는 고숙(姻孰)을 치고 번순의 가족을 포로로 잡았고 고문주는 패하여 달아났다. 이때도 한금호는 백성들의 순무에 힘을 쏟았으므로 강남의 부로(父老)들은 한금호가 위엄 있고 신의가 있다

---

201) 南京西南
202) 南京城西쪽
203) 황제의 뜻

는 소리를 듣고 군문에 와서 배알하는 자가 줄을 이었다.

노광달의 두 아들 노세진과 노세웅은 싸우지도 않고 한금호에게 투항한 후 몰래 사람을 보내 노광달을 불렀다. 이에 노광달은 부끄럽게 여기고 스스로 탄핵하여 정위(廷衛)에 가서 형벌을 청하였으나 진숙보는 오히려 그의 충성심을 칭찬하고 황금을 하사하여 병영으로 돌려보냈다.

하약필은 공을 다투기 위하여 군사를 재촉하여 돌진하니 장강 연변에 있던 수자리에서는 풍문을 바라보다 다 달아났다. 하약필은 군사를 나누어 삼오[204]지역에 있는 진의 군사들이 수도 건강을 구원하기 위해 오는 것을 막기 위해 곡아(曲阿)의 요충지를 차단했다.

이때 오주(吳州)를 지키던 진군(陳軍)이 진격해 올라오자 하약필은 일군을 곡아로 보내어 막게 하고, 자기는 친히 주력을 거느리고 종산(鍾山)[205]을 차지한 후 백토강 동쪽에 주둔했다.

수군(隋軍)의 주력부대인 왕세적(王世積)은 기구(汽口)에서 진(陳) 장수 기진(紀珍)을 크게 격파하였고, 연영군(燕榮軍)은 바다를 따라 남하하여 태호(太湖)로 들어가서 오주(吳州)를 향해 진격하였다.

한편 진숙보는 사도 예장왕 진숙영은 조당에 주둔하게 하고, 소마가는 낙유원, 번의는 기도사, 노광달은 백토강에 주둔시켰으며 공범은 충무장군으로 하여 보전사에 주둔시켜 최후의 보루로 삼았다.

당시 건강에는 10만이 넘는 갑병이 있었으나 진숙보는 어리석고 우둔하여 눈물만 흘릴 뿐 모든 대내(臺內)의 조치는 시문경에게 맡겼다.

---

204) 태호와 전당강 유역

205) 南京紫金山

시문경은 사람됨이 교격하고 흉측하였으므로 자신이 싫어하는 장수들이 공을 세울까 시기하여 거짓으로 상주하였다.

"이 무리들은 불만스러워하고 평소에 관(官)에 복종하지 않았는데 이번 일을 당하여 어찌 믿을 수가 있겠습니까?"

이로 말미암아 여러 장수들이 계문을 올려 청하는 바가 대체로 시행되지 못하여 진군들은 서로 간에 돕지 못하고 고립되어 패망하게 되었다.

하약필이 경구에 들어왔을 때였다.

소마가가 나아가 싸우기를 청했으나 진숙보가 허락하지 않았는데 종산에 도착하자 다시 간했다.

"하약필의 군대는 현군(懸軍)으로 깊이 들어왔고 보루와 해자도 아직 견고하지 않으니 군사를 보내어 기습하면 반드시 이길 수 있다."

그렇지만 이때에도 허락하지 않았다.

15일 임충(任忠)이 오흥(吳興)에 들어와서 주작문에 주둔했다. 이때 진숙보는 소마가와 임충을 불러 내전에서 군사 일을 의논하도록 하자 임충이 말했다.

"병법에서 객병은 신속한 전투를 귀하게 여기고 주군은 신중히 버티는 것을 귀하게 여깁니다. 지금 국가에는 병사가 충분하고 식량이 충분하니 대성을 굳게 지키고 회수 연변에 목책을 세우고 수군이 오더라도 더불어 싸우지 않고 장강의 통로를 차단하여 저들의 서신을 왕래할 수 없도록 하여야 합니다.

신에게 정병 1만과 금시(金翅) 300척을 주시면 장강을 내려가 육합을 지름길로 기습하겠으며 저쪽의 대군은 반드시 강을 건넌 장수와 군사가 이미 포로가 되었다고 생각할 것이니 자연히 기가 꺾일 것입니다.

회남에 사는 토착인들은 신과 잘 아는 사이이니 신이 간다면 그림자처럼 따를 것입니다. 신이 다시 겉으로 소리쳐서 서주로 가서 저들이 돌아가는 길을 차단한다면 열 군대는 공격하지 않아도 스스로 물러날 것입니다. 봄을 기다려서 물이 이윽고 불어나면 상강의 파협을 지키는 주라후 등 여러 군대가 반드시 물결을 따라 내려와 구원하러올 것입니다."

진숙보는 대답하지 않았는데 다음날 임충이 다시 청하자 변덕을 부려 말했다.

"전쟁이 오래 결정 나지 않아서 짐의 뱃속을 번거롭게 만드니 소랑(蕭郎)[206]을 불러서 한번 공격하는 것이 좋겠다."

임충이 거듭 머리 조아리며 싸우지 말 것을 어렵게 요청하였지만 공범이 말했다.

"청컨대 한번 결판을 내시어서 관(官)을 위하여 연연(燕然)[207]에다 공적을 돌에 새겨야 합니다."

진숙보가 그 말을 따라 소마가에게 말했다.

"공이 나를 위하여 한번 결판을 내면 좋겠소."

소마가가 말했다.

"이제까지 진을 쳤던 것은 나라를 위하고 자신을 위한 것이었으나 오늘의 일은 처자까지 겸하겠습니다."

진주는 금은과 비단, 금포 등을 내려 여러 군사를 포상하도록 하였다.

소마가의 처는 매우 아름다웠다.

진숙보는 그녀를 탐하여 소마가에게 미녀 두 명을 내려 첩으로 삼게

---

206) 소마가
207) 몽골의 杭愛山을 말함

하는 대신 자신은 소마가의 처와 공공연히 밀회를 즐겼다. 그리고 술이 취하면 소마가가 있는데도 불구하고 자신의 옆 자리로 불러 들여 태연히 그녀의 몸을 더듬고 농탕질을 치고 자랑삼아 말했다.

"소마가의 처는 방중술이 매우 뛰어나 사내의 몸과 마음을 녹이는 재주가 나라의 으뜸이다."

소마가는 속이 부글부글 끓어올랐지만 감히 말하지 못했다. 이런 연유로 소마가는 애초부터 싸울 마음은 전혀 없었다.

곳곳에서 방어선이 무너지고 수군들이 가까이 진격해오자 정월 20일 갑신일, 진 후주(陳后主)는 나라의 모든 장수에게 출전을 명했다.

백토강(白土岡) 일대(城南)에다 남북으로 20여리나 되는 일자장사진(一字長蛇陣)을 치고 노광달, 임충, 번의, 공범, 소마가 등의 군대가 연이어 늘어섰다.

하지만 진숙보는 항상 술에 쩔어 있어서 명쾌하게 일을 처리하지 못했기 때문에 총 지휘자를 지정하지 않아서 군율이 서지 못했고 장수들의 형명이 먹혀들지 않았다. 그래서 남북으로 길게 뻗어있는 여러 군대들은 선두와 후미가 전진하고 후퇴하는 것을 알지 못했다.

하약필(賀若弼)은 경무장한 기병을 거느리고 근처의 산으로 올라가서 진군들의 형세를 둘러 본 후 임충의 군사부터 먼저 쳤다. 그리고 흩어지는 진군을 추격하여 양아와 운명 등 일곱 명의 총관과 갑사 8천명으로 진군을 공격했다.

임충이 위태로워지자 부근에 있던 노광달이 군사를 이끌고 달려와 용감하게 싸웠기 때문에 하약필이 대패하여 한때는 포위에 갇혀 죽을 위기에 처했다. 그렇지만 연기를 피워 스스로를 가려 간신히 달아났다가 다시 분발하였지만 네 번이나 물러났고 그때 죽은 자만 273명이었다.

그런데 진숙보는 수군의 수급에 상을 크게 걸었기 때문에 수군이 물러가면 진군은 추격하기보다는 수군의 수급을 베는 데 혈안이 되어 군령을 따르지 않고 제멋대로 행동했다.

하약필이 이 기회를 틈 타 공범을 치자 진의 기병이 갑자기 어지럽게 무너져서 다시 멈출 수가 없었고 죽은 사람이 5천 명이 되었다.

행군총관 운명이 소마가를 사로잡아 하약필에게 바치자 하약필이 목을 베려하였다. 이때 소마가가 말했다.

"우리 장수와 군사들이 용감하지 못하고 비겁한 것이 아니라 황제가 황음무도하여 신하와 장수들의 신망을 잃었으니 싸우지 않았던 것이다. 만약 나를 죽인다면 다른 장수들이 결사항전 할 것이니 그대는 내 말을 잊지 말라."

이 말을 듣자 하약필이 소마가를 풀어주고 예우하였다.

백토강 전투에서 진군의 패색이 짙어지자 임충은 군사를 버리고 대성(臺城)으로 돌아와 진숙보에게 말했다

"관(官)께서는 의당 잘 머물러 있어야 하나 신은 쓸 힘이 없습니다."

진숙보가 손을 부들부들 떨면서 의자 아래 숨겨 두었던 금 두 주머니를 주며 싸우도록 하자 임충이 말했다.

"폐하께서는 오직 배와 노를 갖추고 상류에 있는 여러 군대에 가셔야만 하며 신이 죽기로 받들어 보위하겠습니다."

진숙보가 그 말을 믿고 임충에게 칙령을 내려 나가서 부대를 나누고 궁인으로 하여금 길 떠날 차림을 하고 기다리게 하였다. 그런데 임충

은 기병을 인솔하고 석자강(石子岡)으로 나갔으나 마침 신림에서 전진하던 한금호를 만나 포위를 당하자 항복하고 말았다.

주작항을 지키던 영군 채징도 한금호가 곧 도착할 것이라는 소식을 듣자 달아났다. 때문에 한금호는 진군의 저항을 거의 받지 않고 임충을 앞세워 건강의 주작문으로 들어섰는데 수비장수가 성문을 굳게 닫고 싸우려 하였다.

이때 임충이 소리쳤다.

"이 늙은이도 오히려 항복하였는데 이 조그만 군사로써 무슨 일을 하겠는가?"

이에 수문장이 무기를 버리고 투항해 버렸다.

수군이 성안으로 들어왔다는 소리가 들리자 문무백관들은 모두 숨었고 상서복야 원헌(袁憲)만 궁전을 지켰고, 상서령 강총(姜總)등 몇몇 신하들만이 대성(臺省)에 머물렀다.

사태가 이에 이르렀으나 진숙보는 지난날의 자신의 행동에 대해서는 전혀 뉘우치지 않았을 뿐더러 신하들만 탓했다.

"짐에게 덕이 없는 것뿐만 아니라 강동에 의관을 갖추고 사는 사람들의 도가 없어졌다."

당황하고 급하여 숨으려하자 원헌이 정색을 하고 말했다.

"북방의 군사가 들어오면 반드시 범접하는 바가 없을 것입니다. 큰 일이 이와 같은데 폐하께서는 어디로 가려 하십니까 신은 바라건대 의관을 바르게 하시고 정전(正殿)에 오르시어 양의 무제가 후경(侯景)을 접견하였던 고사처럼 하십시오."

진숙보는 따르지 않고 앉았던 의자에서 내려와 달아나며 말했다.

"칼날 아래에서 아직은 감당할 수 없으니 나는 스스로 계책을 가지고 있다."

궁인 10여명을 거느리고 후당에 있는 경양전(景陽殿)으로 달아나 마른 우물에 숨으려하자 원헌이 말렸다.

'폐하! 체통을 지키셔야 합니다."

진숙보가 듣지 않자 후합사인(後閤舍人) 하후공운(夏候公韻)이 몸으로 우물을 가리고 막았으나 진숙보는 그를 밀쳐내고 해총비(偕寵妃), 장려화(張麗華)와 공귀빈(孔貴賓) 등과 함께 우물 속에 숨었다.

하후공운은 그 광경을 보고 혼잣말로 말했다.

"황제가 체통을 잃었으니 이미 황제가 아니다."

궁 안에 들어온 한금호가 진숙보를 찾아 다가오자 아무런 주저함도 없이 손가락으로 가리켜 주었다.

한금호는 부하들과 더불어 우물 안을 들여다보고 나올 것을 종용하였지만 진숙보는 못들은 척 꼼짝도 않았다. 화가 난 한금호가 부하들에게 명하여 우물 아래로 큰 돌을 던지게 하자 그제야 진숙보가 고함을 질렀다.

"돌 던지는 것을 멈추어라! 짐이 다친다."

이에 한금호가 밧줄을 내려 줄줄이 끌어 올렸다.

한편 공범을 깨뜨린 하약필이 낙유원에 이르자 백토강에서 물러났던 노광달이 잔여 병사를 지휘하여 지키고 있었다. 양군은 치열한 전투를 벌여 수 백 명의 사상자가 났지만 승부가 나지 않았다. 날이 저물무렵 하약필의 후군이 달려오자 진군들은 크게 패하였다.

하약필은 노광달의 용맹을 높이 치하하여 투항을 권했다.

"다른 모든 장수들은 창칼을 벗어버리고 부하들의 목숨을 구하건만 장군은 어찌하여 그들의 목숨을 초개처럼 여겨 죽음에 이르게 하는가?"

노광달이 갑옷을 벗고 궁성을 향하여 두 번 절하고 통곡하며 무리들에게 말했다.

"나는 장수가 되어 나라의 위급함을 구하지 못했으니 짊어진 죄가 깊다."

병사들이 모두 눈물을 흘리자 마침내 하약필에게 투항했다.

하약필은 밤에 북액문을 불태우고 궁성으로 들어갔는데 여러 문을 지키던 위사들은 모두 달아나서 궁안이 텅텅 비었다. 이때 하약필은 한금호가 이미 진숙보를 잡았다는 소식을 듣고 경양전으로 나아갔다.

하약필을 본 진숙보는 당황하고 두려워서 땀을 흘리며 다리를 떨면서 하약필을 향하여 두 번 절하였다.

하약필이 말했다.

"작은 나라의 주군은 큰 나라의 경(卿)에 해당하니 절을 하는 것이 예의이다. 조정에 들어가면 귀명후(歸命侯)가 될 수 있을 것이니 수고롭게 두려워할 것은 없다."

덕교전(德敎殿)에 가두어 두고서 군사를 보위하고 진숙보를 지켰다.

고경의 아들 고덕홍은 진왕 양광의 기실(記室)이었는데, 양광은 먼저 건강에 입성한 고경에게 고덕홍을 보내어 은밀히 명했다.

"진숙보의 첩 장려화를 몰래 빼돌려 남겨두도록 하라."

고경이 정색하고 말했다.

"예전에 태공은 얼굴을 가리고 달기의 목을 베었는데 지금 어찌 장려화를 남겨 둘 수 있습니까?"

마침내 청계(靑溪)에서 그녀의 목을 베었다.

뒤에 양광이 이 소리를 듣고 안색을 바꾸어 말했다.

"옛사람은 덕을 베풀고 보답되지 않은 것이 없다.' 라고 말하였으나 나는 반드시 이것을 고공에게 갚겠다."

양준이 수륙군 10여 만을 거느리고 한구(漢口)로 나아가자 진(陳) 장수 주라후(周羅候) 등이 수만 명을 거느리고 강하(江夏)에서 대치했다. 양군은 크게 싸웠으나 주라후가 굳게 지켜 발이 묶이고 말았다. 양준은 발을 동동 구르며 장수들을 독촉하였으나 수군들의 피해가 워낙 커서 움직이지 못했다.

양소(楊素)는 수만의 병사와 함께 밤을 틈타 장강의 도도한 물결 위에 4척의 오아전선과 수천 척의 황룡전선과 책맹(舴艋)을 띄웠다. 바람은 거세고 돛은 가득 부풀었으며 수의 전선들은 힘차게 파도를 가르고 삼협(三峽)을 따라 동으로 내려갔다.

유인은(劉仁恩)은 주사(舟師)들을 거느리고 강릉(江陵)에서 서쪽으로 진격하여 양소의 군사와 합세했다. 양군은 랑미탄(狼尾灘)을 습격하여 점령하고 강을 따라 내려갔다.

양소와 유인은은 일부러 오아전선의 위용에 대하여 엄청나게 부풀려 과장된 소문을 퍼뜨렸는데 이런 수군(隋軍)의 작전은 주효하여 진 군들의 가슴을 충분히 서늘하게 하고도 남았다. 진나라 군사들은 두려움에 떨어 모두들 눈치만 살피며 도망칠 궁리만 하고 있었다.

진(陳)의 장수 여충숙(呂忠肅)은 충성스럽고 용맹한 사람이었다. 모든 재산을 내놓고 상을 걸어 군사들의 사기를 높였다. 그리고 양안(兩岸)에 높은 장벽을 만들고 누대를 쌓았으며 철쇄(鐵鎖)를 걸어놓았다.

또한 정예부대인 청룡 전선 수백 척에 백 명씩 군사를 싣고 강노화전을 장비하여 하류의 협곡마다 병사를 배치하였다. 남북조 3백 년 동안 장강은 철벽과 같아서 북조의 군사들은 장강의 천험에만 도착하면 모조리 죽었다.

이렇게 되자 진의 수군들은 다시 사기가 올랐고 죽기를 각오하고 양소와 유인은이 이끄는 수군들을 막았다.

하지만 수군의 오아전선은 그 위력이 놀라웠다. 거침없이 나아가 진군이 걸어놓은 세 개의 철쇄를 모두 끊어버리고 험준한 관구들을 모조리 돌파했다.

오아전선은 마침내 삼협의 최종관문인 서릉협에 도착했고 진의 수군들은 청룡전선보다 몇 배나 큰 오아전선을 보았다. 특히나 온통 철갑으로 두른 거대한 전선이, 검은 산을 누르는 것처럼 풍랑을 일으키며 다가올 때 진군들은 천신의 배가 내려온 것이라 착각할 정도였다.

그렇지만 여충숙은 조금도 두려워하지 않았다. 부하들을 격려하여 배를 몰고 나아가 강노화전을 비같이 쏘았다. 칠흑의 강물위에 유성이 쏟아지는 것처럼 강물은 대낮같이 밝았다.

"와, 와!"

물결소리와 함성소리가 뒤엉켜 하늘을 찌르고 북소리 활시위소리가 벼락과 천둥처럼 울렸다.

여충숙은 친히 선두에 서서 백여 척의 청룡전선을 지휘하여 오아전선을 포위하여 공격을 시도하였지만 수나라 오아전선은 높고 큰데다가 머리 부분을 철갑으로 보호하고 있어 배 조각 하나도 부술 수 없었다.

양소는 침착하게 오아전선을 진군시키고 수백 명의 궁수로 하여금 높은 데서 아래로 내려다보고 강노를 쏘게 하자 백발백중으로 맞았다. 더구나 박간을 휘두르게 하여 수십 명의 장사들에게 도르래를 끌어올려 진군의 전선으로 낙하하여 침몰시켰다.

유인은은 물질에 능숙한 군사들을 뽑아 진의 수군을 무력화하고자 하였다. 수의 특공대원들은 책망이란 작은 배를 저어 진의 청룡전선 가까이 다가간 후 날카로운 도끼로 바닥을 꿰뚫어 침몰시켰다.

이때 황룡전선을 한 일자로 길게 늘어세워 총공격을 개시하여 승세를 굳혔다. 싸움이 시작된 지 한나절도 못되어 대부분의 청룡전선은 침몰되거나 불타고 말았고 푸른 강물 위에는 전선의 잔해들로 가득 찼다.

구사일생으로 살아남은 진나라 군사들은 차가운 장강에 몸을 던져 달아나기 바빴다. 여충숙이 견디지 못해 서릉협구(西陵峽口)의 기정(岐亭)으로 물러나 군사들을 격려했다.

"나라의 운명이 우리들의 손에 달려있다. 우리는 죽어서도 진의 귀신이 될 것이다."

진의 군사들이 목숨을 걸고 완강하게 저항하자 수군들은 주춤하여 진격하지 못했다.

양소는 성품이 잔혹하여 군사들을 엄히 다루기로 소문나 있었다. 중국에서는 예로부터 전쟁 포로나 노예들로 군대를 만들어 려(旅)라고 하였는데 보통 1개 려는 500명으로 하였다.

양소는 전쟁에서 이러한 노예 군사를 자주 이용했는데 여충숙의 군사와 싸울 때에도 먼저 려의 군사들을 돌격시켰다.

그리고 노예 군사가 승리하여 공을 세우면 양민으로 승격시켜주고 달아나는 자는 반드시 죽였다. 노예 군사가 모두 죽으면 그때에는 정예병 일 이백 명을 돌진시켜 적진을 함락시킨 다음에야 그치게 하였다.

이때에도 만약 이기지 못하고 돌아오면 장수와 군사를 가리지 않고 모조리 목을 베었고, 다시 숫자를 늘여 이백 명이나 삼백 명을 내보내어 전과 마찬가지로 하였다.

그래서 처형당하는 군사 수가 많을 때에는 수백 명이 넘었고 적어도 수십 명은 넘었다. 이때 목 잃은 군사들의 시체에서 피가 철철 흘러넘치는데, 그 앞에서도 아무 일도 없는 것처럼 태연자약하게 웃으며 이야기하곤 했다.

양소의 부하들은 전쟁에 지면 살아날 방법이 없었기 때문에 죽기로 싸울 수밖에 없었다.

그런데 당시 군사들은 큰 공을 세워도 조정의 문관들에게 무시당하기 일쑤였으나 양소는 황제의 신임을 받았으므로 아무리 작은 공을 세워도 반드시 상을 주었다. 그렇기 때문에 양소는 잔인했지만 그의 군사들은 그를 따랐다.

아무리 용맹한 여충숙일지라도 끊임없이 몰려오는 수의 대군을 도저히 감당할 수가 없었다. 대부분 사졸들이 모두 쓰러진 후 여충숙도 마침내 수군에게 포위당했다.

양소가 말했다.

"그대의 충절과 용맹이 가상하다. 투항한다면 목숨을 살려주거니와 폐하께 진언하여 벼슬도 내리겠다."

좋은 말로 회유했으나 여충숙은 비장하게 말했다.

"나라가 망했는데 벼슬이 무슨 소용이 있겠는가?"

칼로 목을 찔러 자살하고 말았다.

양소의 군사들은 파죽지세로 나아가 연주(延洲) 등을 파하고 상류 인근의 모든 성을 함락하였다.

형주(荊州)는 진(陳)의 중요한 군사적 요충지였으나 자사(刺史) 진혜기(陳慧紀)는 겁이 많은 인물이었다. 여충숙의 군사들이 대패했다는 보고를 받자 싸울 생각이 없어서 휘하의 군사를 몰고 공안(公安)에서 동으로 퇴각해 버렸다.

주라후와 대치하던 양준(楊俊)이 이 사실을 알고 정예부대 삼만을 보내어 한구(漢口) 서쪽에서 크게 격파하고 진혜기를 붙잡아 포로로 삼았다.

이틀 후인 22일, 건강(建康)에 입성한 양광은 진숙보(陳叔寶)를 당하(堂下)에 꿇어앉히고 술을 따르게 하여 신하의 예를 바치게 하였다.

양광은 여색을 몹시 밝혔다. 장려화를 차지하지 못해 내내 앙앙불락하고 있었는데 다시 혜총비와 공귀빈의 미모를 보자 욕심이 생겼다. 약삭빠른 한금호가 눈치를 채고 혜총비와 공귀빈을 잡아 양광의 수청을 들게 하자 양광은 밤 내내 두 여인을 번갈아 겁탈하였다.

감군(監軍)의 역할을 맡고 있던 장사 고경은 이번에도 이러한 양광의 행실을 곱게 보지 않았다.

"미인은 재앙의 원인이 되는 법이다."

부하들에게 명하여 두 귀빈을 밖으로 끌고 가서 처형해 버렸다. 장려화에 이어 혜총비와 공귀빈마저 고경에게 처형당했다는 사실을 알게 된 양광은 펄펄 뛰었다.

"저놈이 황제의 총애를 믿고 나를 업신여기는 것이다."

당장 끌어내어 군법에 붙여 처형하려하자 양소가 놀라 간했다.

"큰 뜻을 품은 사람은 사소한 일에 분노를 나타내어서는 안 됩니다. 더구나 고경은 감군이므로 대장이라고 해도 함부로 처벌할 수 없습니다."

감군은 황제의 직속으로 군사의 기밀을 다루는 벼슬이었으므로 실상 양광으로서도 어찌할 도리가 없었다. 그렇지만 치밀어 오르는 분을 참지 못하고 씩씩거리자 양소가 달래었다.

"미인 따위야 얼마든지 얻을 수 있습니다. 하나 진실로 큰일을 도모하신다면 이곳에서 얻은 여자나 보물 같은 전리품에는 털끝 하나 건드리지 말고 고스란히 황제께 바치도록 하십시오."

양광도 약삭빠른 인간이어서 그 말의 뜻을 알아들었다. 금방 생각을 고쳐먹었다.

"내가 큰 실수를 범할 뻔했다."

양소의 진언대로 진나라 보화와 여인들을 모조리 약탈하여 문제에게 바쳤다.

이때 잡아들인 여인 중에 진(陳)나라 고종(高宗)의 딸로서 훗날 문제의 총비가 된 선화부인(宣華夫人) 진부인(陳夫人)과 후비인 채부인(蔡夫人)도 있었다.

양광은 진숙보에게 글을 내려 상류 진군(陳軍)들이 항복하게 하고 명하였다. 이에 양준과 대치하고 있던 주라후가 갑옷과 투구를 벗고 투항해 왔고 그 외에 변방에서 항거하던 유장(遺將)들도 줄줄이 항복했다.

사공 사마소난은 본래 북주의 운주총관으로 위지형과 더불어 반란을 꾀하다가 진으로 달아난 자였다. 건강을 함락한 양광은 투항한 다른 신하와 장수들을 모두 살려두었으나 사마소난만은 덕교전 앞에 끌어내어 꾸짖었다.

"반역자에게는 용서가 없다."

친히 칼을 빼어 목을 베어 죽였다. 그러나 주라후의 충성심과 용맹을 치하하는 표문을 올리자 문제가 기특하게 여겨 좌효위대장군으로 임명하고 중용하였으며 훗날 고구려 원정군을 일으킬 때 수군대총관이 되었다.

2월에 수군은 진조(陳朝)의 30개 주(州)와 1백여 개의 군(君), 4백여 개의 현(縣)을 얻어 중국 대륙을 통일하고 190개 군과 1천 2백개 현이 포괄된 대제국을 건설하였다.

이때 수조(隋朝)의 강토는 동서로 약 9300리(里), 남북으로 14,800리(里)나 되었다. 동남은 모두 바다에 닿았고 서쪽으로는 신강(新疆) 끝에 이르렀고 북으로는 내몽고오원(內蒙古五原)에 닿았다.

호구(戶口)의 총 수는 문제의 초년에는 4백여만 호에 불과했으나 589년 진을 멸망시키고 통일을 한 후에는 60만 호가 추가되어 460여만 호에 이르게 되었다.

수(隋)가 진(陳)을 멸하는 데는 넉 달이란 시간밖에 걸리지 않았다. 이렇게 짧은 시일 내에 진(陳)이 쉽게 무너진 것은 무엇보다도 정치가 부패하고 인심이 떠났으며 군심이 흩어진데 그 근본 원인이 있었다.

양광은 장군 왕소(王韶)를 석두성(石頭城)에 남겨 뒷일을 처리하게 하고 진숙보를 비롯한 진의 왕공과 문무백관 대신들을 모조리 압송하여 장안으로 옮겼다. 이때 어른과 아이들이 길 위에 올라 그 행렬이 5백리에 이어졌다고 한다.

문제는 좌령군(左領軍) 독고타(獨孤陀)[208]를 준의(浚儀)까지 보내어 양광의 개선 군사들을 맞아들이게 하였다. 그리고 양소를 월공(越公)으로 높여주고 첫째 아들 현감(玄感)은 의동삼사(儀同三司)로, 둘째 아들 현장(玄獎)은 청하군공(淸河君公)에 제수하며 비단 1만 필과 조 1만 섬을 하사하였으며, 양소가 경사(京師)로 돌아온 후에도 매일 사람을 보내어 위문 인사를 하였다.

또한 양과 진의 정벌에 공이 컸던 상서좌복야(尙書左僕射) 고경도 상주국에서 제공(齊公)으로 높여주고 비단 9천단(段)을 하사하였다.

그리고 진왕 진숙보와 그의 왕공 백관들을 위하여 도성 안을 수리하여 깨끗이 정리하고 사자를 보내어 영접하여 그 접대가 이웃 왕의 행차를 맞이하는 것과 같았다. 그리고 장안의 관리들과 백성들의 집을 비워 거처로 내어주게 하였다.

---

208) 독고황후의 동생으로 문제의 처남임.

제 8 장

거란 평정

고구려 북쪽에 거란[209]이 있었는데 그들은 본시 고막해(庫莫奚)와는 종족은 다르나 같은 무리였다. 처음에는 연왕(燕王) 모용황(慕容皝)에게 쫓기어 송(松), 막(莫)[210] 사이에 숨어 살았는데 후에 요하(遼河) 상류의 시라무렌(Siramuren) 강 유역에 집단을 이루어 유목생활을 하고 있었다.

개황 4년 막하불(莫賀弗)이란 자가 무리를 거느리고 수에 건너갔다. 이듬해 문제가 그들을 변방에 거두고 그 옛 땅에 거주하게 하였다.

이후 그들은 물과 풀을 따라 떠돌다가 요서 북쪽 이백 리에 이르러, 탁흘신수(託紇臣水)에 머무니 동서가 오백 리요 남북이 삼백리가 되고 십부(十部)가 되었다. 그리고 병사들도 많으면 삼천이요 적어도 천은 되었다.

돌궐의 사발략가한이 이를 좋게 여기지 않아 토둔(吐屯) 반질(潘頡)

---

209) 훗날 야율아보기(耶律阿保機)가 여러 부족을 통일하여 916년(발해 애왕 16) 요(遼)나라를 건국하고, 926년에는 발해를 멸망시켜 고려와 국경을 접하게 되었다.
210) 지명이름

을 보내어 병합하려 하였는데 오히려 거란이 토둔을 죽였다.[211]

개황 7년 사발략카한이 죽자 거란은 그 세력을 키워 고구려의 서북 변방을 공격했다. 부여성에 있던 군사들이 이들을 얕잡아보고 나아가 싸웠으나 크게 패하고 말았다.

북부욕살 고전이 이 급보를 받았다.

요동성과 목저성 등의 군사 1만 3천 명을 징발하여 구원하러 나섰지만 고구려 군사들 중에 잠입해 있던 거란의 첩자에게 군사작전이 노출되어 연전연패를 당하고 말았다.

거란의 군사들이 파죽지세로 내려와 졸본성까지 진격하자 평원왕은 온달을 정서대장군(征西大將軍)으로 삼아 토벌하게 하였다. 이때 온달에게 다음과 같이 당부했다.

"거란은 야만족들이어서 믿어서는 안 된다. 반드시 그 왕을 잡아서 항복을 받아 내어야 한다."

온달은 일만 보기병을 이끌고 나아가 송 지방에 이르러 막하불의 군사를 만났다. 이때 막하불의 장수들이 잇달아 덤벼들었지만 온달의 벽천월도에 모조리 목이 떨어져 죽었다.

온달의 용맹에 놀란 막하불은 기가 죽었다.

"정면으로 싸워서는 이길 수 없다."

이렇게 생각하고 유격전을 펼쳤다. 송 지방의 지리에 능통한 거란 군사들은 공격과 후퇴를 거듭하면서 고구려 군을 유인하여 잡초가 가득 우거진 벌판에 이르러 미리 준비해 둔 군사들로 하여금 불을 지르게 하였다.

---

211) 북사열전(北史列傳) 거란국(契丹國)편

검은 연기가 치솟고 불길이 타오르자 고구려 군사들은 일시에 혼란에 빠졌다. 그러나 온달은 침착했다.

"불에는 불로 맞선다."

바람 불어오는 쪽으로 후퇴하여 맞불을 놓아버리자 불길은 오히려 거란의 군사들이 있는 곳으로 번져갔다. 크게 놀란 막하불은 군사들을 후퇴시켰으나 불에 타 죽은 군사만 해도 천 명이 넘었다.

첫 번째 전투에서 패한 막하불은 전술을 바꾸었다.

궁기병들을 이용하여 고구려 군의 측면을 기습하고 화살을 비 오듯 퍼부었지만, 고구려 군사들은 원진(圓陣)을 치고 큰 방패들을 벽처럼 쌓아올려 거뜬히 막아내었다.

공격에 연거푸 실패한 막하불은 건곤일척의 전쟁으로 사생결단을 각오했다. 기병을 일렬로 늘어세우고 선두에 서서 반달칼을 휘두르며 돌진했다.

그제야 온달이 장수들에게 말했다.

"마음껏 나가 싸워라."

온달의 정예부대는 고도의 맹훈련을 받은 군사들이었다. 한달음에 내달려 닥치는 대로 시살해 나아가자 거란 군사들은 초개처럼 무너졌다.

전쟁터는 아수라장으로 변했고 말들은 미친 듯이 울부짖으며 날뛰었다. 견딜 수 없었던 막하불은 몇몇 호위 군사들만 대동한 채 달아버렸기 때문에 남아 있는 거란 군사들은 퇴각 명령도 받지 못했다. 고구려 군사들이 달려오자 모두다 무기를 버리고 투항했다.

이때 몇 몇 장수들이 모두 죽이려 하자 온달이 명했다.

"큰 산은 작은 돌이나 하찮은 먼지라고 하더라도 모두 거두어 들인다. 투항하는 자는 살려 주도록 하라."

명을 받은 고구려 군사들이 산등성이에 올라가 소리치자 창칼을 버리고 투항하러 달려오는 거란 군사들의 줄이 십 리에 이어졌다. 그러나 끝까지 저항하는 몇 몇 거란 장수들에게는 치중 부대로 하여금 퇴로를 차단하고 군사를 세 갈래로 나누어 협공하여 완전히 섬멸해 버렸다. 이때 죽어 넘어진 거란군의 말과 시체는 백 리에 즐비하게 널렸다.

막하불은 간신히 국경을 넘어 달아났으나 온달은 추격을 늦추지 않았다. 요하 상류를 거쳐 더욱 깊숙이 쳐들어가서 거란의 중심지인 시라무렌까지 이르렀다.

막하불은 성안에 숨어 죽기로 항전하려 하자 온달이 화살에 글을 새겨 날려 보냈다.

"막하불은 들어라. 너희가 새가 되어 하늘로 날아가든지, 아니면 쥐가 되어 땅속으로 숨지 못한다면 내 창을 피하지 못할 것이다. 하루빨리 항복하지 않는다면 성안에 있는 풀 한 뿌리 나무 한 그루도 성하지 못할 것이다."

온달의 위협에 견디지 못한 막하불은 사람을 보내어 표를 올리고 신(臣)으로 자처하며 용서를 빌었다.

"변방의 번신이 외람되이 대국의 경계를 범하였으니 그 죄가 실로 하늘에 닿았습니다. 부디 너그러운 마음으로 용서해 주신다면 자손만대로 영원히 부용국이 되어 충성을 다하겠습니다.

마침 저희 왕실에 공주가 있어 미모와 재주가 빼어난 지라 대왕의 곁에서 시중들게 하고 싶으니 신의 뜻을 어여삐 여겨 허락하시기를 바랍니다. 그렇게 되면 앞으로 양국 간의 우호가 더욱 돈독해지고 백성들이 편안하며 사해가 기뻐할 것입니다."

온달이 서신을 찢어버리고 답을 내리지 않자 거란 사신은 사흘 동안이나 군문 앞에 꿇어 엎드려 간청을 하였다. 그제야 온달이 포위를 풀고 사신을 압송하여 평양으로 보내자 평원왕이 교지를 내렸다.

"지난날을 뉘우쳐 회개하였으니 이들은 모두 짐의 신민이다. 굳이 핍박하여 죽음의 구렁텅이에 몰아넣겠는가?"

모두 용서하고 군사를 거두게 돌아오게 하였다.

이때 거란 왕은 공주를 비롯하여 남녀 1천 명과 준마 1천 필을 바치고 친히 입조하여 신하의 예를 다하고 스스로 번국을 자처하였다.[212]

한편 온달이 출정한 지 한 달도 채 못 되었을 때였다. 고구려 조정에는 또 다시 북쪽 변방에서 급보가 날아왔다.

말갈(靺鞨) 부족들이 세력을 규합하여 난을 일으켰던 것이었다. 말갈은 반농 반수렵의 산림족으로 반지하식 수혈주거에 살았는데 사냥함을 일삼아 활쏘기에 능하였다.

그들은 각궁을 주로 사용하였는데 그 길이는 삼척이요, 화살은 일척(一尺) 이촌(二寸)이며, 항시 칠팔월에 독약을 만들어 화살에 발라 금수를 사냥하는데 독약이 강하여 사람도 능히 죽일 수 있었다.

3세기 이후에 송화강과 연해주 흑룡강 일대에 일곱 부족이 퍼져 살

---

212) 隋書 東夷傳 高麗傳에 이르기를 '而乃驅逼靺鞨 固禁契丹諸藩頓顙 爲我臣妾 忿善人之慕義'
라 함

앉는데 그 거수를 '대막불만돌'이라고 하였다.

그 후 고구려가 점점 커져 요동과 심양 길림 영안 등을 아우르고 동으로는 훈춘까지 이르자 말갈의 영역과 겹치는 곳이 대부분이어서 항상 내분의 불씨가 남아 있었다.

고구려 건국 초에는 다툼이 잦아 서로 두려워했는데, 고구려가 강성해지자 백두산 근처에 있던 백산말갈(白山靺鞨)이 먼저 복속하고, 부여가 망한 후로 속말말갈(粟末靺鞨)도 완전히 고구려에 편입되었다.

그러자 골돌말갈(汨咄靺鞨)과 안거골말갈(安居骨靺鞨)이 스스로 달려와 투항하고 끝까지 버티던 불열말갈(拂涅靺鞨)과 호실말갈(號室靺鞨)도 마침내 고구려 령에 편입되었다.

그러나 옛 읍루 땅에 있던 숙신(肅愼)의 후예인 흑수말갈족(黑水靺鞨族)[213]만은 홀로 강성하여 자립하고 있었는데 그 추장인 이달가미란 자가 거란이 고구려를 침략한 틈을 노려 호실말갈을 비롯하여 여러 말갈과 합세하여 난을 일으킨 것이었다.

거란에 이어 말갈까지 난동을 일으키자 왕은 난감하였다. 주위에 장수를 구할 때 강이식이 자청하고 나섰다.

"무지한 오랑캐 따위를 염려하실 필요가 없습니다. 신에게 일군을 주신다면 능히 그 우두머리를 잡아 오겠습니다."

왕이 기뻐하며 군사 일만을 주었다.

강이식은 수많은 깃발을 꽂아 적의 눈을 어지럽히는 한편 앞에는 여덟 개의 창을 꽂고 판갑으로 치장한 전차와 중무장한 개마기병들을

---

213) 흑수말갈은 목단강 유역과 장백산 주변 및 연해주 일대에 걸쳐 사는 족속으로 발해 멸망 이후 거란에 복속되어 여진(女眞)이라 불렸으며, 그 후 생여진(生女眞)과 숙여진(熟女眞)으로 나뉘었다가 생여진은 금(金)나라를 건국했다.

내세워 잔뜩 겁을 주었다. 그리고는 말갈군 진영으로 사람을 보내어 달래었다.

"너희들과 우리는 본래 구이(九夷)의 자손으로 한 조상을 섬기는 피로 맺어진 형제이다. 그래서 내가 출정에 나서자 우리 폐하께서 당부하시기를 '너희들 중에서 누구라도 잘못을 뉘우치고 투항한다면 절대 상하게 하지 말라.'고 당부하셨다.

너희들이 비록 무딘 창칼을 들고 억지로 전쟁터에 끌려 나왔으나 이것이 어찌 스스로의 마음이겠는가. 그래서 나는 무리하게 창칼로써 진압하려 하지는 않겠다.

하지만 끝까지 칼을 겨누어 싸우고자 한다면 너희들은 물론이고 사랑하는 가족들도 처참하게 도륙을 당하게 될 것이다. 부디 생각하라. 나는 진실로 평화를 구하여 너희들이 편안하게 살 길을 찾기 바랄 뿐이다."

말갈족들은 고구려 군사들의 현양지진(玄襄之陣)[214]에 눈이 휘둥그레져서 주눅이 들었다. 처음에는 서로 눈치를 보며 망설이더니 온 몸에 진흙을 잔뜩 바르고 석노(石砮)[215]를 든 기마병들을 거느린 늙은 부족장이 나와서,

"우리 호실 족은 원래 싸울 뜻이 없었소이다. 다만 다른 부족과 합세하지 않는다면 보복이 두려웠을 뿐입니다. 부디 우리의 귀순을 받아주십시오."

백여 명의 장정과 더불어 투항해 버렸다.

---

214) 팔진법의 하나로 깃발을 많이 꽂아 적을 혼란하게 하는 진법
215) 돌을 갈아 화살촉으로 만든 砮

강이식은 군사 십여 명을 거느리고 친히 군문 앞에까지 달려 나와 부족장의 손을 불끈 맞잡았다.

"그대는 이제부터 나의 형제입니다. 우리 대왕께서도 크게 기뻐하실 것이오."

술을 가져오게 하여 손수 따라주며 환영했다.

불열말갈의 추장이 이것을 보고 뒤따라 나와 투항했는데 이때 대부분의 다른 말갈부족들도 줄줄이 투항해 버렸다.

사태가 이렇게 돌아가자 반란을 주동했던 흑수말갈 대추장 이달가미의 안색이 노랗게 변했다. 슬금슬금 뒤로 빠지더니 자기 부족 군사만 챙겨 달아나기 시작했다.

이달가미의 군사들이 언덕 사이로 들어서서 시야에서 사라지려하였다. 부장 하나가 마음이 급하여 말했다.

"달아나게 가만히 놓아줄 요량입니까? 지금 잡지 못하면 영영 놓치게 될 지 모릅니다."

강이식이 빙그레 웃으며 대답했다.

"적은 이미 내 손아귀에 있는데 어디를 가리오?"

손에 쥐고 있던 붉은 채찍을 번쩍 치켜세우자 뒤에서 대기하고 있던 궁수가 명적(鳴鏑)을 쏘아 올렸다.

"퓨르르르."

세찬 소리를 내면서 화살이 치솟자 사방에서 군사들이 쏟아져 나와 이달가미의 앞을 가로 막았다.

"내 앞을 가로 막는 자는 죽음뿐이다."

이달가미가 죽기로 작정하고 용감하게 돌진하였으나 큰 방패가 고구려 기병들에게 막혀 말에서 굴러 떨어졌다. 강이식 앞으로 끌려간 이달가미는 호실말갈과 여러 말갈의 추장들이 함께 앉아 있는 것을 보고 비분강개하여 소리쳤다.

"나는 결코 힘이 모자란 것이 아니었다. 네놈들이 배반하였기 때문에 내가 붙잡힌 것이다."

강이식이 껄껄 웃었다.

"하하하하, 대추장께서는 노여움을 거두시오."

그리고 단상에서 내려와 손수 포박을 풀어주고 자리를 권하였지만 이달가미는 그 자리에 버티고 서서 움직이지 않았다.

"더 이상 나를 욕되게 하지 말고 어서 죽여라."

강이식은 포로로 잡혀와 있는 이달가미의 부하들을 가리키며 부드럽게 말했다.

"저들을 생각해 보십시오. 대추장께서 정녕 죽음을 고집하신다면 저들은 결코 살아남지 못할 것입니다. 하지만 우리 대왕께서는 그대들의 죽음을 원하지 않습니다. 나 또한 무고한 살상은 원하지 않습니다. 부디 잘 생각해 보십시오."

두려움에 떨고 있는 부하들을 보자 이달가미는 마음이 약해졌다. 풀이 죽은 목소리로 대답했다.

"부하들만 살려 주신다면 장군님의 넓고 크신 은덕을 결코 잊지 않을 것입니다. 앞으로 우리 부족은 영원히 고구려왕을 우리의 왕으로 섬길 것을 맹세하겠소."

이후 흑수말갈을 비롯한 모든 말갈족들은 이때의 약속을 지켜 충성을 다하였다.

그래서 훗날 당태종이 침략했을 때에도 다른 말갈 부족은 달아나거나 오히려 당군의 편에 섰지만 흑수말갈 부족만은 고구려군과 합세하여 싸웠으며 특히 고구려가 멸망한 후에도 안승의 부흥운동에 참가하여 혁혁한 전공을 세우기도 하였다.

강이식이 전쟁에서 돌아오자 남부욕살 고성부가 말했다.

"말갈이란 원래 야만족이어서 도둑질과 노략질에 능하고 속이기를 좋아합니다. 그런데 반란군 추장의 목도 베지 않고 다만 입으로만 복속한다고 하였으나 어찌 믿을 수가 있겠습니까?"

왕은 강이식을 두둔했다.

"무력으로 진압하는 것은 일시적으로는 이길 수 있으나 마음으로는 복속하게 할 수는 없는 법이다. 그러나 강장군은 적들을 마음속으로 복종하게 하였으니 이것이야말로 가장 완벽한 승리를 한 것이다."

이렇게 말하고 강이식에게 삼백 호의 식읍과 함께 활과 화살을 상으로 내렸다.

한편 진을 정벌한 수 문제는 전쟁에 동원되었던 군사들을 향리로 돌려보내고 군적을 민적에 편입시켜 민과 군의 구분을 폐지하고 군사개혁을 단행하여 부병제를 확립했다.

또한 변방의 돌궐이나 토욕혼 등 북방민족과 대치하고 있는 관중의 군사적 요충지를 제외한 지역에서는 개인이 무기를 만들거나 휴대하지 못하게 하였다.

징병 연령도 60세에서 50세로 낮추었으며 이들에게는 17결의 토지를 지급했다. 부병제(府兵制)를 기반으로 하여 군사제도를 정비하였다. 춘, 하, 추 삼 계절에는 농사에 종사하고 농한기인 겨울에는 군사 훈련을 실시하였다.

1년에 한두 개월 씩 교대로 상경하여 수도를 경비하는 상경입번의 의무를 부과하였으며 이들은 위사(衛士)라고 불리며 자신의 식량을 개인부담으로 하였으나 농토에서는 세금을 부과하지 않았다.

이때 군인의 병적을 지방행정기구인 주(州), 현(縣)에 소속시키고, 군인에게도 일반 백성과 같은 면적의 토지를 지급하여 민과 군의 경제적 평준화를 기함으로써 징집대상을 확대시키고, 병농일치의 군사제도를 확립시켜 나갔다.

또한 지방의 잡다한 군부는 모두 폐지하고 상설군부(常設軍部)로서 표기장군부(驃騎將軍府)를 설치하여 통일을 기했다.

하지만 문제는 본래 권모술수로써 황제의 자리를 차지하였기 때문에 의심이 많았다. 그래서 조정의 모든 일은 아무리 늦더라도 반드시 자신이 결정했다.

지방 관리의 조그만 송사(訟事)도 일일이 보고하게 하였으며, 만약 불법부당한 일이 있으면 해당관리를 처벌하였다. 또한 가까운 신하로 하여금 조정 내외의 모든 관리들을 감시하고 잘못이 발각되면 가차없이 처벌하였다.

독고황후가 말했다.

"조당의 신하들은 폐하의 손과 발입니다. 너무 가혹하게 다루시면 좋지 않습니다."

평소 독고황후의 말이라면 거의 다 들어주는 문제였지만 이때만은 강경했다.

"대신들이란 입으로는 항상 백성을 내세우면서 충성을 맹세하고 정의를 외치지만, 실제로는 자신이나 파당의 이익 밖에 모르는 무리들일 뿐이오. 조그만 이익이라도 있으면 구더기와 같이 뭉쳐서 날뛰지만 상호간에 이익이 상충되면 서로 원수가 되어 아귀다툼도 서슴지 않으니 백성들의 생업은 아예 관심도 없는 무리일 뿐이오. 이런 자들을 엄하게 다스리지 않으면 백성들의 마음을 잃게 되어 나라가 어지러워지게 될 뿐이오."

관리들의 부패를 막기 위하여 은밀히 사람을 보내어 뇌물로 유혹하여 시험하고, 만약 뇌물을 받는 자가 있으면 즉시 처형하였다.

그리하여 조당(朝堂)에서는 관리들을 매질하는 소리가 그치지 않았는데 많을 때에는 하루에 4차례나 행했다고 한다. 이때 매질하는 자가 일부러 세게 때리지 않으면 그의 목을 베어서 다른 사람들의 본보기로 삼았다.

상서좌복야 고경과 치서시어사 유욱 등이 보다 못해 간했다.

"조당은 사람을 죽이는 곳이 아니며, 궁정은 죄인을 처결하는 곳이 아닙니다. 처벌할 일이 있으면 각각 주관하는 부서에 맡기시는 것이 옳습니다."

문제가 화를 내자 고경 등이 놀라 조당 앞에 엎드려 죄주기를 청했다.

문제가 돌연 안색을 고치고 신하들에게 물었다.

"내가 사용하는 매가 무거운가?"

영좌우도독(領左右都督) 전원(田元)이 답했다.

"폐하께서 사용하시는 매는 그 굵기가 손가락만 합니다. 그것으로

30대를 때리면 보통의 매로 수백 대를 때리는 것과 같아 매를 맞는 자들은 대부분 죽습니다."

그 말을 듣자 문제는 고경 등을 물리치고 이후로는 궁정 안에서 매를 치지 않았다. 그렇지만 자신의 체벌을 두고 신하들이 문제를 삼은 것에 대하여 불쾌하게 생각하여 이후로 태도가 매우 쌀쌀해졌다. 행참군 이군재가 이런 눈치를 채고 고경을 참소하여 말했다.

"폐하께서 고경을 총애하심이 지나치십니다."

그런데 일은 엉뚱하게 돌아가 문제는 이군재가 자신을 간섭한다고 생각했다. 버럭 화를 내며 호통 쳤다.

"네놈이 짐의 마음을 어찌 짐작하고 함부로 입을 놀리는가? 이것은 감히 짐을 능멸하려는 것이 아닌가?."

좌우 근위병을 불러 당장 포박하게 한 후 매를 치라고 명령하였다. 그렇지만 궁정 안에는 매가 없으므로 채찍으로 때려 죽였다. 그 후부터 다시 궁정에 매를 갖다 놓아 모든 신하들이 두려움에 떨었다.

얼마 후에 창고를 지키던 한 신하가 술을 먹고 근무지를 이탈하는 잘못을 범했다. 문제가 또 궁정에서 그를 죽이라고 명하자 병부시랑 풍기(馮基)가 극력 간했다.

"폐하께서는 궁정 안에서 사람을 죽이지 않겠다고 하셨습니다. 그의 목숨을 살려 주십시오."

그렇지만 문제는 듣지 않고 그를 죽였다.

며칠 후 독고황후가 이 사실을 알고 문제에게 말했다.

"당신은 천자로서 만백성의 어버이입니다. 어찌 허언으로 품격을 스스로 낮추시는 것입니까."

문제가 후회하고 풍기를 불러 좋은 말로 위로하고는 간하지 않았던 신하들에게는 화를 내었다.

이토록 문제의 변덕이 죽 끓듯 하자 신하들은 그 비위를 맞추지 못하여 벌벌 떨 뿐이었다.

문제는 나이기 들어갈수록 성미가 더욱 교격해지고 의심이 많았는데 고구려가 말갈과 거란을 복속시켰다는 보고가 올라오자 기분이 몹시 상했다.

하루는 중신들에게 물었다.

"고구려는 날래고 사나워 동쪽에서 패왕을 자처하며 항상 골머리를 썩이게 하였다. 그런데 점점 세력을 넓히고 있으니 장차 크나큰 우환이 되기 전에 정벌함이 어떠한가?"

당시 수나라 장수들은 대부분 북주시절에 배산 전투에서 온달의 군사와 싸워본 경험이 있는 자들이었다. 그들은 갈석과 배찰산 아래서 쫓기던 일을 잊을 수가 없었다.

따라서 두 번 다시 목숨을 걸고 고구려와 싸우려는 자는 거의 없었다. 서로 눈치를 보며 머뭇거리자 고경이 말했다.

"고구려인들은 고래(古來)로 무(武)를 숭상하여 어린 아이 때부터 말 타고 활쏘기를 즐기며 모든 백성들이 일당백의 용사들이고 특히 산성을 지어 지키기 때문에 공격하기는 더욱 어렵습니다. 힘으로 다스리는 것보다는 말로써 회유하는 것이 더 좋습니다. 마땅히 폐하의 위엄을 앞세워 새서(璽書)를 내려 그 잘못을 꾸짖고 달래는 것이 좋을 것입니다."

문제가 고구려에 글을 보내어 그 뜻을 살피고자 하였다.

"짐이 천명을 받아 거느리고 있는 국토를 잘 길러 그대에게 고구려 땅을 맡김은 교화를 선양하여 사해 넓은 땅에 천성을 따르게 함이라. 그대가 매양 사절을 보내서 해마다 조공하니 비록 번속(藩屬)이라 칭하지만 정성이 미진하다.

그대는 짐의 신(臣)인즉 짐의 덕을 닮음이 가하거늘, 그런데 그대가 말갈(靺鞨)을 핍박하며 거란을 고금(錮禁)하여 그대의 신첩(臣妾)으로 만들고 짐에게 내조(來朝)함을 막아 선인(善人)의 의를 그리워함을 분하게 여기니 어찌 이같이 해독이 심한 것인가.

짐의 태부에 공인(工人)이 적지 아니하니 그대가 쓰고자 할진데 아뢰어 말한다면 얼마라도 보낼지어늘 그대는 지난해에 가만히 재물을 내어 소인을 이용하고 노수(弩手)를 몰래 감추고 병기를 수리하니 이것이 그 무엇을 위함인가.

(중략)

고구려가 비록 토지가 협소하고 인민이 적지만 넓은 하늘 아래는 모두 짐의 신하가 되는 것이다. 그런데 그대를 내쫓으면 결국은 다른 관속을 보내어 안무하게 될 것이다.

그대가 만일 마음을 씻고 행동을 바꾸면 곧 짐의 어진 신하이니, 무엇 때문에 수고롭게 따로 훌륭한 관원을 보내겠는가?

(중략)

그대는 생각하라. 요수가 넓다하나 장강(양자강)과 어떠하며, 고구려 군사가 많다 하나 진국(陳國)과 어떠하겠는가. 짐이 만일 생육(生育)을 포함치 아니하고 그대의 죄와 과오를 책할진대, 한 장군을 보냄

이 족하니 무슨 힘이 들겠느냐마는 그래도 은근히 깨우치고자하니 그대는 스스로 고치기를 바라노라.²¹⁶⁾"

이 서신을 받은 고구려 군신들을 모두 크게 노하였다. 강이식이 앞장서서 아뢰었다.

"오만하고 무례한 자들에게는 칼로써 화답할 뿐입니다. 사신을 끌어내어 참하고 즉시 전쟁을 선포해야 합니다."

연태조도 강이식을 거들고 나섰다.

"수왕 양견은 여우 같이 교활하고 늑대 같이 포악하여 나이 어린 외손을 죽이고 왕위를 찬탈한 자입니다. 강박하게 대하면 그것을 구실로 반드시 침략할 것이요, 약한 모습을 보이면 오히려 핍박하려 들 것입니다. 어차피 피할 수 없는 전쟁이라면 태도를 분명하게 밝히는 편이 좋습니다."

많은 장수들은 즉각적으로 군사를 내어 싸우기를 주장하였지만 평원왕은 나이가 들어갈수록 몸도 마음도 점점 약해져서 전쟁을 피하려 하였다.

"바른 길을 가면 길은 이룰 수 있고, 바른 예로 간다면 예를 이룰 수 있다. 또한 정의로 강(强)을 다투면 강적을 이길 수 있으니 전승(戰勝)이란 싸우지 않고 이기는 것이며 대병(大兵)은 상하지 않는 법이다.

그러므로 예로부터 성군은 갑주나 병기 없이도 싸워 이길 수 있고 충차나 쇠뇌 없이도 공격할 수 있으며 참호 없이도 능히 지킬 수 있다는 것이다.

---

216) 삼국사기에는 평원왕 32년으로 되어있으나, 신채호는 조선상고사에서 영왕왕 때의 일로 추정한다.

군주가 되어 화난다고 전쟁을 일삼는다면 백성들은 편안하게 살아갈 수가 없다. 사신을 죽이는 것은 곧바로 전쟁을 의미하는 것이니 이와 같은 점을 염려하지 않을 수 없다."

사신들을 국경으로 내쫓고 삼군에 명을 내려 경계를 철저하게 하였다. 또 변방의 여러 성에 명을 내려 참호와 해자를 깊이 파고 병장기를 수리하고, 화살과 쇠뇌를 돌보게 하며, 성곽을 수리하게 하는 등 전쟁준비에 만전을 기했다.

하루는 평원왕이 얼핏 낮잠이 들었는데 수십 마리의 호랑이들이 황성 동문으로 뛰어 들어와 큰 소란이 일어났다. 궁궐은 아수라장이 되었고 놀란 궁인들은 이리저리 날뛰었다.

당황한 왕은 별궁으로 피신하였는데 문 앞에 이르러 백호 한 마리가 앞을 가로막았다. 깜짝 놀라 잠에서 깨어난 왕이 일관에게 물었더니 일관이 대답하기를,

"나라의 동량지재(棟梁之材)를 얻을 꿈입니다. 황성(黃城)[217] 동쪽 언덕에 수렵대회를 개최하십시오."

왕이 기뻐하며 전국 곳곳에 방을 붙여 용사를 모으고 수렵대회를 열었다. 전국에서 '내노라'하는 장사들이 평양으로 몰려와서 온 나라가 떠들썩했다.

사냥대회는 사흘 동안 계속되었는데 이때 잡은 호랑이만 해도 열두 마리가 넘었고 산돼지와 사슴은 헤아릴 수가 없었다.

을지문덕은 석다산(石多山) 출신으로 어려서 부모를 잃고 혈혈단신

---

217) 안학궁을 말함

으로 자랐는데[218] 일찍이 입산수도(入山修道)하여 학문과 병법을 익혔다. 이때에 이르러 사냥대회에 참가하여 이상한 짐승을 산채로 잡아 왕에게 바쳤는데 몸은 사슴 같고 꼬리는 소와 같으며, 말의 발굽과 갈기를 가지고 있었다. 또 이마에는 뿔이 있고 그 끝에 살이 붙어 있으며, 몸에는 오색 빛깔을 띠고 있었다.

평원왕이 이상히 여겨 그 짐승의 이름을 물었으나 주위에 아는 자가 없었다.

태자의 스승이자 뛰어난 학자인 주부 재강이 말했다.

"이것은 기린(麒麟)이 분명합니다."

기린이란 다른 짐승을 해치지 않는다 하여 인수(仁獸)라고도 하며 봉황과 더불어 고금에 보기 드문 서수(瑞獸)였다.

왕이 기뻐하며 기린을 잡은 을지문덕에게 소사자의 벼슬을 내리고 기린을 잡은 동쪽 언덕에 다시 풀어 주게 하였다. 또 도사 3명을 뽑아 북으로 부여성과 남으로 하슬라성, 그리고 중앙의 졸본성에 각각 보내어 천신께 제사를 올리게 하였다.

여름이 지나 찬바람이 불자 홀연 평원왕이 병이 들어 시름시름 앓았다. 태자가 백방으로 약을 구하며 또 여러 도승들을 불러 모아 법회를 열었으나 병세는 점점 악화되었다.

임종을 앞두고 태자 원(元)을 불러 말하였다.

"전에 내가 병들었을 때에는 완쾌하리라는 자신이 있었다. 하지만 이번에는 명이 다한 것 같다. 생각해보니 일전에 기린이 나타난 것은 새로운 성군의 출현을 알리는 징조였다. 너는 부디 천도(天道)를 따라

218) 洪良浩 海東名將傳

훌륭한 임금이 되어라."

　태자와 만조백관의 울음 속에 유언을 마치고 얼마 지나지 아니하여 그 해 10월에 평원왕은 마침내 승하하였다. [219]

제 9 장

산성에 별이 지다

영양왕은 평원왕의 장자로서 휘(諱)는 원(元)이라 하였다. 풍신이 준수하고 태자 시절부터 그 품은 뜻이 매우 커서 제세안민(濟世安民)을 자임(自任)하였다. 평원왕 말년부터 대왕을 보좌하여 국정의 전반에 참여하고, 고루 살피며 제왕으로서의 자질을 닦았다.

왕위에 즉위한 후 연호를 홍무(洪武)라 하고, 사당에 나아가 부여신과 고등신에게 제사를 지낸 후 만조백관을 모아 놓고 이렇게 말했다.

"이제 세상이 바뀌었다. 오늘부터 모든 것은 변하게 될 것이고 모두 다 변해야 한다."

영양왕은 부국강병을 위해서는 부식강상(扶植綱常)[220]의 도(道)를 세우는 것이 가장 시급하다고 여겼다. 하루는 재강에게 물었다.

"인군의 도란 무엇이오?"

"군주란 그 위엄이 높고도 높아서 하늘 아래 있는 모든 사람들과 짐승들조차 따르지 않을 수 없습니다. 그러므로 항상 생각을 바르게 하고 행동을 조심하며 온화한 성품을 지녀 백성들을 보살피는 일이야

---

220) 인륜(人倫)의 길을 바로 세우는 것.

말로 가장 중요한 도리입니다."

"나라에 전란이 있고 풍우가 고르지 않아 흉년이 계속되었으니 국고가 넉넉지 않아 백성들에게 베풀 것이 없소. 짐은 이것을 걱정하고 있는 것이오."

"부처님께서는 아무런 재화가 없는 가난뱅이도 일곱 가지는 보시(布施)할 수 있다[221]고 하였습니다. 일국의 군주가 내리는 부드러운 말은 백성들을 감동시키고, 예법에 따른 행동은 백성들을 따르게 합니다. 대왕께서 하시는 모든 바가 이와 같은데 어찌하여 베풀 것이 없다고 하십니까?"

이에 왕은 신하들로 하여금 나라를 다스리는 시무책을 올리게 하였다. 그러자 수많은 의견들이 올라왔는데 영양왕이 밤늦도록 모든 서류를 일일이 확인한 뒤 그 가운데 훌륭한 의견을 뽑아 정책으로 채택하였다.

왕은 강력한 정치개혁으로 권문세족의 횡포를 억제하고 부정과 부패를 엄단하고자 하였다. 그런데 지방의 관리 중에 간교하게 눈을 속여 백성들의 세금을 포탈하는 자가 많았다.

왕이 대노하여 신하들에게 교지를 내렸다.

"고관대작이나 관리들은 모두 짐을 대신하여 백성들을 다스리는 것이다. 그러기에 그들이 법을 어기고 비리를 저지르면 결국 짐의 탓이 되고 만다. 똑똑히 들어라. 나는 벼슬이나 직위를 이용하여 백성들을 수탈하거나 비리를 저지르고 법을 어기는 자에게는 어떠한 용서도 베풀지 않을 것이다."

---

221) 眼施, 和顔悦色施, 言辭施, 身施, 心施, 床座施, 房舍施 등 無財七施를 말함.

수시로 감찰관을 파견하여 관리들의 부정부패를 감독하고 만약 어기는 자가 있으면 가차 없이 사형에 처했다. 몇몇 신하들은 수탈한 재물이 많지도 않은 자를 사형에 처하는 것은 가혹한 처사라고 변호했지만 왕은 단호하게 말했다.

"내가 전에 들으니 솔개란 짐승은 70년을 살지만 40살이 넘으면 부리와 발톱이 자라고 깃털이 무거워져 사냥을 할 수 없고 하늘을 날기조차 힘들게 된다고 한다. 이때 솔개는 높은 산에 올라가 반년동안이나 부리를 쪼아 부수고 발톱과 깃털을 뽑아 새롭게 태어나서 다시 30년을 더 살 수 있는 것이다.

짐은 솔개의 고통을 본받아 지난날의 모든 구습과 악폐를 정리하여 나라를 올바로 세우려는 것이다. 모름지기 윗물이 맑아야 아랫물도 맑은 법이다. 그러므로 벼슬이 높고 권력이 클수록 책임도 무거운 법이니 이들을 엄히 다스리지 않고서 어찌 민심을 얻을 수가 있겠는가?"

당시에는 관아에 책객(冊客)을 두어 청탁하는 풍조가 성행하였는데, 이를 철저히 금하고 각처에 널리 알려 새로운 인재를 천거하게 하였다.

또 주(周)나라 천부(泉府)를 모방하여 물자의 생산과 수요를 조절하고 통화의 유통을 관장하는 관청을 두어 민생을 안정시켰고, 산림(山林)을 보호하고 천택(川澤)[222]을 정비하여 수해방지에 노력하였으며, 촌마다 인구를 파악하여 호적을 바로하고 부역을 고르게 하며 농사(農事)와 장작(匠作)[223]을 장려하였다.

하루는 재강과 더불어 담소를 나누면서 문득 물었다.

---

222) 치수사업을 말함.
223) 물품을 제작하는 일, 즉 오늘날 공업을 말함.

"옛날 주 문왕이 사냥을 나갔을 때 사관인 편이 점을 치고 하늘이 사람을 보낸다 하였으니 이것은 무슨 뜻입니까?"

"세상이란 넓고 아득하여 흥망성쇠를 감히 점칠 수 없습니다. 하지만 임금이 현명하지 못하면 나라가 위태롭고, 어질고 훌륭하면 백성들이 잘 다스려진다는 뜻입니다."

영양왕은 권문세족, 특히 막리지들의 권한이 너무 강대하여 왕이 왕의 뜻대로 정치를 펼칠 수 없는 현실에 대하여 분개하고 있었다. 이참에 왕권을 강화하기 위해서 조정을 개편하려는 뜻을 품고 말했다.

"우리나라는 오래 전부터 각부의 대가들이 권력을 나누어 가지고 있어 군주의 명이라도 통하지 않는 바가 많았소. 나는 잠저시절부터 한시라도 이 일을 염려하지 않은 때가 없어서 충성스럽고 뛰어난 인재로 하여금 나의 뜻을 받들어 나라를 바로 잡고자 하였소. 경은 나를 위하여 충고해 주기 바라오."

재강이 거침없이 대답했다.

"한비자가 이르기를 쓸모 있는 사람은 예우하고 부릴 수 없는 사람은 내치라고 하였습니다. 지금 조정을 살펴보면 대대로 고유가 그 무리를 만들어 오랫동안이나 권세를 휘두르고 있어 여항의 백성들조차 미워하고 있습니다.

하오나 온달대장군께서는 삼군을 통솔하여 능히 고유의 무리들을 제어할 수 있으며 충성심 또한 남다릅니다. 대왕께서 채찍을 쥐고 온달을 대대로로 임명하여 국정을 운영하신다면 모든 것은 대왕의 뜻대로 이루어질 것입니다."

왕은 묵묵히 듣고 있었다.

사실 왕도 그런 생각을 하지 않았던 것은 아니었으나 당시 대대로란 막리지들이 서로 선출하는 것이어서 왕도 관여하지 않는 것이 상례였다.

그런데 특별한 잘못도 없이 고유를 갑자기 쫓아내고 온달을 대대로로 임명한다면 신하들의 반발은 불 보듯 뻔한 일이었다. 왕이 난감한 표정을 지으며 말했다.

"하나 조정에는 고유를 따르는 대신들이 많은데 어찌 짐이 마음대로 바꿀 수 있겠소?"

"대왕께서 즉위하신 후에 모든 것은 변해야 한다고 명령을 내렸습니다. 새 술은 새 부대에 담는 법과 마찬가지로 이제 이 나라의 법은 대왕께서 바꾸시면 됩니다. 만약 어기는 자가 있으면 왕명으로 처단하십시오."

왕이 공권의 예를 취하며 기뻐했다.

"스승님의 가르침을 잊지 않겠습니다."

그날 저녁 영양왕은 온달과 평강공주를 불러 만찬을 베푼 뒤에 정색을 하고 말했다.

"그대는 국가의 공신이요, 사사로이 따지면 나의 매형입니다. 부디 나를 위하여 전상지호(殿上之虎)[224]가 되어 주시오."

책상 위에 걸어 두었던 보검을 하사하였다.

뜻밖의 분부에 온달이 무릎을 꿇고 검을 받들며 구치(驅馳)의 맹세를 올렸다.

마침 감찰을 맡은 관리가 탄핵 상소를 올렸다. 내용인즉 대대로 고

---

224) 궁궐의 호랑이로 임금의 수호자란 뜻

유의 아들 고부신이 뇌물을 받아먹고 또 평민의 아낙을 빼앗아 첩으로 삼았다는 것이었다.

손규가 판관이 되어 부신의 죄를 다루게 되었는데 고유가 황금 백 냥을 보내면서 선처를 부탁했다. 손규가 대노했다.

"그 자식에 그 애비로다."

지체 없이 고유가 보내온 황금까지 왕에게 바치고 이 사실을 낱낱이 보고했지만 왕은 오히려 난처하게 생각했다.

"이번 일은 없던 것으로 하라."

이렇게 명하고 손규가 올린 표문과 황금을 기밀창고에 보관하게 하였다. 소실경우가 이 사실을 알고 간했다.

"나무가 먹줄을 좇으면 곧고 사람이 간함을 받아들이면 거룩해진다고 합니다. 그래서 옛날 성군들은 신하가 진언하면 반드시 살펴서 공적이 뚜렷하면 상주는 것을 소홀히 하지 않으며, 국법을 어기거나 어지럽힌 자에게 벌주는 것은 늦추지 않았습니다.

지난날 노무태가 자기 아들 노유의 벼슬을 얻기 위해 온달 대장군에게 뇌물을 보내자 선왕께서는 즉시 그 죄를 물어 국법의 엄정함을 밝히시었습니다.

대대로 고유는 나라의 재상의 지위에 있으면서 오히려 백성들을 괴롭히고 탐악한 짓을 하였으니 엎드려 생각건대 대왕께서는 잠시의 평안함에 얽매이지 마시고 공도(公道)로써 처단해야 합니다. 마땅히 유사로 하여금 직첩과 공권을 거두게 하시고 가산을 적몰하여 신민의 기대에 부응해 주소서."

이렇게 되자 왕도 고유의 사건을 묻어둘 명분이 없었다. 유사에 명을 내려 고유를 잡아들였다.

그렇지만 고유는 한사코 모든 죄를 잡아뗄 뿐더러 도리어 손규가 없는 죄를 만들어 억지로 누명을 씌우려 한다고 호소했다. 이에 해구를 비롯한 그의 무리들도 벌떼처럼 일어나 고유를 두둔하고 나섰다.

손규와 고유가 서로 무리를 지어 다투자 왕은 어느 쪽의 말이 진실인 줄 가려내기 힘들었다. 이에 사태를 무마하기 위해서 고유를 풀어주고 부신마저 용서해 주었다.

손규가 분함을 참지 못하고 온달에게 호소하자 온달이 왕에게 나아가 말했다.

"신하된 자는 도당을 만들어 강한 세력을 형성하거나 자신의 이익을 도모해서는 안 되며, 오로지 군주의 명을 따라야 한다고 들었습니다. 한나라 시절 소제와 헌제는 하진과 동탁에게 농락당했기 때문에 마침내 나라가 망하고 말았습니다.

높은 벼슬아치들은 모든 백성이 지켜보기 때문에 조그만 잘못도 용납되어서는 안 됩니다. 듣기로 고유는 대대로의 직위에 있으면서 제 아들의 비리 사실을 처벌하지는 않았을 뿐더러 오히려 자신의 직위와 권력을 이용하여 마침내 폐하마저 속이려 들었으니 방약무인함이 도를 넘었습니다.

사람들이 창기(娼妓)를 더럽다고 하는데 이는 정숙해야 할 여인이 재물을 탐하여 몸을 함부로 굴리기 때문입니다. 나라의 관리들이란 위로는 대왕을 받들고 아래로는 백성을 다스림에 사심이 없어야 하는 법인데 오히려 벼슬에 의지하여 사악한 짓을 저지른다면 더 큰 벌을 받아야 합당합니다.

고유 부자의 죄를 천하에 떳떳하게 밝혀내고 국법을 바로 잡는 것이 올바른 통치의 길입니다."

온달을 위시한 신흥군부 세력의 반발을 왕도 간단히 무마할 수는 없었다. 마침내 결단을 내려 고유 부자를 잡아들이게 했다. 왕명을 받은 온달이 근위군을 끌고 들이닥치자 고유가 크게 놀랐다. 담장을 뛰어넘어 달아나 해구를 찾아가 부추겼다.

"온달이 군사를 일으켜 종래의 권문세족들을 일거에 모두 죽이려고 한다."

해구가 벌벌 떨면서 어찌할 바를 모르자 그의 두 아들 윤동과 수동이 함께 말했다.

"가만히 앉아서 당하는 것보다는 차라리 군사를 일으키는 것이 낫습니다."

힘을 얻은 해구가 마침내 군사를 일으켜 정해문 앞으로 나가자 때마침 달려 나온 강이식 군사와 마주쳤다. 해구가 기세등등하게 소리쳤다.

"공격하라. 모두 죽여 버려라."

이렇게 명령을 내렸지만 군사들은 모두가 서로의 얼굴만 바라보고 선뜻 나서는 자가 없었다. 강이식이 그들을 타일렀다.

"나는 왕명을 받들어 역적을 잡으러 왔다. 너희들은 장수를 잘못 만난 죄 밖에 없다. 지금이라도 무기를 버린다면 아무런 죄도 묻지 않겠다."

앞에 섰던 장교 하나가 먼저 창칼을 버리자 뒤에 있던 졸병들도 덩달아 창칼을 버리고 땅바닥에 꿇어 엎드렸다. 당황한 해구는 얼굴이 시뻘겋게 달아올랐다.

"나는 대대로 나라의 공신이었다. 하지만 대왕께서 우리를 버리려 하시니 어찌 이럴 수가 있단 말인가?"

볼 멘 소리로 변명해 보았지만 강이식은 냉랭하게 말했다.

"너는 이미 죽은 놈이다."

활을 겨누어 정통으로 이마를 쏘아 죽였다. 윤동과 수동은 골목길로 빠져 달아나려 하였지만 분노한 백성들에게 붙잡혀 돌과 몽둥이를 맞고 무참하게 살해되었다.

한편 고유는 부신과 함께 대동문을 빠져나갔지만 도도하게 흐르는 보통강물에 막히고 말았다.

"역적 고유는 꼼짝하지 말라!"

추상같은 호령소리가 귓전을 때렸다. 앞에는 깊은 강물이요 뒤에는 온달의 군사들에게 쫓기게 되자 고유는 눈물을 흘리면서 탄식했다.

"붙잡혀 극형을 당하기보다는 차라리 자결하는 것이 낫다."

단검을 빼어 아들 부신을 먼저 찔러 죽이고 스스로 목을 찔렀다.

왕은 고유와 해구의 시체를 다섯 토막으로 내어 왕성의 오른쪽 언덕에 던져 까마귀의 먹이가 되게 하였다. 난이 모두 평정되자 강이식을 비롯한 여러 장수들은 반란에 가담한 자들은 모조리 죽이자고 건의하였으나 재강을 비롯한 일부 문신들이 반대했다.

"주모자들은 이미 죽었으니 더 이상 살상은 무의미합니다. 나머지 졸개들은 고유와 해구가 시키는 대로 따랐을 뿐입니다. 그들을 용서해 주신다면 모든 사람들이 폐하의 크나큰 은덕을 칭송하게 될 것입니다."

그러나 고유의 정변을 해결하는 주도세력이었던 온달은 이 사건을 계기로 새로운 질서를 잡아야 한다고 생각했다. 오히려 더욱 강경한 정책으로 간신배들을 몰아내고 부국강병의 초석을 쌓아야 한다고 생각하여 왕에게 건의를 올렸다.

"모름지기 관리들이란 대왕을 보필하여 백성들을 올바로 이끌고 맡은 바 책임을 다해야 합니다. 하나 수많은 대신이나 관리들을 살펴보면 나라에 바칠 세금도 속이거나 내지 않으면서도 사사로이 자신이나 가족의 이익을 위하여 국가 권력을 휘두르는 자가 많고, 또 나라가 어려울 때 전쟁에 나아가 목숨을 걸고 싸우기는커녕 군대조차도 나아가지도 않았으면서 조상의 공업(功業)만 믿거나 윗사람에게 아부하여 자신의 영달을 위하여 온갖 재주를 부리는 자가 하나 둘이 아닙니다.

이런 자들은 아무리 글이나 말재주가 있더라도 그것은 자신의 욕심을 채우기 위한 수단에 지나지 않는 것이어서 나라에는 해독이 되나니 공자가 '얼굴빛을 가다듬고 꾸미는 자와 교묘한 말로 아첨하는 자는 인에서 멀다.[225]' 라고 한 말과 일치합니다.

이 기회에 그런 사악한 자들을 모든 관직에서 쫓아내고 정직하고 충성스러운 인재들로써 조정을 채워 진실로 나라를 부강하게 해야 합니다."

안장왕 이후로 고구려에서는 왕권이 미약해지고 귀족들의 세력이 커져서 국가의 혼란이 심하여 영양왕 역시 조정의 개혁에 대해 필요성을 절감하고 있던 터였다.

기꺼이 온달의 청을 허락하여 고유와 해구의 무리 중에서 심한 자는 대동강 가에 끌어내어 모두 처형하였다. 또한 대대적인 감찰을 실시

---

225) 巧言令色 鮮於仁

하여 나라의 세금을 속이거나 포탈한 자는 그 재산을 압수하고 심한 자는 처형하거나 귀양을 보냈는데, 특히 권문세족의 출신으로 종군하지 않는 자 역시 관직을 삭탈하고 서인으로 내쳤으며 그 자손들은 벼슬길에 오르지 못하도록 조처했다.

이후 나라의 창고가 가득하여 왕권이 더욱 강화되었고 귀족은 물론이요 모든 사람들이 다투어 군문에 자원하여 광개토대왕 이후로 다시 한 번 막강한 군사력을 자랑하게 되었다. 그러한 국력을 바탕으로 훗날 수의 백만 대군이 침공해 왔을 때에도 나라에 흔들림이 없었던 것이었다.

이듬해 봄 창려를 지키던 장수에게서 급고(急告)가 올라왔다.

"난하(灤河) 근처에 수군들이 모여들고 있습니다."

창려는 다툼이 많은 지역이어서 수나 고구려 모두 비상한 관심을 가지고 있는 곳이었다. 그런 지역에 군사를 집결시키는 것은 곧바로 전쟁을 의미하는 것이었다.

강이식이 분연히 일어서서,

"공격이 최상의 방어라 하였습니다. 적들이 공격하기 전에 우리가 먼저 치는 것이 옳습니다."

군사를 일으키자고 했으나 재강이 반대했다.

"떨어지는 칼날은 잡으려 해서는 안 됩니다. 수는 중국을 통일하여 그 세력이 타오르는 불길과 같은데 공연히 그들과 다툼을 일으켜 전쟁을 자초할 필요는 없습니다."

서부 살이 연자유가 다른 의견을 내놓았다.

"창려에서 전투가 일어나면 필시 수는 국운을 걸고 싸우려 들 것입니다. 그렇게 되면 남쪽에 있는 백제와 신라는 우리의 후방을 노리려 들 것이니 진퇴양난에 처하게 됩니다. 수를 공격하는 것 보다는 오히려 백제와 신라를 먼저 평정하여 후방을 튼튼하게 다지는 것이 더 급한 일입니다."

신라는 진흥왕 이후로 국력이 크게 신장되어 북진정책을 실시했다. 그리고 백제와 연합하여 아리수[226] 유역을 빼앗고 또 동으로 하슬라는 물론이고 비열흘 이북 삼백 리까지 침략하여 고구려와 깊은 원한을 맺게 되었다.

그러므로 수와 전쟁을 하려면 그 전에 신라와 백제를 쳐서 후방을 안전하게 해야 한다는 연자유의 말이 설득력이 있었다. 왕이 군사를 일으키려 함에 온달이 말했다.

"매금(寐錦)[227]의 무리는 간교하기가 여우와 같습니다. 옛날 양원대왕 시절에 돌궐이 침공해 올 때 몰래 군사를 내어 한수(漢水) 북(北)을 침략하고 군현으로 삼았으니[228] 그 백성들이 통한하여 일찍이 부모의 나라를 잊은 적이 없습니다.

소장의 창이 아직 녹슬지 않았으니 원컨대 우신(愚臣)[229]을 불초(不肖)하다 않으신다면 반드시 우리 땅을 도로 찾고 후방을 평정하겠습니다."

신라에 대한 정벌군을 일으키는 것은 양원왕 시절에 빼앗긴 한강 유

---

226) 한강을 말함
227) 신라를 칭함
228) 양원제 7년(551년)에 돌궐병이 신성과 백암성을 침략하여 장군 고흘(高訖)로 하여금 물리칠 때 이 틈을 노려 진흥왕이 거칠부를 시켜 죽령 이북의 10성을 공취케 한 것.
229) 어리석은 신하라는 뜻으로 자신을 낮추어 한 말

역을 회복하는 의미도 있지만, 새로 등극한 영양왕으로서는 자신의 정치적 군사적 역량을 과시할 수 있는 첫 시험대와 마찬가지였다.

온달의 용맹과 지략을 깊이 신임하던 왕은 결단을 내리고 출전을 명하는 조명(詔命)을 내렸다.

"매금은 배은망덕한 무리들이다. 옛날 호태왕께서는 왜구로부터 그들을 구하시어 크나큰 은덕을 베풀었으나 오히려 은혜를 원수로 갚아 수나라가 우리를 침공할 때를 노려 변방을 침략하였다. 이제 그 원한을 갚고 계립현과 죽령 서쪽의 땅을 되찾지 않으면 돌아오지 않을 것이다."

목욕제계한 연후에 종묘에 가서 고하며 태사(台司)에게 명을 내려 길일을 뽑게 하는 한편 온달에게 부월(斧鉞)을 내려 용양장군 대원수(龍驤將軍 大元帥)로 임명하여 정예군사 1만을 주어 신라를 토벌하게 하였다.

부월이란 출정하는 대장에게 통솔권의 상징으로 임금이 손수 주던 작은 도끼와 큰 도끼. 정벌, 군기, 형륙(形戮)을 말하는 것으로 생살권(生殺權)을 일임하는 의미를 지닌다.

이윽고 출정하는 날이 되자 종묘의 넓은 마당에 단상을 쌓아두고 그 좌우에 만조백관을 모이게 한 다음 왕은 단상 위에 올라가 서쪽을 향해 서고 온달은 북쪽을 향해 받들고 섰다.

안내하는 군사의 신호에 맞추어 고각 소리가 울리자 왕이 손수 큰 도끼를 잡아 머리를 쥐고 온달에게 자루를 주었다.

온달이 무릎을 꿇고 부월을 받들며 말했다.

"신이 듣기에 나라는 밖으로 다스려져서는 안 되고, 군사는 안으로

부터 제어하면 안 된다 하였습니다. 또 두 마음으로 임금을 섬기면 안 되고, 의심스런 마음으로 적을 응하면 안 된다 하였습니다.

신이 이미 명령을 받고 부월의 위력을 오로지 하였으니 신은 감히 살아서 돌아오지 않겠습니다. 원컨대 폐하께서도 한 말씀 명령을 신에게 내려 주십시오. 폐하께서 신에게 허락지 아니하면 신은 감히 장수가 될 수 없습니다."

왕이 대답했다.

"이로부터 위로 하늘에 이르기까지 모든 일은 장군이 제어하라."

그리고 다시 작은 도끼를 잡아 자루를 쥐고 날 쪽을 내리면서 말했다.

"이로부터 아래로 하택(河澤)에 이르기까지 장군이 모든 것을 제어하라. 적이 허함을 보면 나아가고 알참을 보면 멈출 것이다. 삼군(三軍)을 많다하여 적을 가벼이 여기지 말 것이며, 명령을 받았다하여 중히 여기고 반드시 죽음으로써 받들려 하지 말라. 또 몸이 귀하다하여 사졸들을 낮춰서 보아서는 안 되고, 혼자의 의견으로 무리를 어기지 말고, 재간 있는 말을 반드시 옳다 여기지 말 것이다.

사졸들이 앉기 전에 앉지 말 것이며, 사졸들이 먹기 전에 먹지 말 것이며, 추위와 더위를 반드시 함께 할 것이니 이런 연후에 사졸들이 반드시 죽을힘을 다할 것이다."

이렇게 당부한 뒤 금으로 도금한 동엽갑주(銅葉甲胄)[230]와 투구를 새로 내리고 봉황검(鳳凰劍)[231]을 하사하여 그 위엄을 더하였다.

의식을 마친 후 왕은 친히 단 아래 내려가 어주(御酒) 삼배(三盃)를

---

230) 청동으로 미늘을 만든 갑옷
231) 금으로 도금된 칼 손잡이 고리 안에 봉황이 새겨져 있는 것으로 왕이나 왕족이 쓰던 환두대도.

내려 격려하였다.

그때 평강공주가 문득 낮잠이 들었는데 하늘에서 커다란 새가 날아와 온달을 감싸 안고 올라가 버렸다. 공주가 놀라 울부짖으며 쫓아가다가 꿈이 깨었다.

불길한 마음을 떨치지 못하고 온달에게 간했다.

"꿈자리가 좋지 않습니다. 이번 원정은 다른 장수에게 맡기십시오."

그 소리를 듣자 온달은 너털웃음을 터뜨렸다.

"허허허허, 생각해 보시오. 장수된 자가 부인의 꿈을 핑계로 왕명을 거스른다면 천하의 웃음거리가 될 뿐이오."

그날로 군문으로 나아가 집으로 돌아가지 않았다. 마음이 답답해진 공주가 친히 군문까지 찾아갔으나 온달은 일부러 자리를 피하여 만나지 않았다.

부장 손규가 이를 알고 간했다.

"부인을 만나보지 않은 것은 예가 아닙니다."

온달은 어쩔 수 없이 공주를 불렀다. 이때 공주는 자기 손가락에 낀 옥가락지를 빼어 건네주며 말했다.

"이것은 첩이 소중하게 간직한 물건입니다. 부디 소중하게 간직하도록 하십시오."

공주는 하염없이 울면서 편지 한 장을 전하고 돌아갔다.

"아침에 나간 저 새는 저녁이면 돌아오고 창가에 비치는 저 푸른 달도 내일이면 다시 뜨는데 이제 당신은 언제 오리라는 기약도 없이 떠나시려 하십니다.

나랏일이 중차대하여 먼 길을 나서지만 당신만을 의지하고 살아가는 우리 가족들은 또다시 깊은 슬픔의 나락으로 빠져듭니다. 회자정리(會者定離)요 생자필멸(生者必滅)은 피할 수 없는 인간의 숙명이지만 당신과 나는 살아있으면서도 오히려 함께 하지 못하는 때가 많았으니 박복한 여인의 운명인가 봅니다.

지금 당신께서 나아가시는 길은 천리나 떨어진 외로운 변방이어서, 거센 비바람과 거친 전쟁터에 행여 몸이라도 상할까봐 걱정이 앞섭니다. 적군을 죽이고 승리를 거두는 것은 오히려 작은 일이요 모든 군사들이 무사하게 돌아오는 것이야말로 진정한 기쁨입니다.

당신이 전장에 계시는 동안 하루가 천년 같고, 살아 숨 쉬는 것보다 숨죽여 지내는 날이 더 많을지언정 당신을 위해서라면 이 넋이라도 하늘에 올려 당신을 다시 볼 수 있기를 간절히 바랄 뿐입니다. 모쪼록 첩의 말을 버리지 마시고 다시 금의환향(錦衣還鄉)하는 날만을 손꼽아 기다릴 뿐입니다."

온달은 편지를 읽으면서 눈물을 흘렸지만 아무런 답장도 보내지 않았다.

출정을 알리는 북소리가 요란하게 울렸다. 각양각색의 깃발들은 바람을 따라 펄럭이고 작열하는 태양 아래 창검은 더욱 빛났다. 온달은 대동강 가에 큰 제단을 마련하고 하늘에 제사를 지낸 후에 만군의 앞에 서서 서릿발 같은 칼을 빼어 하늘을 가리키며 맹세하였다.

"천지신명이시여. 하토천신(下土賤臣) 온달이 감히 우러러 청합니다. 이번에 계립현(鷄立峴)[232]과 죽령(竹嶺)[233] 이북의 땅을 되찾지 못

---

232) 오늘날 충주 미륵리와 문경 관음리를 잇는 하늘재를 말함.
233) 단양과 풍기를 잇는 죽령고개를 말함

한다면 결코 돌아오지 않겠습니다."

군사들의 얼굴에는 여느 때와 다른 굳은 결의가 넘쳐흘렀다.

"고구려 만세!"

"온달장군 만세!"

군사들 함성소리는 구름을 꿰뚫고 멀리멀리 퍼져나갔다.

온달은 국경에 이르러 잠시 휴식을 취했는데 수많은 부형들이 술과 음식을 가지고 와서 장도(壯途)를 축원하였는데 한 선비가 찬하여 글을 올렸다.

靑龍白虎躍雄飛　　청룡백호약웅비

喜容送人慈嚴心　　희용송인자엄심

抱向含淚弄來休　　포향함루농래휴

嗚呼時間我不延　　오호시간아불연

청룡 백호 군사들은 멀리 비상하는구나.

기쁜 얼굴로 떠나보내는 어버이의 마음

마주 안고 눈물 흘리며 안타까워하네.

오호라. 시간은 나를 기다리지 않는구나.

온달이 대군을 이끌고 아리수[234]에 이르러 천부(天浮)라는 거룻배로 비강(飛舡)[235]이라는 다리를 놓아 일시에 건넜다.

---

234) 한강의 옛 이름

235) 도하용 다리

강변을 지키던 신라 경비병들은 처음에는 멀건이 구경만 하다가 나중에야 고구려 군이 도강하는 것을 알았다. 서둘러 무리를 지어 달려왔으나 먼저 강을 건넜던 손규가 신라의 경비대장을 베어 죽이자 뿔뿔이 흩어졌다.

온달의 군사들은 파죽지세로 진격하자 덕진성주 설준규가 여러 성의 군사를 모아 고구려 군의 진격을 막으려했다. 그러나 온달은 사면으로 진을 치는 사무충진(四武衝陣)을 편성하여 큰 방패와 긴 창을 앞세워 돌격하고, 강궁과 쇠뇌로 양익을 급습하여 크게 깨뜨렸다.

고구려 군의 검은 깃발이 휘날리는 곳에는 신라 군사들은 여지없이 패주했다. 온달의 위명은 산천을 진동했고 신라 군사들은 온달이란 소리만 듣고도 달아나기 바빴다.

온달은 열흘도 채 되지 않아 삼 백리 땅을 회복했는데 성을 지키던 대부분의 신라 장수들은 청야작전을 실시하여 모든 곡식과 물건들을 불태운 뒤 달아났다.

고구려와 신라의 국경지대에는 산악이 험하고 남한강과 북한강이 복잡하게 얽혀 많은 지류가 흐르고 있어서 보급품의 수송이 어려웠다. 그래서 온달은 대부분의 식량과 병장기를 군사들이 직접 짊어지고 가게 하였는데 이른 노린 신라 군사들은 중도에 있는 작은 산성과 보루에 의지하여 기습공격을 가함으로써 보급로 차단에 주력했다.

그러므로 온달은 전쟁에서는 승리했지만 날이 갈수록 화살을 비롯한 군수물자는 물론이고 당장 먹을 양식과 마초까지도 부족하게 되었다.

설상가상으로 장마철이 되어 궂은비는 추적추적 끊이지 않았고 밤이 되면 기온이 급격하게 내려가 감기나 몸살에 시달리는 군사들도 많았다. 군사들의 눈동자는 생기를 잃었고 어깨는 축 늘어져 힘이 없었다. 손규는 걱정되었다.

"우리는 이미 한강유역을 비롯하여 남쪽으로 삼백 리 땅을 정벌하여 많은 전공을 세웠습니다. 하나 적진 깊숙이 진군하여 보급품의 공급이 원활하지 못하니 중지(重地)에 빠진 형국과 같습니다. 지금이라도 군사를 돌려야 합니다."

중지란 적의 땅에 깊숙이 쳐들어가, 함락시킨 적의 성과 고을이 등 뒤에 많이 있는 지역을 말하는 것으로써 원정에 나선 장수들이 가장 꺼리는 지역이었다.

보통 때 같으면 온달도 회군을 생각하거나 최소한 진군은 멈추었겠지만 당시에는 귀신에라도 홀린 듯 이러한 손규의 간언을 한 마디로 물리쳤다.

"바보 같은 소리 하지 말라. 중지에서 적의 식량 1종을 먹는 것은 본국의 식량의 20종에 해당하고, 적의 말먹이 1석은 아군의 20석에 해당하는 것이다. 그래서 지혜롭고 용감한 장수는 군량을 적지에서 조달한다. 모름지기 군사들이란 위험에 처할수록 더욱 힘을 내는 법이어서 때로는 일부러 중지(重地)나 사지(死地)에 처하게 함으로써 승리를 거두는 것이다."

남한강을 따라 진군을 재촉하여 신라군의 요충지인 을아단성(乙阿旦城)[236]까지 진격했다.

---

236) 온달이 전사한 아단성은 서울 광진구 峨嵯山에 있는 阿且山城이라는 주장과 충북 단양 영춘면에 있는 온달산성이라는 설이 있다. 온달산성은 옛 지명이 을아단이고, 그곳에는 온달과 관련된 유적이 많다. 일명 아단성이라고도 한다.

을아단 성주 김관주는 사력을 다하여 저항하였으나 온달의 거센 공격을 막아내지 못했다. 성루에 불이 붙고 고구려 군사들이 성벽을 넘어 돌격해오자 창고마다 불을 지르고 스스로 높은 성곽에 올라가 떨어져 자결해 버렸다.

온달의 군사들은 의기양양하게 입성했지만 완전히 불타버린 성안에서는 곡식 한 톨도 얻을 수 없었다. 따라서 적지에서 식량을 조달하려던 온달의 작전은 물거품이 되고 말았다.

그렇지만 온달은 조금도 실망하지 않았다.

"원산성237)은 여기서 그리 멀지 않다. 그곳을 점령하면 모든 것은 해결된다."

"우리 군사들은 오래 동안 계속해서 전투를 치렀기 때문에 몹시 지쳐 있습니다. 며칠만이라도 쉬게 하는 것이 어떻겠습니까?"

무모하리만큼 서두는 온달을 보고 손규가 불안을 느끼고 이렇게 간했지만 온달은 단호하게 잘라 말했다.

"우리에게는 시간이 없다."

군사들에게 일찍 저녁밥을 지어 먹이고 야음을 틈타 원산성으로 진군했다.

한편 온달의 공격에 놀란 신라 조정에서는 이벌찬 급여(扱呂)를 대장으로 삼아 3만 대군을 주어 물리치게 하였다. 급여는 현명한 장수였다. 기세가 사나운 온달의 군사와 맞대결을 피하여 을아단성에서 멀지 않은 고모산성에 주둔하고 고구려 군의 동태를 지켜보고 있었다.

---

237) 삼국사기에는 위치를 알 수 없는 지명으로 되어 있으나 오늘날 경북 예천에 원산성이 있다.

"적들이 원산성으로 향하고 있습니다."

염탐하러 나갔던 군사가 돌아와 이렇게 보고하자 대부분의 장수들이 공격할 것을 청했다. 그렇지만 급여가 반대했다.

"맹수는 숲처럼 고요하게 움직이지 않고 있다가 기회가 되면 일격에 사냥감을 물어 죽일 뿐이다."

길잡이 병사로 하여금 지름길로 안내하게 하여 원산성 길목에다 군사들을 매복했다. 이런 사실을 전혀 알지 못하는 고구려 군사들은 밤새도록 진군하여 새벽 무렵에 원산성 가까이 이르렀다.

아름드리 울창한 나무들 사이로 솟아있는 원산성은 마침 떠오르는 아침 햇살을 받아 웅장한 자태를 뽐내고 있었다.

손규가 온달에게 물었다.

"아침인데도 새소리가 들리지 않으니 이상하지 않습니까?"

이 소리를 듣자 온달도 갑자기 섬뜩한 생각이 들었다. 즉시 진군을 멈추고 좌우를 살펴보았는데 바로 그 순간 길옆 숲 속에서 날카로운 소리가 귀를 찢었다.

"쏘아라!"

수많은 화살이 빗발치듯 날아지자 비명소리가 사방에서 터지면서 앞에 가던 수십 명의 군사들이 한꺼번에 쓰러졌다.

"흩어지지 말라. 모두들 싸워라."

온달은 군사들을 격려하고 힘껏 싸웠지만 신라 군사들은 땅에서 솟아난 듯 하늘에서 내려온 듯 끝없이 쏟아져 나왔다. 손규도 적에게 포위되어 한때는 거의 사로잡힐 뻔하였으나 마침 온달이 달려와 목숨을 구할 수 있었다.

아찬 석지례는 첨해 이사금의 후손으로 기골이 장대하고 힘이 장사였다. 그는 온달을 잡아 공을 세우려는 욕심이 생겨 맹렬하게 뒤쫓아오면서 외쳤다.

"온달은 달아나지 말라. 정정당당하게 한판 겨루어 보자."

온달이 괘씸하게 여겼다.

말을 멈추고 돌아서서 석지례를 향해 호통 쳤다.

"네놈이 푸른 하늘을 보는 것도 오늘이 마지막이다."

우렁찬 목소리로 크게 꾸짖으며 단창에 찔러 죽였다. 뒤따라오던 급찬 최경이 놀라 달아나려 하였으나 온달은 날쌔게 뒤쫓아 그 역시 죽였다.

"나를 추격하는 자는 모두 이 꼴이 될 것이다."

말을 돌려 유유히 사라졌다.

을아단성으로 돌아온 온달은 남아 있는 군사들을 수습하였는데 죽은 자만 천여 명이 넘었고 부상당한 자들까지 합하면 태반이 되었다.

온달은 평양으로 전령을 보내어 보급품과 원군을 요청하는 한편 군사들에게 명하여 성을 굳게 지키게 하였다. 그렇지만 손규는 걱정이 앞섰다.

"적의 수만 대군이 가까이 있습니다. 한꺼번에 몰려와 포위라도 하게 되면 그땐 성을 지키기도 빠져나가기도 힘들 것입니다. 하루라도 빨리 성을 버리는 것이 어떻겠습니까?"

이렇게 회군을 청했지만 온달의 태도는 강경했다.

"왕명을 받은 장수가 나라를 떠나 적국의 땅에 깊숙이 들어가면 병사들의 마음을 하나로 단결시키고, 긴밀한 연락을 취하며 오로지 싸울 뿐이다.”

딱 잘라 물리치고 을아단성을 사수할 것을 명령했다.

고구려 군사들이 성안에서 웅거하자 급여는 장수들을 둘러보며 자신 있게 말했다.

“온달은 제 용맹만 믿고 스스로 오랏줄을 매고 있다. 열흘이 못되어서 자멸하게 될 것이다.”

남한강 유역에 진채를 차려놓고 별군으로 하여금 을아단성으로 통하는 산길을 요소요소마다 봉쇄하게 하였다. 이때 따로 대나마 김유에게 삼천 명의 정병을 주어 을아단성의 왼쪽에 있는 이동산으로 이동시켜 성 안을 감시하게 하였다.

시간이 흐를수록 성 안에 갇힌 고구려 군의 기강은 점점 해이해져 가는 모습이 역력했다. 각종 기치는 제멋대로 나부끼고 군사들은 아무렇게나 돌아다니고 있었다.

김유의 부장 이술(李述)은 알천(閼川)의 양산촌(楊山村) 출신으로 하늘에서 경주 금강산 표암봉으로 내려온 알평의 후손이었다. 그는 재주는 뛰어났으나 성품이 교만하여 남을 업신여기기를 좋아하고 행동이 경박했다.

고구려 진채가 어지러운 것을 보고 김유에게 말했다.

“내가 보건데 적들은 이미 지쳐있습니다. 갑자기 급습을 하면 반드시 크게 이길 것입니다.”

김유도 그런 생각이 없는 것은 아니었으나 급여의 명령을 받지 않고 함부로 움직이기를 꺼려했다.

"대장군의 명이 없이 군사를 움직일 수는 없다."

이술이 기어이 우겼다.

"적들도 완전히 바보가 아닙니다. 성루를 지키는 초병이 우리의 연락병이 움직이는 것을 보게 되면 반드시 공격에 대비할 것인 그때에는 만사가 수포로 돌아가고 맙니다. 전선에 있는 장수가 상황에 따라 제때에 공수(攻守)를 결정할 수 없다면 어떻게 승리를 장담할 수가 있겠습니까?"

김유가 비로소 허락하자 이술이 군사들에게 다짐을 두었다.

"오늘은 긴 밤이 될 것이다. 모두들 단단히 각오하라."

그날 밤 이술은 날이 어두워지기를 기다려 날랜 군사 삼백 명과 함께 을아단성의 남쪽 성벽을 넘었다. 이술이 앞장서서 밧줄을 매고 성벽을 타고 올랐는데 때마침 밤안개가 자욱하여 물기가 있었기 때문에 미끄럽기 짝이 없었다.

간신히 균형을 잡고 성위에 올라서는 순간 뒤따르던 군사 하나가 미끄러져 비명을 지르고 말았다. 깜짝 놀란 이술과 군사들은 숨을 잔뜩 죽이고 몸을 숨겼는데 다행히 들키지 않았는지 아무런 기척이 나지 않았다. 한숨을 돌린 이술은 밧줄을 당겨 다시 신호를 보내어 군사들을 모두 성 안으로 모았다.

이때였다. 사방에서 수많은 횃불이 솟아오르며 주위는 대낮같이 밝아졌다. 이술은 너무 놀란 나머지 달아나지도 못했는데 온달이 성루에 나타나 우렁차게 말했다.

"쥐새끼 같은 놈들을 모두 처치하라."

화살이 빗발치듯 쏟아졌고 이술과 그의 군사들은 속절없이 몰살당했다.

온달은 꾀를 내었다. 이술의 군사들의 옷을 벗겨 자기편 군사들에게 입히고 이동산으로 진격했다. 마침 해가 아직도 뜨지 않았는데 안개마저 자욱하여 피아의 구분이 어려웠다.

성문을 지키던 신라 장수는 당연히 이술의 군사들이 돌아오는 줄로만 알았다. 아무런 의심도 없이 문을 열어 주었다가 발위사자 준기의 칼을 맞고 창자를 내쏟고 죽었다. 시끄러운 소리에 놀란 김유가 뒤늦게 달려 나왔지만 그 역시 온달의 창에 찔려 죽었다.

이동산을 점령한 온달은 약간의 식량과 무기를 보충할 수 있었지만 계속되는 전쟁으로 많은 전사자와 부상자가 많아 어려움은 여전히 많았다.

마른 장마철이어서 찌는 듯이 무더운 날씨는 계속되어 성 안에는 시체 썩는 냄새가 진동했다. 온달은 군사들의 시신을 거두게 하였으나 시신이 너무 많아 한 곳에 모을 수가 없었다.

윗 무덤과 아랫 무덤 두 군데로 나누어 묻게 하고 엄숙하게 제사를 지내어 혼령을 위로하였다.

온달이 비통한 심정이 되어 축문을 읽어내려 갈 제 자신도 모르게 목소리가 떨리고 눈물이 솟았다. 그러자 삽시간에 군중은 흐느끼는 소리로 가득 찼다.

오후가 되자 갑자기 먹구름이 몰려오면서 천둥벼락과 함께 세찬 빗줄기가 들이쳤다. 군사들은 모두 비를 피하여 군막 속으로 들어갔는데 북쪽 산기슭이 무너져 산사태가 일어나서 십여 명의 군사들이 돌더미에 묻혔다.

온달도 곡괭이를 들고 손수 흙과 바위를 파헤치고 땅 속에 파묻힌 군사들을 구했는데 그 바람에 자신의 목에 걸고 있던 옥가락지 줄이 끊어져서 땅바닥에 떨어졌다.

곁에 있던 군사 하나가 황급히 주워 바쳤는데 옥가락지는 이미 깨어져 실금이 선명하게 드러났다. 온달은 한참동안 옥가락지에서 눈을 떼지 못했다.

갑자기 출전을 간절하게 만류하던 공주의 슬픈 얼굴이 떠올랐다. 길게 한숨을 내쉬고 품속에 넣고 일어서려는 순간 천둥번개가 몰아치며 세찬 빗줄기가 사정없이 얼굴을 때렸다.

발위사자 준기가 온달의 기색을 살피며 말했다.

"비바람이 차갑습니다. 이곳의 일은 저희들에게 맡기시고 안으로 드십시오."

"아니다. 한 명의 손이 더 필요할 때다."

묵묵히 곡괭이을 내리치며 계속해서 땅을 파기만 했다.

며칠째 계속되던 장마 비가 멎고 하늘이 맑았다. 온달은 아침 일찍 장졸들을 모아놓고 크게 윷판을 벌여 놀게 한 뒤 술과 고기를 내려 마음껏 먹고 마시게 하였다.

뜻밖의 명령에 군사들은 환호성을 질렀지만 보급품을 책임지고 있는 손규는 걱정이 되었다. 마침 남쪽 성루에 와 있던 온달에게 물었다.

"얼마 남지 않은 술과 고기를 다 써 버린다면 앞으로 어떻게 하실 작정입니까."

온달은 무표정한 얼굴로 담담하게 대답했다.

"내일이면 회군할 작정이다."

이번에는 손규가 놀랐다.

"며칠 째 내린 비 때문에 강물이 불어 있어 도강하기도 만만치 않습니다. 이럴 때에는 성에서 나가는 것 보다는 가만히 지키면서 원군을 기다리는 것이 좋지 않겠습니까?"

"전령이 떠난 지 보름이 넘었다. 하지만 아직도 아무런 소식이 없으니 필경 중도에서 무슨 일이 생긴 것이다. 식량도 이미 바닥나고 무기도 다 떨어졌는데 더 이상 지체하면 아군들의 피해만 늘어날 뿐이다."

"적들은 겹겹이 에워싸고 있으니 포위를 뚫기가 여간 어려운 일이 아닐 것입니다."

"내가 먼저 내려가 강가에 있는 적들을 쫓아버릴 테니 그 사이에 너는 뗏목과 부교를 준비해 가지고 내려와서 군사들과 함께 강을 건너라."

온달의 결심은 변함이 없었다. 간곡하게 간하는 손규를 단호하게 물리친 뒤 시중드는 군사를 불러 깨어진 옥가락지를 품속에서 꺼내주며 당부했다.

"이것을 소중히 간직하였다가 만약 나에게 무슨 일이 있거든 공주에게 돌려주도록 하라."

다음날 온달은 날이 밝기도 전이었다. 마지막 남은 식량으로 주먹밥을 만들어 군사들에게 먹인 뒤 비장하게 말했다.

"이제 고국으로 돌아가려 한다. 살려고 하는 자는 반드시 죽을 것이고, 죽을 각오로 싸우는 자는 반드시 살 것이다. 모두들 힘을 모아 싸운다면 반드시 활로를 얻을 것이다."

군사들이 창칼을 두드리며 전의를 다졌다.

온달이 친히 오백 명의 결사대를 이끌고 앞장서서 나가려하자 손규가 말고삐를 잡고 말렸다.

"장수된 자는 스스로 필사적이 되어서는 아니 되고, 부하들로 하여금 필사적이 되게 해야 한다고 들었습니다. 원컨대 소장이 먼저 나아가 적진을 뚫겠습니다."

온달이 문득 푸른 하늘을 올려다보면서 태연하게 말했다.

"보라. 태양이 얼마나 화사한가. 오늘 같은 날은 한바탕 싸우기 좋은 날이다. 어차피 내가 시작한 전쟁이니 끝맺음도 내가 한다."

주위의 장수들을 물리치고 성을 나섰다.

신라 군사들은 남천강 하류에 모여서 아침 식사를 하고 있었는데 온달이 갑자기 대군을 이끌고 나타나자 크게 놀랐다. 밥솥과 숟가락을 집어 던지고 삼삼오오로 흩어져 달아나자 뒤따라온 손규가 이 틈을 타서 북쪽 강변으로 나아가 미리 준비해 두었던 부교를 설치하고 도강하기 시작했다.

강의 하류에 있던 급여가 이 광경을 보았다. 황급히 북을 치고 군사를 모아 달려갔지만 온달이 그 앞을 막았다.

급여는 온달의 위명을 알고는 있었지만 군사들이 많지 않을 것을 보고 은근히 깔보는 마음이 있었다.

"단숨에 박살 내 버려라."

창과 깃발을 꽂은 진해라는 전차부대를 내보내어 일격에 깨뜨리려 하였다. 이런 급여의 작전은 완전히 빗나갔다. 전차부대장 박홍이 온달의 창에 맞아 죽자 승패는 한순간에 결정되었고 신라군의 전차부대는 여지없이 뭉개졌다.

"여기서 물러나면 끝장이다."

위기를 느낀 급여는 이번에는 대규모 창병과 도검병을 내보냈다. 이렇게 되자 수적으로 불리한 고구려 군사들이 쫓기게 되었는데 온달은 급여의 대장기를 보고 맹렬하게 내달아 수십 명의 호위병을 단창에 꿰어죽이자 급여는 혼비백산하였다.

부하들을 버려둔 채 죽기 살기로 달아나버리자 신라군은 완전히 허물어졌다. 그 사이에 손규가 이끄는 고구려 군사들은 대부분 강을 건넜는데 갑자기 남천강 맞은편에서 일성포향이 들리면서 무수한 깃발이 나타나더니 한 무리 군사들이 달려왔다. 원산성주 안갑이 급여를 도우러 온 것이었다.

사기를 얻은 급여는 다시 군사를 수습하여 고구려 군을 향해 공격하였다. 앞뒤로 협공을 받게 된 온달은 강변 백사장에서 배수진을 치고 한나절 동안이나 사투를 벌였다. 이때 온달은 삼천 명이 넘는 신라군을 죽임으로써 손규의 군사들이 퇴각할 수 있게 도와주었다.

고구려 군의 거센 저항에 급여와 안갑도 지쳤다. 잠시 군사들을 뒤로 물리자 온달은 살아남은 자신의 군사들에게도 도강하여 달아나도록 명령했다.

신라 장수 노불은 성산굴[238] 앞을 지키고 있었는데 달아나는 온달의 군사들을 보고 수백 명의 궁수들을 동원하여 일제히 사격을 가하게 하였다.

뒤에 남아 있던 온달이 쏟아지는 화살을 피하지 못하고 두 군데나

---

238) 오늘날 온달동굴

맞아 말에서 떨어졌다. 온달을 호위하던 발위사자 준기가 온달을 부축하여 다시 말에 태우고 강을 건너 달아났다.

신라 군사들이 그 모습을 보고 고함을 질렀다.

"온달이 맞았다."

함성은 메아리가 되어 산과 강을 따라 널리 울려 퍼졌다. 노불은 즉시 군사를 보내어 고구려 군을 추격했고 뒤처져 있던 고구려 군사들은 허둥지둥 강을 건넜다.

신라 궁병들은 끊임없이 활을 쏘아대었기 때문에 수많은 말과 군사들은 화살에 맞아 버둥거리다가 소용돌이치는 강물 속으로 빨려 들어가고 말았다.

요란한 북과 꽹가리 소리가 푸른 남한 강물 위에 도도하게 울려 퍼졌다. 한바탕 큰 싸움이 지난 망굴여울에는 차디찬 주검들의 한 많은 혼백이 떠돌 뿐이었다.

한편 온달이 맞은 화살촉에는 맹독이 묻어 있어 목숨이 위태로웠다. 온몸에 시퍼런 반점이 돋아나며 차츰 싸느랗게 식어가고 있었다.

손규가 비통함을 참지 못하고 눈물을 뿌리자 온달이 가쁜 숨을 몰아쉬면서 위엄을 잃지 않았다.

"눈물을 거두어라. 장부로 태어나 전쟁에서 죽는 것은 지극히 당연한 일이다. 다만 아무런 뜻을 이루지 못하였으니 그것이 부끄러울 뿐이다."

말을 마치고 숨을 거두었다.

손규가 차마 자리를 떠나지 못하고 강을 지키고 있었는데 저녁때가 되어서 초병 하나가 허겁지겁 달려와서 고했다.

"원군이 오고 있습니다. 우리 군사들이 오고 있습니다."

북쪽 산골짜기 사이로 보이는 것은 고구려 군의 깃발이 틀림없었다. 왕이 고성부를 보내어 구원하게 한 것이었다. 손규는 눈물을 뿌리며 울부짖었다.

"하늘이 장군님을 버리신 것이다."

발위사자 준기가 분격하여 칼을 빼어 들고 부르짖었다.

"나는 장군님의 맹서(盟誓)한 바를 잊지 않을 것이다. 성을 회복하지 않고서는 돌아가지 않겠다."

군사들도 일제히 외쳤다.

"원수를 갚자. 매금을 씨를 모두 쓸어버리자."

그렇지만 구원군 대장으로 온 고성부는 온달을 구하여 퇴각하라는 명령만 받았기 때문에 반대했다.

"장수는 냉정함을 잃어서는 안 된다. 아무리 대장군의 유언이 있다 하더라도 왕명을 받지 않고서는 군사의 진퇴를 함부로 결정할 수 없다."

평양에 전령을 보내어 온달의 죽음을 고하였다.

한편 평양에서는 서쪽에 커다란 유성이 밝게 빛나더니 갑자기 불꽃을 길게 그으며 만수산 아래로 떨어졌다. 일관이 이것을 보고 왕에게 고했다.

"큰 별이 떨어졌으니 귀인이 돌아가실 것입니다."

영양왕이 이 소리를 듣고 불길한 마음을 떨칠 수 없었다. 그때 평강공주는 온달을 전쟁터로 보낸 뒤 초문사에 머물면서 일구월심으로 부처님께 기도드려 무사귀환을 기원하였는데, 문득 허공에서 소리가 들렸다.

"이승의 인연이 끊어졌으니 부디 행복하시오."

잠결에 놀란 공주가 놀란 가슴을 진정하지 못하고 왕궁으로 달려가 울기만 하였다. 바로 그때 고성부가 보낸 전령이 당도하여 고했다.

"온달 대장군께서 전사하셨습니다."

말을 마치고 온달이 주었던 조그만 상자를 돌려주니 틀림없는 공주가 준 옥가락지가 분명했다.

그 말을 듣자 공주는 그 자리에서 실신했다. 영양왕도 크게 슬퍼하며 북쪽 누각에 빈소를 차려놓고 연이어 곡하여 눈물이 그치지 아니하였다.

신하들이 '대왕께서 장차 곡하는 것을 중지시켜야 합니다.'라고 간하니 영양왕이 대답했다.

"온달 장군은 다만 임금과 신하의 사이가 아니라 오랜 벗이고 친척이다. 어찌하여 그를 위하여 곡을 하지 않겠는가?"

영양왕은 사람을 보내어 군사를 거두게 하고 환장(還葬)을 명하였는데 치상(治喪)하는 사람들이 온달장군의 옛 맹세를 생각하고 차마 상구(喪柩)를 들지 못했는데 이때 평강공주도 따라와 관을 어루만지며 쓰러졌다.

"국토를 아직 환수치 못함에 공이 능히 환수하려 하더니, 공이 이미 돌아가지 않으니 어찌 제가 홀로 돌아가겠습니까?"

말을 마치며 줄곧 통곡을 그치지 아니하였다.

주위에 있던 시신(侍臣)들이 황망함을 감추지 못하고 말리기를 거듭하였으나 마침내 혼절하더니 공주의 숨소리가 끊기었다.

모두들 땅을 치며 통곡하고 걸음을 옮기지 못하였다.

영양왕은 온달을 제후의 예로 장례를 치르게 하여 공주와 함께 옥갑(玉匣)에 시신을 담아 그 땅에다 장사를 지냈다.[239]

온달의 국장(國葬)이 끝나자 왕은 전국에 징병령을 내리고 20만 대군을 모아놓고 선포하였다.

"짐이 친히 나아가 서라벌을 쑥대밭으로 만들어 놓겠다."

영양왕의 친정(親征) 소식은 간자들의 입을 통해 서라벌까지 들렸다. 신라 진평왕이 이를 듣고 몹시 두려워하자 공봉복사(公奉卜師)로 이름난 융천(融天)이 말했다.

"전에 백제의 개로왕은 고구려왕의 미움을 받아 수도 한성(漢城)을 빼앗기고 잡혀서 죽었습니다. 정말로 고구려왕이 나라를 들어 공격해 온다면 사직을 보전하기 어려울 것입니다. 무슨 수를 쓰더라도 이번 전쟁은 반드시 막아야 합니다."

진평왕은 놀랍고 두려워하여 전전긍긍하였다. 그날 저녁이었다. 월성의 궁궐 문을 지키던 병사가 고했다.

"낡은 바리때기를 든 늙은 스님 하나가 기어이 임금님을 알현코자 합니다."

왕은 순간 괴이한 생각이 들었다. 사람들을 보내어 불러들이자 늙은

---

239) 三國史記 溫達傳에는 公主來撫棺曰 死生決矣 於乎歸矣 遂擧而窆 大王聞之悲慟이라 하였으나 朝鮮史略에 國土未還 公能還 公旣未還 妾安能獨還 一慟以絶 高句麗人 遂並葬公主於其地라 하였으니 그를 취하였다. 지금의 군간 나루는 온달장군이 군사를 주둔시키고 파수병을 두었던 곳이라서 군사 군(軍)에, 볼 간(看)자를 써 군간나루라고 하고, 그 건너편의 창발리의 선돌은 온달의 성 쌓기를 도와 돌을 나르던 마고할미가 온달이 졌다는 소식을 듣자 들고 있던 돌을 팽개친 것이라고도 한다. 또 일설에는 온달을 도우려 달려가던 누이동생이 패전소식에 그 자리에서 굳어 돌이 된 것이라는 전설이 남아있다.

스님이 합장하고 말했다.

"소승은 떠돌이 탁발승인데 대왕의 시주를 부탁합니다."

아무리 훑어보아도 키도 작고 초라한 노승에 불과한지라 왕은 실소가 새어 나왔다.

왕이 황금 한 냥을 주면서 말했다.

"그대는 왕이 이 황금을 주었다고 말하지 말라."

그러자 탁발승이 자리에서 일어서며 응대했다.

"왕께서는 동악(東嶽)²⁴⁰⁾의 신선을 보았다고 말하지 마시오."

말이 끝나자 홀연 연기처럼 사라져 버렸다. 왕이 황망히 머리를 조아리며 꿇어 엎드렸는데 탁발승이 앉았던 자리에는 글귀 하나가 남아 있었다.

"평양성에 부처를 모신다면 만백성을 살릴 것이다."

왕이 신하들과 더불어 이 일을 상의하였는데 이벌찬 김석진이 말했다.

"선인(仙人)이 우리에게 가르침을 내리신 것이 분명합니다. 황금으로 부처상을 만들어 고구려에 보내시는 것이 좋을 것입니다."

왕은 서라벌에 있는 유명한 장인을 불러들여 황금 불상을 만들어 고구려에 바치며 용서를 구하였다.

그렇지만 영양왕은 도리어 호통 치며 꾸짖었다.

"이따위 것으로 짐의 마음을 움직일 수 있겠는가?"

황금불상을 창고에 넣어두게 하고 신라의 사신들은 모두 가두어버렸다.

---

240) 신라 오악(五嶽) 동 토함산, 서 계룡산, 남 지리산, 북 태백산, 중 팔공산을 말함.

바로 그날 밤이었다.

마침 달이 휘영청 밝았는데 갑자기 황금불상을 넣어 둔 창고에서 하얀 연기가 모락모락 피어오르면서 두 사람의 그림자가 선명하게 나타나 영양왕의 침전으로 다가갔다.

"대왕께 부탁할 말이 있습니다."

깜짝 놀란 영양왕이 눈을 부비고 바라보니 온달과 평강공주가 분명했다. 너무나 반가워서 벌떡 일어나 뛰어나갔는데 그들은 순식간에 멀리 물러났다.

평강공주가 합장하고 조용히 인사를 올리며 말했다.

"색즉시공(色卽是空)이요 공즉시색(空卽是色)이니 인간사란 수유와 같아 모두 헛되고 헛된 꿈일 뿐입니다. 소녀가 떠난 것은 운명이 다한 것입니다. 공연히 전쟁을 일으켜 어진 백성들의 생목숨을 끊게 하는 것은 진실로 바라는 일이 아닙니다."

온달이 말을 이었다.

"만 백성의 목숨이 대왕께 달려 있습니다. 부디 자비심을 베푸시어 그들을 구하소서."

말을 마치자 서서히 사라지니 영양왕이 애타게 소리쳤다.

"잠깐만 발길을 멈추어라. 짐의 말을 들으라."

내관들이 그의 몸을 흔들며 말했다.

"마마. 정신을 차리십시오."

영양왕이 자리에서 벌떡 일어나자 몸은 온통 땀으로 젖어있었다. 너무나 생시 같은 꿈이었다. 왕이 깨닫는 바가 있어 다음날 날이 밝는 대로 신라 사신들을 풀어주었다.

그리고 죽은 온달의 부부를 위하여 인덕사(仁德寺)를 세우고 친히 향을 피워 그들의 영혼을 위로했다.

이후로 국경에 변란이 없고 풍우(風雨)도 골라 해마다 풍년이 들고 나라가 평안해졌다.

그때 바다 밖에서 왜(倭)가 사람을 보내어 가르침을 청하자 혜자(惠慈)를 보내어 교화에 힘썼는데 혜자는 바로 쇼토쿠태자(聖德太子)의 스승이 되었다.[241]

---

241) 영양왕 6년

정상규 장편소설

通天門 ❶

초판인쇄 2011년 12월 28일
초판발행 2011년 12월 28일

지은이 정상규
펴낸이 김재광
펴낸곳 솔과학

출판등록 제 10-140호 1997년 2월 22일
주소 서울시 마포구 염리동 164-4 삼부골든타워 302호
대표전화 02)714-8655
팩스 02)711-4656

ISBN 978-89-92988-67